叢書セミオトポス7

日本記号学会 編

# ひとはなぜ裁きたがるのか

## 判定の記号論

新曜社

# 刊行によせて

吉岡　洋

日本記号学会による年次刊行物のシリーズとして、「叢書セミオトポス」をお届けできることは、大きな喜びである。年次刊行物と言いながらこの数年、出版が滞ったり不規則になってしまったりしたことを、会員の方々には深くお詫びしたい。一昨年、新たに出版社を探さねばならない状況が発生し、それと同時期に選出された会長、事務局、編集委員長による新執行部がその任に当たってきたのであるが、前会長である菅野盾樹氏のご協力もあり、このたびようやくシリーズの第七号を発刊することができた。学術出版をとりまく困難な状況のなか、本書の出版をお引き受けいただいた株式会社新曜社には心から謝意を表したい。

日本記号学会は一九八〇年の発足以来二〇年以上にわたって、学会誌『記号学研究』を発刊してきた。「学会誌」とはいうものの、さまざまな分野で活躍する多彩な書き手が執筆し、一般書店でも販売される出版物として続いてきたのである。それはジャーナリスティックな方向を目指したからではなく、記号論的な知がもともと有している領域横断的な本性に起因するとともに、社会・文化の現実に常に敏感でありたいという本学会の基本的なスタンスによるものであると、わたしは理解している。二〇〇三年には出版社が変わり、翌年以降は『新記号論叢書［セミオトポス］』として再スタートしたが、そのスタンスは一貫して維持されてきた。

一方、大学や学問研究をとりまく社会が、この三〇年余りの間に大きく変質してしまったことは否定できない。大きなスケールでいうならそれは、冷戦以後の世界における経済のグローバル化とそれに伴う新自由主義的な政治風土の拡大の結果である。より身近な現実としては、学問も含めあらゆる営みが数値的・手続き的な合理性へと還元され、つまりすべてがあまりに「クソ真面目」になってきたのである。本学会においても、二〇〇四年の大会「〈大学〉はどこへ行くのか?」(東京富士大学)およびそれに基づいて編集された『溶解する大学』(『新記号論叢書[セミオトポス3]』慶應義塾大学出版会、二〇〇五年五月)において、その問題を真正面から取りあげた。

記号論にも学問であるかぎり、「クソ真面目」な面があることは当然である。しかし同時に、真正面から語られることのない現実、境界的・周辺的な存在、新たに発生しつつある文化変容といったものにあえて眼を向ける、冒険的あるいは「ミーハー」的な側面も不可欠なのである。あえて言うなら、クソ真面目とミーハーという両極端の隙間で、記号論的な知の運動は可能になるのだ(その意味で、本学会にもわたし個人にも決定的な影響を与えた元会長・山口昌男氏の存在は大きい)。本学会の大会では、九・一一後とイラク戦争の鬱屈した時期に「暴力」と「戦争」を、また数年前には「ボーイズラヴ」と「腐女子」を取りあげた。いずれも常識的な意味での学問研究を逸脱する議論となったが、そのことは重要だったと思う(そしてこの二回の後、それぞれ結果的には出版社を変える事態に至ったことも象徴的である)。

日本記号学会が発足した一九八〇年とは異なり、現在の社会状況は、本学会の目指す横断的で時には逸脱的な知や学問のあり方を、けっして歓迎しているとは思えない。それどころか逆風が日ごとに強く吹き荒んでくる感触すらある。それはたとえばこんな挨拶文ひとつ起草する時ですら「まず、昨年の東北大震災で被災された方々に心よりお見舞いを…」云々から始めるのが、まるでお約束のように通用している状況からも分かる。だが希望はけっして失っていない。それは、若い研究者を中心に多様な分野で活躍する人々が本学会の活動に関心を示し、新会員も着々と増えているからである。流れに逆らう困難な航路も、若く元気な仲間たちと一緒なら、まだしばらくは進み続けることができるだろう。

ひとはなぜ裁きたがるのか——判定の記号論＊目次

装幀——岡澤理奈

# ひとはなぜ裁きたがるのか——判定過剰の現在と判定の変容

前川　修

日本記号学会から新たに発刊される「叢書セミオトポス」、その最初の号は「ひとはなぜ裁きたがるのか——判定の記号論」と題し、特集テーマを「判定《ジャッジメント》」にした。

そもそもなぜ「判定」が問題なのか、このことから話を始めたい。

現在、判定が全面化している。ここで判定という言葉で意図しているのは、かなり広い意味での判定、つまり、裁判における審判という狭義の判定を優に超えた判定全般のことである。たとえば、最近までマスメディアを賑わせていた「事業仕分け」とか、あるいは施行後三年を経ようとする「裁判員制度」とか、従来から続く脳死や生命倫理をめぐる判定の議論とかが、判定の典型としてすぐに思い起こされるかもしれない。しかし、判定は、美や味覚の判定から、味の判定を扱うテレビ番組を経て、スポーツの映像判定をめぐる議論にまで広がるだろうし、さらにはネットの掲示板での無数の評価や感想などの書き込みをも含む、もっと幅広い、いたるところに蔓延している現象を指す言葉なのである。それはたんなる線引きのことでもいい。いずれにしても、メディアのなかで判定が話題とならない日はない。ある意味で、これは、「判定過剰」な現象だと言うこともできるだろう——また、本特集のもとになった日本記号学会大会が開催された約一年後に起きたあの地震と津波、そして原発事故をめぐるメディア報道でのさまざまな判定的言説も、大量の判定現象を引き起こし、そしてどの判定に依拠してよいかすらわからないほどの「判定過剰」状態をもたらしていることは言うまでもない。

判定過剰？　もちろん、それは特段注目すべき現象ではないと言うひともいるかもしれない。例えば、事業仕分けについていえば、関係機関や団体の当事者たちが自身の活動内容や目的について可能な限り透明性を保ったかたちで合理的説明を行ない、しかるべき説明責任を果たしたうえで何らかの理にかなった判定を受けるとされる。ここには過剰さは微塵もないように見える。眼に見えてよく分かる透明な判定、そこには何の曇りもない、そう思えるだろう。しかし、そのような判定現場の周囲を独特な気分が包み込んでいるのも確かである。判定者と被判定者の矢継ぎ早の反応がある種のスペクタクルとして受容され、判定の明滅ともいうべきオーディエンスの反応を促している。これらもまたある種の判定現象である。それは、判定とはそもそも何なのか、なぜ私たちはかくも判定したがるのかという問いは棚上げにしたまま、連鎖的な反応として繋がってある種の雰囲気を醸成している。判定が判定を呼ぶ判定過剰な現在、ここにはなにかしら奇妙な論理あるいは力学が働いているのではないか。

たとえば、Ⅱ部でも議論されることになる裁判員制度をとりあげてみよう。二〇〇九年から施行された裁判員制度によって法廷がある変容をこうむっている、しばしばそう指摘される。これまで文書的確認を前提としていた判定の場が、新たに裁判員として参加する市民に対して迅速で眼に見えて分かりやすい舞台へと推移し、文書から口頭でのプレゼンへと力点を置き移されている。それと同時に、法廷は、無数の液晶モニターなどの視聴覚メディアを備えたプレゼンテーションの場に姿を変えている。場合によっては、証拠提示のためにあらかじめ設けられたシナリオに基づく静止画あるいは動画が流され、証人側からはアルバム写真を素材としたスライド・ショーが流されることがあるかもしれない。こうして、裁判が見て分かりやすくなる反面、市民である裁判員は感情的反応をことさらに誘発されることになるのかもしれない。また、ここにさらに付け加わるのが、被害者参加の引き起こす感情の流れの法廷での支配である。判定の現場は、一面では技術的知への暗黙の信頼が前提とされ、その用法については詳しく問われないまま技術が装備され、他方ではその同じコミュニケーションの場が、身体や感情という不確定な要素を前景化させているのである。法廷外部にあるメディア報道も加わってくる。こうした変化のなかで、裁く側／裁かれる側、判定する側／判定される側の間にどのような距離や関係の変化が、生じてしまっているのだろうか、こういうことを考えてみるのがⅡ部の内容である。

スポーツをめぐる判定についてもその変容を否定することはできないであろう。ここでは一見すると透明で公正なルールに基づくように思える判定という、判定の単純な理解に逆らうようなさまざまな現象が起きている。それは、例えばレフリーやジャッジによる誤審という世間の注目をいかにも集める話題ばかりではない。近代スポーツそのものを成り立たせているルール自体の改正や改変、あるいは科学技術的製品としての身体を追求したあげくのドーピング問題、さらには前回のオリンピックの際に話題になった選手の性別をめぐる騒動、これらもある種の判定の問題である。判定をめぐる報道、そして映像判定の導入の問題までもが、スポーツにまとわりつき、スポーツを取り囲んでいる。こうした判定過剰な状況のなかで、スポーツとその身体は、ある異様な相貌をまといつつあるのではないか。これが本書のⅢ部で議論される内容である。

ではなぜ「判定の記号論」なのか？　判定というのはそもそも、ある種の記号活動である。それは、言語のみならず、表象、感情、身体を動員し、その場その場での他者との関わりあいのなかで生じる解釈や判断活動である（もちろん、裁判の問題には死刑問題や冤罪の問題など、かなり深刻で切実な取り組みを必要とする例が無数にあることはあらかじめ断わっておく）。そして、ここまで述べてきた数々の判定現場で焦点化されないままなのは、判定そのものがある変容をきたしているのではないかという事態、あるいは判定のプロセスが、その複数の媒介項によって奇妙な変化、変容をみせているのではないかということである。このことは、さらに言い換えると、判定の論理というものが従来前提としていた法と主体と判定との関係、そして言葉と身体と技術との関係、両者の複雑な関係が、何らかの変質をこうむっているということなのではないか――このことがI部の主題になっている。これは、「対論を終えて」で檜垣立哉氏が述べているように、三・一一以後の判定という問題とも無関係ではない。つまり、途方もない規模をもつ自然史的プロセス、私たちの身体をも含めた剝き出しの自然にたいする、私たち人間の判定の曖昧なあり方、そしてテクノロジーによってかえって明らかになる自然の処理不可能性、これを統御するものとしてのテクノロジーと人間という問題などがそうした問題なのである。ひとまず名付けた現象において照射されるこうした現在の揺動する状況が、本書の大きなテーマになる。

本書のもととなった大会では、通常の学会ではけっして遭遇することのないさまざまなジャンルの方々に対話を行なっていただいた。それをもとに本書では、まず、「判定の思想」と題して、思想史的に判定の根源に光を当てる、美術史研究者と哲学研究者との対話をおいた。第二に、裁判員制度をめぐって議論を展開している法言語学、法心理学の研究者、そしてジャーナリストによる対話をおいた。第三に、スポーツ文化史から見たスポーツの判定の変化について、スポーツ研究者と哲学者の対話をおいた。第一の対話では、「最後の審判」から生命の判定までという、遠く隔たっているかに見える過去と現在の話題のあいだのアナクロニックな交差によって判定と法の根源について洞察がなされ、現在において生命を判定する法、その法の相矛盾する動きが明らかにされる。第二の対話では、具体的な判定の現在、その言葉と心とメディアのありさまが明瞭に浮かび上がる。第三の対話では、「最後の審判」ならぬ、判定の終わり以後の現在、それを象徴的に示すスポーツの現在から身体の判定の根源が浮き彫りにされる。

以上の三つの対話を通じて、判定の変容にかかわる三つの要素、言語から身体（自然）への力学、あるいは身体（自然）から言語への力学、そこに介在する技術的知の力学を浮かび上がらせることができるのではないか。これが本書で提起した私の問いであり、緩いながらも大きな枠組みをそれが構成している。三つの対話は、それぞれ語り口や手法は違うが、どれもが相互に繋がりあう問題系を構成していることは、諸対話を読み進めていただければわかっていただけると思う。

なお、本書のもとになったのは、先に述べたように、二〇一〇年に開催された日本記号学会第三〇回大会「判定の記号論」での、判定の現場をめぐって行なわれた数々の対話である。企画者のテーマ設定に快く応じて刺激的議論を展開していただいた各参加者には、この場を借りて感謝の意を表しておきたい。

# I

## 判定の思想をめぐって
### ――《最後の審判》から生命の判定まで

Ｉ部では、判定の現在を考えるうえで、個別の現象へ向かう以前に、「判定の思想」、つまり、ひとがひとを裁くということ自体が哲学的、思想史的にいかなる意味をもち、なおかつ問題を含んでいるのかを考えることにした。

報告者の岡田温司氏は、判定のアルケーにしてテロスである「最後の審判」から話を始め、恐怖と希望のあいだに宙づりになった「リミナル」な存在としての人間を経て、現在における「リスク」と「セキュリティ」の、テクノロジーによるカタストロフィの招来へ、さらにはジョルジョ・アガンベンのいう「無為」や「遊戯」を最後に据える。これに対して檜垣立哉氏は、岡田＝アガンベンの立場に対して、判定における美学的なものと政治的なものの距離について問いを提起し、さらに資本主義下でのテクノロジーがもたらす可能性と不可能性について論を展開する。

この対論からは、判定における神学的／政治的／美学的次元の交錯、判定のその根源における揺れの問題、判定と自然（身体）とテクノロジーとの関係がうかびあがってくるであろう。

（なお、この対論は記号学会第三〇回大会の第二セッションとして行なわれた。本稿はほぼその全内容にあたる）。（前川）

**前川修**　そろそろ時間になりましたので、セッションを開始させていただきます。司会は私が務め、お二人の話の中継をしたり、議論をフロアにふったりという役割をいたします。このセッションで意図していますのは、最初の問題提起でも申し上げましたように、法や判定、そしてその主体の起源というのは――あるいは根源と言ったらいいのでしょうか――どういうところにあるのか、このテーマを思想的観点から議論をしていただきたいということです。私の隣にいらっしゃるのは、京都大学の岡田温司さん、美術史研究者であり、なおかつ、イタリア現代思想に関するご著書を数多く出版されていらっしゃいます。おそらく今日はジョルジョ・アガンベンのお話なども出てくると思います。また、岡田さんとの対論相手に指名させていただきましたのは大阪大学の檜垣立哉さん、哲学研究者のかたです。檜垣さんは、フランス現代思想、たとえばフーコーやドゥルーズの観点から、岡田さんに質問をされるのではないかと思います。

まず、この対論の手順を説明しておきます。最初に岡田さんに原稿をもとに三〇分ほどお話をしていただき、その後に檜垣さんから質問を提起していただく。その後、さらに岡田さんに返答していただき、さらに檜垣さんに返していただく。きりのよいところまでお話が展開すれば、後はフロアに議論を開いていきたいと思います。

それでは岡田さんよろしくお願いします。

# 判定の思想——《最後の審判》から生命の判定まで

岡田温司

ご紹介していただきました岡田です。よろしくお願いいたします。私、この日本記号学会に今回初めて参加させていただきました。どこまで皆さんのお役に立つような話ができるかどうか、はなはだ心もとないのですけれども、とりあえず話を始めたいと思います。先ほどのご紹介にもあったように私はいちおう美術史家ということになっていますが、美術史学会ではどちらかというと異端児とみなされていまして、聞き伝えによると、たぶんそのうち——美術史学会は、かなり自己免疫化傾向が強い学会なので——「テロリスト」と判定されるようになって、さらにもう少し先に行くとおそらくは「ホモ・サケル」[*1]と判定されると思うんですね。つまり、抹消可能だけれども、犠牲者にはならないという、ジョルジョ・アガンベンの同名の著書以来とみに有名になった形象ですね。いつそれが来るのか、ちょっと楽しみにしているんですけれども。

それで、どこから今日の話を始めようかずっと考えていました。いちおうまがりなりにも美術史家なので、とりあえず、「最後の審判」から話を起こそうかなっていうふうに思いました。つまり、あらゆる判定のアルケー、根源的なものとしてあると考えられる「最後の審判」です。たとえばミケランジェロがヴァチカンのシスティーナ礼拝堂に描いた壮大なフレスコ画などで、皆さんにもお馴染みのテーマですね。「最後の」というふうに形容がつくのですが、要するにこれは、審判、判定、ジャッジメントの最後のもの、究極のもの、つまりテロスであると同時に、根源、すな

＊1
「ホモ・サケル」とは、古代ローマ時代の特異な囚人のことであり、世俗的な共同体の秩序からも、宗教的な秩序からも排除される形象のことを指す。同名の著書の邦訳は『ホモ・サケル』以文社、二〇〇三年。

わちアルケーでもあるということです。しかもイタリア語では、「ジュディーツィオ・ウニヴェルサーレ」(Giudizio Universale) と言うんですね。つまり、普遍的な審判という意味ですね。ラテン語でも「ユディキウム・ウニウェルサリス」(Judicium Universalis) ということになるわけで、つまりこの審判というのは、アルケーにして、テロスにして、しかも普遍的でもあるということなんですね。そこからいちおう話を始めたいと思います。

とはいっても、「最後の審判」についてはもう皆さんよくご存じでしょうし、美術史や宗教史などにおいてももう慣れ親しんでいらっしゃるテーマなわけですけれども、要するに時間の終りのときになされる審判、再臨したキリストによってなされる究極の判定、ということになります。そのときに天国に救済される者と地獄に落とされる者とが決定されるというわけですね。つまり、最終的には人間は、この二つのいずれかに属するということになります。あるいは、それは二つの社会と言い換えてもよいのかもしれません。

さらに西洋には、第三の場として、ダンテの『神曲』[*2]などにも出てきますが、煉獄というものがあります。これは天国と地獄の間にある第三の場と言ってもいいのですけれども、要するに、火による浄化、罪が浄化される場ということですね。それは最終的には天国に近づくわけです。このような天国とも地獄とも異なる第三の場が登場してくる背景には、フランスのアナル派の歴史家ジャック・ルゴフがその著書『煉獄の誕生』[*3]などでも示したように、女性性というのをどういう具合に扱うのか、救済するのか否か、救済するとすればいかにしてかという、神学的でジェンダー論的な問題が絡んでいます。つまり、原罪を犯した張本人であるエヴァの末裔としての女性をどう扱うのかという問題ですね。それからもうひとつは、とくに中世からこの煉獄という存在が表面化してくるんですけれども、富の蓄積をするということ、つまり商人たちが行なっている富の追求と蓄積、

岡田温司

＊2
『神曲 煉獄篇』寿岳文章訳、集英社、二〇〇三年。

＊3
『煉獄の誕生』渡辺香根夫・内田洋訳、法政大学出版局、一九八八年。

罪とされていたそうした行為はいかにすれば正当化され救済されるのか、救済の可能性と結びつくのかという問題と密接にリンクするようなかたちで、煉獄というのが要請されてくるわけです。ですから煉獄は、ある意味で、資本主義もしくは前資本主義段階が要請してきた第三の場といえるかもしれません。前川さんがいらっしゃるので釈迦に説法ですけれども、ヴァルター・ベンヤミンの「宗教としての資本主義」[*4]の遠い起源がここに求められるかもしれません。

さて、この審判をめぐるアルケーにしてテロスをですね、カール・シュミット[*5]（一八八八－一九八五）の有名なテーゼ、つまり、近代国家の政治的・司法的概念というのは世俗化された神学的概念に他ならない、というテーゼを敷衍していうと、判定の政治学のうちにもやはり神学が深く埋め込まれている、というふうに言っていいのではないかと思います。他方で、その判定というのが分離、線引きの装置だとすると、基本的に分離とか分割とかのない宗教はありません。聖と俗などのように。このことはすでに供犠の儀礼のなかに構造的に組み込まれていて、屠られた生贄の動物は、神に捧げられる部分と人間が食する部分とに分けられるわけです。言い換えると、あらゆる分離には、ある種の宗教的な核がある、と言ってもいいのかもしれません。

もちろん、判定ですから例外はあります、というか判定には例外がつきものですね――「例外状態」というのもシュミットの注目するところでした。したがってこの判定、「最後の審判」にも、例外があります。もちろん、その審判を下す者、主権者が例外中の例外であることは言うまでもありません。この場合は神、キリストですね。シュミットによれば、主権（者）とは例外状態を布告できるもののことですから、その意味において、審判者としての神＝キリストは、すぐれて例外中の例外、例外のアルケーということになるでしょう。さらに、もうひとつ例外があって、それが聖人です。神の栄光に包まれた聖人は最初から天国に行くことが決まっているわけですから、それも

＊4
「宗教としての資本主義」、ベンヤミン『来るべき哲学のプログラム』（道籏泰三訳、晶文社、一九九二年）所収。

＊5
シュミット『政治神学』田中浩・原田武雄訳、未来社、一九七一年。冒頭から「例外状態」について論じている。

例外ということになります。この例外ということに関しては、やはりシュミットが面白いことを言っています。法における例外というのは、神学における奇跡に対応する、というのです。奇跡を行なう人が聖人ですから、彼らは審判において例外的存在ということになるわけです。

ところで、そもそも「最後の審判」の典拠はどこにあるのかということになります。その典拠については、これももう皆さんよくご存じだろうと思うのですが、基本的には四つの福音書にはそんなことは書かれてはいません。ではどこに登場してくるかというと、やはり新約聖書の一部をなすテクストですが、パウロとヨハネの神学に根拠があるということになります。パウロの場合には『コリントの信徒への手紙1』および『ローマの信徒への手紙』、ヨハネの場合には有名な『黙示録』になります。これらのいずれにもだいたい同じようなことが書かれているわけですけれども、その内容の中心は死者の復活、あるいは復活する身体です。キリストが再臨してきて、最終的に法を貫徹する。法を貫徹する者としての神、キリストということになります。最後の敵は、死です。ですから死が滅びるということになるわけです。キリストは永遠の命を与える存在というわけですね。

『黙示録』、アポカリプスの場合には――これも『黙示録』の最後の方になるわけですけれども――サタンの敗北に続いて、最後の裁きがきます。その後に新しい天と新しい地、新しいエルサレムというかたちで記述されることになります。その最後の審判、最後の裁きのときに、要するにキリストが玉座に坐っているわけですが、「命の書」というのがあって、死者たちは、その「命の書」に書かれていることに基づいて、その行ないに応じて裁かれる、ジャッジされるということになるようです。救済されたものにとっては、「もはや死はなく、もはや悲しみも嘆きも労苦もない、最初のものは過ぎ去ったからである」(二一：四)というわけです。もちろんこの他にも、旧約聖書にも新約聖書にも外典や偽書と呼ばれるものが沢山あり、そうしたテクストのなかにも審判、最後の審判をめぐる記述が出てくるものがあるのですけれども、ここではもうそれは省略したいと思います。

さらに、こういったテーマに関連して当然ながら、黙示録や終末論、メシア主義とかといった問題系が浮上してくるわけですが、時間の都合もありますし、私自身もちゃんと勉強していないということもありますので、ここでは省略したいと思います。ただしこれらに関連して、次の二点だけは指摘しておきたいと思います。まず第一に、黙示録というのは、あるいは黙示録的なイメージというのは、西洋では乱用されてきた経緯があるということです。どういうことかというと、他者の脅威をあおるために、つまりリスクの感覚をあおるために、黙示録的なイメージ――世の終末ということですね――が乱用されてきたというひじょうに長い歴史があります。たとえばそれは、イスラーム世界を前にした中世のスペイン――このときは挿絵のほどこされた『黙示録』の写本が盛んに制作されます――とか、いまでもテロリズムの脅威をあおっているアメリカ、なかでもハリウッド映画のなかで、これでもかと繰り出される終末論的なイメージのことを考えれば、このことは容易に理解されることだろうと思います。次に二番目に、黙示録ないし終末論とメシア主義とは、混同されてはならないということです。メシア主義は、歴史の最後の時にかかわっているのではなくて、「今」という時にかかわっています。このことは、パウロを読み解くベンヤミンが強調したことですし、さらにアガンベンが『残りの時』[*6]で新たに強調した点でもあります。メシア的なるものは、時間の最後のときに現われるのではなくて、完結の要請としての「現在」にそのつどそのつどかかわっている、というわけです。

というわけで、要するに西洋の人たちというか、キリスト教の人たちは、審判の時を常に待って

*6
『残りの時　パウロ講義』上村忠男訳、岩波書店、二〇〇五年。

いる存在である、ということになります。裁きを待つ存在、裁きを待つという意識が、たぶん、知らず知らずのうちに染みついているというか、世俗化して日常化しているというか、そういうことがあるのかな、と思います。判定のアルケーとしての「最後の審判」は、アナクロニスティックなものでありつつも、実はアクチュアルに作用し続けているのではないか。東洋人とか、現代人にはなかなか分かりにくいことかもしれませんが、ただ仏教でも閻魔王というのがいるわけだし、エジプトにも、要するに心臓、死者の心臓が天秤にかけられるという審判、神々による審判——これは一神教ではないので、神々による審判ということになりますけれども——というのがあるわけですから、かなり恒常的にあるのかなという感じはします。それこそが、まさに「普遍的」とも形容されるゆえんでしょうか？　ということは、死後の霊魂というのは、この審判が来るときまで、ある意味でかなりリミナルな地位にあるということになります。宙づり状態にあるということです。このことは言い換えると、人間は死の恐怖と救いへの希望の間で宙づりにされている、ということだろうと思います。恐怖と希望の間で宙吊りになっていると。そう考えると、さっき言った煉獄という第三の場は、このようなリミナルな領域を象徴しているのかもしれません。

ところで、「判定」という本日のテーマからややずれることになるかもしれないのですが、このように（死の）恐怖と（救済の）希望の間で宙吊りになっているという状態にもう少しこだわってみたいと思います。この恐怖と希望という感情というのは、あらゆる感情のなかでもっとも強烈だ、というふうにスピノザ（一六三二－一七七）が言っている——スピノザの『エチカ』[*7]はこの恐怖と希望の問題についてとても参考になるテクストなんです。これはもう皆さんよくご存じだろうと思います。つまり、こうした感情は、あらゆる理性とか意志とかを超えたものであり、しかもあらゆる人間に共通である、と。したがって、コントロール不可能で、ある種破壊的ですらある感情と

＊7
スピノザ『エチカ』畠中尚志訳、岩波文庫、一九七五年。

しての恐怖と希望は、あらゆる感情のなかで鍵となるものであって、倫理的、宗教的、政治的、美的＝感性的にとても重要な意味をもつ、とみなされることになります。というのも、別の感情、例えば苦痛とか快楽や、喜びとか悲しみというのは、基本的に「今」という瞬間、「このとき」という時間に結びついているのに対して、恐怖と希望というのは未来や過去にかかわっているからだ、こういうふうにスピノザは言います。要するに、恐怖の先にあるもの、あるいは希望の先にあるもの、より大きなもの――良いものであれ悪いものであれ――がその先に待ち受けている通過点、さっきの私の言葉でいうとリミナルな地点ということになります。それゆえ、希望なき恐怖はないし、恐怖なき希望もない、ということです。両者はつねに対だ、とスピノザは考えているようです（第三部定理一八）。

ギリシャ語で希望を表わす「エルピス」という語は、「希望」というふうに訳されていて、肯定的なニュアンスで受け取られていますが、もともとは両義的な意味を持つ語であったと言われています。つまり、「エルピス」は否定的にも肯定的にもとれるものであり、そこにはhopeという意味とfearという意味の両方が含まれていたようです。ギリシャ神話の「パンドラの箱」はたぶん、このことを象徴しているものとして読むことができるのではないかと思います。最初の女性パンドラが神々から授かった箱あるいは壺のエピソードですね。希望とともにすべての禍が詰まっていたその箱をけっして開けてはならないと、神々から固く諭されていたにもかかわらず、パンドラはそれを開けてしまい、すべての禍がこの世にもたらされたのに対して、希望だけが箱の中に残ってしまったという、例の名高い神話です。

さてスピノザに戻るなら、この希望および恐怖の感情について、『エチカ』から引用しておけば、「希望および恐怖の感情はそれ自体では善ではありえない」（第四部定理四七、畠中尚志訳）というふうに言われています。要するにスピノザは、希望や恐怖の感情からできるだけ自由であろうとしていたのではないでしょうか。さらにスピノザが、希望および恐怖の感情はそれ自体では善ではありえないと言うときに、国家の理性からも、教会の理性からも、たぶん距離をとろうとしているからだろうと思われます。それらに反対しているというか、反ユートピアで、しかも反リアリズム的な態度をとっていると言ってもいいのかもしれません。スピノザだけでなく、過去にも、ストア派の人たちがいちばん避けようとしていた感情が、この「メトゥス」と「スペース」、つまり恐怖と希望でした。スピノザがそう言うとき、つまり恐怖と希望から距離をとろうとするときには、その念頭にあったのは、ことによるとホッブズ（一五八八－一六七九）のことだったかもしれません。

ホッブズについていえば、これはもう皆さんご存じのように、『リヴァイアサン』の冒頭「序論」に希望と恐怖の問題が出てきます。ホッブズはその議論の大前提として、「意欲」「恐怖」「希望」の三つを立てていたのです。しかも恐怖は、ホッブズによれば、国家や文明の根源、国家の権力が打ち立てられる原理――例の名高い「万人の万人に対する戦い」――になりますから、たぶんそのことが、意識していなかったかもしれないけれどスピノザの念頭のどこかにあったのではないか。人間の共存の可能性を、ホッブズが恐怖と希望の力学のうちに見出そうとしたのに対して、スピノザはそれに暗黙のうちに反対している、ということだろうと思います。

ところで、この恐怖と希望というのは、現代の文脈に置き換えると、「リスク」と「セキュリティ」という言葉で言い換えることができるのかな、というふうに考えています。死の恐怖とそれを取り除くもの、という意味での「リスク」と「セキュリティ」ということですね。リスクとセキュリティというのは、たぶん、一九八〇年代ぐらいからとくに声高に言われるようになってきたと思うんです。ただひとつ面白いと思うのは、ホッブズの時代は、恐怖と政治と安心（セキュリティ）というのがある種の因果関係で一直線に繋ぐことができたと思うんですけれども、今はもうそれが通用しなくなっている。というか、そういうホッブズの時代に結びついていたその線的な関係にある三者、それがもう全くのところ機能しなくなっているように思われます。たぶんそれは、当然、科学技術の著しい発展ということが大きな枠組みとしてはあって、例えば、情報科学や遺伝子工学をめぐる問題がそれにあたるのではないかと思うんです。人間を恐怖から解放して希望の未来に導くといった謳い文句の科学技術というものが、新たなリスクや新たな恐怖と結びついていくので、セキュリティがリスクを召喚してしまう。何かそうしたイタチゴッコみたいなものが起こっている。このような状況がたぶん一九八〇年代ぐらいから一気に表面化してきて、だからこそ余計にセキュリティやリスクといった語が盛んに使われるようになったんだろうと思います。ある程度、結果が推定され、判定されるという意識と結びついている。リスクとセキュリティの関係が転倒したり、複雑に絡み合ったりしているような状況が作り出されてきているのかな、というふうに思います。ただし、これも、一九世紀に遡ると言えるかもしれません。というのも、一九世紀に開発された生体測定とか、生体認証の技術、今日の午前中に行なわれた「同一性の判定——身元確認における指紋と写真」という橋本一径さんの研究発表[*8]もこれと関連があるかもしれませんが、それらはいまやさらに高度な進化を遂げて、警察のレベルから日常生活のレベルにまでおりてきています。しかもあらゆる個人のデータ、生物学的なデータというのが個人を判定する材料になっていて、何か電子マイクロチップみたいなものでデータ化されていたり、監視カメラもいたるところにあったりするわけです。つまり一九世紀に、主体、つまり、フーコーの言い方をすると、従順で自由な主体を立てる装置として機能していたものが、いまや逆転してしまい、私たち自身が——冒頭でちょっ

＊8
大会二日目の橋本の発表のこと。

とテロリストという言葉を使いましたけれど——潜在的にテロリストになっています。私たち自身が潜在的な犯罪者、テロリストと見なされている、そういう時代が現在だろうと思います。

しかも、これもアメリカの場合をみたらよく分かるんですけれども、セキュリティというのは、ほとんどの場合、他者への敵意と同義になっている、あるいは他者に対する敵対心と重なっているところがあるように思えます。デリダやロベルト・エスポジト[*9]の言い方でいうと、そうやって「自己免疫化」を強化させている。こういう状況をみると、例えば神学の用語でいうと、「救済」というプログラムを遂行し、貫徹しようとしてきた科学技術というのは、一転して終末論的なカタストロフを招く可能性が大きくなっている。これもまあよく言われることです。つまり、救済とカタストロフとの境、終末論的なカタストロフとの境というのがとても曖昧というか、危険というか、そういう状態になってきているというのが現状なのかな、というふうに思います。まさしく両者の判定がきわどくてつきにくいという。

では、それでどうなるのっていうことになるわけですが……。私の知るかぎり、アガンベンは直接「判定」の問題については論じていないんですけれども、似たような議論をしているところがあるので、それらを手がかりにしながら、アガンベンだとどう応えるのかを考えてみたい。たぶん考えるに、だいたいいろいろなところで最終的に行き着くのは、アガンベンの場合、しないでいられることの選択、つまり無為の選択ということなのではないか。しないでいられるという人間の可能性、行使しないという能力、というふうにたぶん彼は言うのだろうと思うんですね。行使しないことこそが人間の最大の潜勢力であるというような。逆説的な言い方をするなら、人間だけに許された「非の潜勢力」（アデュナミス）を行使することだ、と。オフにできるのは人間だけですから。アガンベンはこの絶対的な潜勢力の存在を、アリストテレスから引き出してくるわけです。例え

＊9　イタリアの思想家。邦訳に、『近代政治の脱構築』『三人称の哲学』（ともに講談社メチエ）などがある。

ば、判定の装置、アガンベンならそれを「人類学機械」（マッキナ・アントロポロジコ）という名で呼ぶでしょうが、政治や司法や医療などさまざまな場面で活躍している判定の装置をどうやったら機能不全に陥らせることができるか、あるいは働かせないでおくことができるか。たぶんそういうふうに言うんだろうと思うんですね。この辺については、檜垣さんの方から大いに疑問が提示されるところだと思うんですけれども。

ただし、例えばたしかに何かにつけて司法の判断を仰ぐといった社会が住みやすい社会であるはずはないわけです。あらゆることを法で裁き決定しようとする社会が、いかに殺伐として、そして暴力的なものでさえあるかは、容易に想像がつくことですね。ところが、嘆かわしいことに、たとえどんなに些細なことでも何かもめごとがあればすぐに裁判に訴えようとする状況は、日常生活のあらゆる場面で出現しつつありますし、すでにそれが飽和状態に達しているような国もあります。そう考えてみると、法を働かないようにしておくこと、判定を宙吊りにしておくということ、無為にすることという、アガンベン流の選択は十分に耳を傾ける価値があると思われます。

あともうひとつ考えられるのは、言葉遊びに逃げるということになるかもしれないんですけれども、分離とか分割の線上で遊ぶという身振りが考えられる。つまり、「判定する」（iudico）ことのもとで「戯れる」（iocor）ということです。ある種のアイロニーの戦略といっていいかもしれません。「イウディコー」と「イオコール」という語が、語源的にどういう関連があるのかちゃんと調べてはいないのですけれども、いずれも宗教的な儀礼に起源があるものなので、ひょっとすると何らかの関連があるのかもしれません。アガンベンにおいて、無為のテーマはさらに、遊戯、瀆聖、目的なき手段性といった問題系と密接に結びついているのですが、これらの表現で言い換えると、判定と戯れ、判定を瀆聖し、目的なき手段性へと判定を脱臼させる、ということになるでしょう。

判定は常に、目的論的な世界観と結びついてきたわけですから。例えばカフカの名高い短編「法の前」[*10]は、ベンヤミンやデリダら、多くの思想家たちによってさまざまに解釈されていることでもよく知られていますが、アガンベンはこの話をまったく独自なかたちで読み取っています。開いたままの法の門の前で、そこに入ることもできずにずっと立ちすくみ、ついには死を迎える田舎の男の話ですね。そこでは門番がいてじっと見張っているのですが、男が中に入るのを拒んでいるというわけではない。アガンベンによると、「ホモ・サケル」のように主権的締め出しを受けて包摂的排除の状態に置かれたこの男は、無為という戦略をとることで、ついには法の門を閉じさせることに成功する、というわけです。

これでちょうど三〇分くらいでしょうか。あまりまとまりのない話でどうもすみません。ただまあ、そう簡単に結論が出るような問題でもないので。あとの皆さんの議論のきっかけになれば、と思います。一応、私の話はこれで終わらせていただきます。

＊10　カフカ「掟の前で」『変身、掟の前で 他二編』光文社、二〇〇七年。

対論

# 判定の思想をめぐって

岡田温司×檜垣立哉

**前川**　ありがとうございました。では、檜垣さん、この議論に対して応答をお願いします。

**檜垣**　いちおう僕は質問事項というのを事前につくってお渡ししています。でも、今のお話での、何もしない＝無為っていうので岡田先生にきれいに結論をおっしゃられてしまった感じがするので、これ以上何かつけ加えるのも無粋かなあともおもうのですけど（笑）。だけどまあ、せっかく質問をつくってきたので、それをもとに少し話してみます。岡田先生とアガンベンとを重ねあわせて質問してしまっている部分があるので、その点は許してください。いずれにしても、さきほどお話いただいた宗教の話とか煉獄の話とか、あるいは「最後の審判」における終末論の話とか、いろいろ絡んで膨らませることができるテーマにはなるとおもいます。

檜垣立哉

僕の質問はおもに二つあります。ひとつは、先生が主な領域とされている美学的な判断といわれるものについてです。美学的な判断と政治的な判断というものには非常に強いむすびつきがあって、僕は哲学ですから美学の細かいことは全然わからないのですが、ともかく宗教的なものと美学的なものとのむすびつきがまずあって、さらにそれと政治的な判断との関わりの問題があると思うんです。いうまでもなくカントの『判断力批判』は、美学的なものとしても、政治的なものとしても読めますよね。問題は、そこで両者の同一性と差異というのはどうなっているのかという点だとおもいます。

たとえばアガンベンにしても、岡田先生にしても、あるいはアガンベンの思考がある意味でベンヤミン学者としてはじまっているということを考えあわせてみても――ベンヤミンについては〔司会の前川さんと岡田さん〕お二人に共通することだとおもいますけど――、判断とか暴力とかを述べるときに、非常に深い宗教的で歴史的な淵源をもってきますよね。ベンヤミンにもアガンベンにも、こうした美学や宗教学のレベルでの判断や判決っていうのが一方である。ところがベンヤミンは、それを当時の一九三〇年代のファシズム的な事態とさっとくっつけてしまう。あるいは本当はくっつけてはいないのかもしれないけど、いかにもそのような読み方ができてしまうようなテクストを書く。ベンヤミンだと共産主義革命とかアナーキズムとかと、最後の判断みたいな話っていうのが明確に連動するでしょう。またアガンベンも、そこの身振りはベンヤミンとよく似ていて、現代的な生命科学の判定不可能性の問いを、古代の宗教性の議論に一気にかさねているようにみえます。それは、ベンヤミンの表現でいえば、極端なものの接合とでもいいますか、二つの極端なものを、あえてすりあわせる振舞いなのかなとおもえます。

　もちろんそれには非常に大きな魅力というか、われわれは普段、例えば法ということに関して考えているときに忘却しているような「罪」とか「掟」とかっていう根本的な概念を呼び覚ますような力があります。それは結構リアルなことでもありますよね。たとえば昨日の裁判員制度のときの話[*1]でもそうでしたが、裁判官がマントみたいなのを着ていたり、舞台としていわば古代ローマの装置みたいなものが現われてきたりする。きわめて古典的なものを直接イミテートして、現在の日本にもってきてしまうわけですよね。こういうことについては表象文化論的にいろいろ論じられるのでしょうが、そもそも直接的な関係なんかはないはずですよね。でも、これらをみても、人類学的な拡がりで考えたときの法の起源に、宗教性や神話性、そこでの罪と罰というのが、実際にかなり深くはいりこんでいるのは事実なんだなと気づ

＊1　大会初日の裁判員制度をめぐる討論のこと（本書Ⅱ部参照）。

かされてしまう部分があります。ある程度そういう側面というのは本当にあるんだなと。

しかし、ここからが質問になりますけど、やはりアガンベンが美学的な話をだしてくるときに、とても究極的な起源の問いという形式をとることになってしまう。じゃ逆に、ものすごく常識的な質問で申し訳ないのですけど、たとえばわれわれが現実に行為をしたり仕事をしたりしている場面というのは、制度化されたというか、もっと簡単にいえば、極限が隠蔽されている、あるいは起源を見ないことにしている場面なのではないですかね。アクチュアルな問題の大半は、そうした起源の隠蔽によって機能しているんだろうというようにもおもえるのです。こういうとき、おそらくアガンベンやベンヤミンみたいな議論を、日常レベルといったら語弊があるかもしれませんが、それは普通にわれわれが行なっている判断ですよね。それにつなげることの正当性と危険については、どう考えたらいいんでしょうか。これが質問したい第一点です。

第二点については、岡田先生の先ほど最後のほうの話で、もう解答がでてしまった部分があるんですけど、いちおう繰り返しておきます。先ほど前川さんにご紹介いただきましたように、僕はフランス現代思想をやっていて、基本的にはフーコーやドゥルーズを読んでいます。ですので、アガンベンという名前を知ったのは、今世紀にはいるくらいの頃です。そのころにバッと流行った。フランスでは若干早いにしても、読まれるようになったのはその頃だとおもいます。だけど岡田先生は、はるかに昔のアガンベンから読んでいて、アガンベンがけっしてフーコー的なバイオ・ポリティクスの文脈で消費される人ではとてもないということを明確にされている。それはまったく正しいのでしょうが、僕みたいにアガンベンを表面的に読んでいる、つまり今世紀になってようやくアガンベンを読んだ者が感じる魅力というのは、やっぱりフーコーが考えていたバイオ・ポリティクスという思考を、誰も考えなかったような仕方で使いこなしているということにあります。それはすごく魅力的です。それを踏まえていえば、つぎのようなことがいえます。

フーコー自身はバイオ・ポリティクスという概念を考えるとき、「法」的なカテゴリーをはじめからきっぱり退けています。生はもともと法的なカテゴリーとは違うし、生権力論的な主体は法的な主体ではないということをものすごく強調します。フーコーがこれを語る文脈は、法一般というよりも、精神分析への（フロイト的な「法」やラカン的なシニフィアンの「法」への）嫌悪というか忌避というか、そうしたものがたいへん大きいようにもおもえます。一九七〇年代にはパノプティコンのシステムで示されるような規律権力論をバイオ・ポリティクスのはしりとして論じますが、それを展開していく先では、規律でさえもない、つまり規律が前提としていた身体的なものさえもない生政治学的な事態が示されてくる。それは、「判定」に関連づけていえば、確率統計的に示されるだけのもの、まったく無意識で非人称の実在でしかなくなってしまう。だけど、そのときに法的なものはどうなっちゃうのか。フーコーにはこれへの答えはないんです。

それに対してアガンベンは、「グレイゾーン」[*2]でたいへん有名になった言葉がありますが、いわば法と不法の曖昧な領域、公と私が切りわけられない地点をあえてフーコーの議論につなげて、逆説的にですが、法なきバイオ・ポリティカルな領域と法の領域との接合を考えだす。さらには、フーコーがおそらくわざと論じなかったファシズムの問題を真正面からとりあげていく。それは、ある意味でフーコーの議論の欠落を補って力動化するものだという意義がかなりあるとおもいます。その点は相当に面白いです。

また、フーコーがバイオ・ポリティクスを述べるときにはおおきな限定があって、そこで焦点化されているのは一八世紀末のヨーロッパ社会だけなんですね。でも、それ以外の歴史的場面や人類学的な局面でも、生命と政治というテーマは大問題だったはずなのに、それがどうなっているのか

＊2
アガンベンが『アウシュヴィッツの残りのもの』（月曜社、二〇〇一年）で利用する、収容所においてもはや誰が敵か味方かを判断することができないような領域。法に対する例外性など、境界に対するその決定不能性を示すものだが、ひいては生死の区分、国籍の区分などの決定不可能性にも転用される。

については、フーコーは晩年の一時期をのぞけばおおよそ無関心です。一八世紀の終わり以降に、こういう断絶が生じましたと、こうした記述以上のことをフーコーからとりだすことはできません。それはどうしてなのか。もちろんフーコーからこの答えを探ることは可能で、たとえばマルクス主義的な唯物史観に対する反発があり、またウェーバー的な議論に対する揶揄があり、もちろんすでに述べたようにフロイトと精神分析に対する批判があり、おそらくこうした観点から、彼らが前提としてきた時代区分を組みかえたかったからら、あえて一八世紀にこだわったということはあるんでしょう。基本的には、フーコーはカント主義者なんですよ。でも考えてみれば、生命と主体という問題をたてるならば、こうした問いの射程は、実際には相当に広いはずです。アガンベンはこの問題を、フーコーを引き受けながらも、逆にものすごく人類学的な古層にまで遡って、しかも別にフーコーを批判するのではなく、ある意味でその議論を拡張していってしまう。フーコーは素晴らしいんだけど、これこれこうすると他の領域でいくらでも展開できるよと手品を見せられているみたいで、これはたいへん見事だとしかいいようがない。むしろ同じような状況にいた日本のポストモダニストが、どうしてそれをできなかったのかなともおもってしまうんです。日本とイタリアというのは、言語の問題を除くならば、フランス現代思想への距離としては似ているとおもうんですがね。まあそれは措くとしても、僕は、これらの点だけをみても、アガンベンは一流の二一世紀の哲学者たりうるとおもいます。

……ともち上げておいて、なんなんですけど(笑)、しかしながら、逆のことも当然いえるわけです。そこでの時代性の問いというのは、フーコーでもベンヤミンでも、テクノロジーと資本主義という主題とものすごく密接な関係がある。ベンヤミンでは非常に顕著ですよね。複製芸術論ですから、そこには時代のテクノロジーというテーマが本質的に関わっている。パサージュ論も、そもそも資本主義的な物品が溢れる世界の記述以外の何ものでもない。フーコーの場合も、バイオということを述べるときには、こうした時代との連関を無視できません。彼自身は一九八四年に死んでいますから、バイオサイエンスについては確かにあまり意識していなかったでしょう。だけど、現在の時点でバイオ・ポリティクスが使われる文脈は、まさにこうした生命テクノロジーが中心になってくる場面です。また『性の歴史』の第一巻というのは、資本主義に対してものすごく鋭敏な視角を提示しているようにもみえる。宗教性と資本主義がひとつのテーマになりますから、一種のウェーバー批判かとおもえる記述さえあります。結局彼らにとっては、テクノロジーと資本主義という時代性は、やっぱりすごく強力ですよね。ところが、アガンベンのやり方は、それをものすごく極大化して、古典的な図式のなかに放りこんでいくような部分がある。だから、これはないものねだりのようないい方になるかもしれませんが、たとえば生命とかテクノロジーとかで論じられていることは、そこでどうなっちゃうのかと。つまりそれでは、フーコーやベンヤミンがエッジとしてたてたものを、もう一度普遍化してしまい、むしろエッジを均《なら》してしまっているような印象もあるんですよね。アガンベンだっていろんな事態に言及していて、剝きだしの生命の一例として脳死者の身体とかいいますよね。いったん普遍に戻すアガンベンの視線の重要性は認めつつも、それを「この時代」に返していくという視線は再度必要になるんじゃないかとおもいました。これが二点目です。

あと今話を聞いていてパッと思いついたことですし、これはもうほとんどどうでもいいことなんですが、最近、和辻〔哲郎〕を読んでいまして、和辻には『日本精神史研究』[*3]という本があって、まじめに読むとかなり面白い。日本文化の芯みたいなものを抉っている部分があります。それで昨日の話とも絡むんですけど、裁判員裁判の議論のところで、まあ常識的にもよくいわれることなんでしょうけど、要するに日本人は「判決する」習慣がないと。だからそこでその習慣を導入しなき

＊3
和辻哲郎（一八八九―一九六〇）の著作。一九二六年、岩波書店より刊行。現在は岩波文庫。

ゃということを考えたとき、やっぱり今、岡田さんとの話ででてきている、終末論ですか、徹底的な世界の終わりみたいなものを考えるっていう発想は、どこか日本人の判断能力には欠落しているんじゃないかと。もちろん平安時代の末法思想とかありますけど、あれは仏教がはいってきているからだとおもいますし……。やっぱりわれわれは、おそらく世界の終わりとか最終判断とかあんまり考えないで生きてきた人間たちで、二千年間ぐらい何も考えなかったところで、突然グローバル・スタンダートであれなんであれ、裁判員制度で判断してみろといわれて、みんながあたふたするみたいなのがあるんじゃないか。そういうのはやっぱりヘブライの宗教とか一神教的な世界の発想で、そんなものを今の日本にあえてもちこむとどうなるのかなという、まあここで答えていただける話じゃないかもしれませんが、感想でもかまいませんけれど……。

**前川**　ありがとうございました。ひとつずつお答えいただけますか。まずひとつ目についてはどうなんでしょうか。

**岡田**　まず私は日本のことはよく知らないので、残念ながらうまくお答えできないのですが……。ただ、二つはかなり関連性があると思うんですね。要するにアガンベンの言っていることは、基本的に現実には何の実効性もないというのはよく言われるようなことでもあるんですね。アガンベンに拒否反応を起こす人たちは、基本的にそこを突きますよね、たぶん。要するに、美学的な、文学的なテクストであって、現実の政治の上ではあまり実効性のない話だと。本人もそのことをとてもよく自覚していると思うんですね。実効性のある法的な手段あるいは国家的な規制によって解決するという、そういうことはまったく考えてないと思うんですね。まず、何であれ線引きそのものを疑ってかかりますから。

　例えば、使徒パウロのメシア主義を新たに解釈した『残りの時』[*4]にある議論なんですけれども、そのなかにとてもきれいな比喩があって、プリニウスの『博物誌』[*5]のなかに出てくるアペレスとプ

＊4
アガンベン『残りの時　パウロ講義』上村忠男訳、岩波書店、二〇〇五年。

＊5
プリニウス『プリニウスの博物誌』Ⅰ・Ⅱ・Ⅲ、中野定雄・中野里美・中野美代訳、雄山閣出版、一九八六年。

ロトゲネスの話を引くんですね。つまり、古代の二人の画家が細い線を引き合って競争したという話です。その細い線と呼ばれているものが実際にどういうものなのか、作品が残ってないので推測するしかないんですが。アガンベンはその例を持ち出してきて、たとえば今の生と死の判定でもいいし、何の判定でもいいんですけれども、どんなに判定を精密にして、線を細く細くして、線引きの線をどんなに厳密かつ繊細にしても、絶対に残余が残るというんですね。絶対に残余が残る。そこには分けられないものが残るというんですね。AでないわけではないA……、といった具合に。どんなに科学技術を応用してやったとしても、残余は必ず生じてくる。もしも、たとえばメシアなるものが救済しなければならないとすれば、その残余だと言うんですね。それは、とても私が好きな議論なんですけど。たぶんそういうふうに考えているので、ジャッジメントつまり線引きが原則の法が残余を生み出しているわけですから、法が残余を救済できるわけはない、アガンベンはそう考えていると思います。しかもアガンベンの場合には、これはベンヤミンと同じ、というかベンヤミンを介してパウロのメシア主義を読んでいるので、メシアが到来するのはエスカトンではない。つまり、終末の時でも、歴史の終わりの時でも、未来の時間のことでもないんですね。今この時、つまりこの瞬間この瞬間が重要だということですね。

それから、檜垣さんのお話の前半の部分なんですけども、たしかにアガンベンがうまいと思うのは、フーコーが近代以降に置いた生の生物学的政治化というのは、実はずっとずっと昔からあったという議論のもっていき方ですね。それは興味深いと思うし、そこがいちばん評価されているところだと思います。要するにアガンベンは、フーコーの生政治とアリストテレス流の存在論とを合体させ、さらにそこに［カール・］シュミットの政治神学を絡み合わせたと思うんですね。ただそれはそう簡単にはいかなくって、たぶん、問題もそこから出てくるんだろうとは思います。いくつかの問題点がある。それから、美学的な判断と政治的な判定というのは、これは私は専門ではないので、そこに吉岡洋さんがいらっしゃるので、吉岡さんのほうがお詳しいのですが、カントの『判断力批判』って政治的ですよね。つまり客観的な基準もなければ、概念で言えるわけでもないのに、ある種の普遍妥当性を持つと言っている以上、とても政治的ですよね。そこからたぶん、いわゆる合意の問題とか出てくるわけだし、とてもそれはたぶん政治的合意だろうと思います。とはいえ、それはアガンベンとはあまり関係ないかもしれません。アガンベンは優柔不断だといえば優柔不断だと思うんですね。日本に来る、来てもいいと言っては来ない。それを何度もくり返しているんですね。（檜垣「また来ないんですか？」）また来ないんです（笑）。なので、そういうところがあるからかなあと思うんだけども、ただとてもいっぱい自分の仮面を持っていて、その仮面が多様なので、ベンヤミンの仮面を被ってみたり、シュミットの仮面を被ってみたり、シチュアシオニストの仮面を被ってみたり、無為を持ち出してきて、バタイユとかブランショに似た（ただしかなり違うのですが）仮面を被ってみたり、まさしくそれらと戯れているようなところがあって。たぶん嫌いな人はそういうところが嫌いなんだろうと思うんですね、その仮面の多様性みたいなものが。アガンベン自身は、「身振り」という言い方を好んで用いています。作者とは、ひとつの生を作品のなかに引き受け賭ける「身振り」にほかならない、というのが彼の信念ですから。ただし、その賭けに勝つことが目的ではありません。あくまでも手段の問題です。

例えばこういう比較は良くないのかもしれないですけど、ジャック・ランシエール[*6]も同じ一九四〇年の生まれで、政治と美学が専門ですよね。ただランシエールの場合、とっても分かりやすいですよね、ある意味で。それがフランス的な明晰さってことなのかもしれないけれども、「平等」という筋を前提にしたうえで、感性的なものをどのように配置していくかを論じていて、とても分か

＊6
ランシエール（一九四〇―）
フランスの哲学者。代表作に、『不和あるいは了解なき了解――政治の神学は可能か』（インスクリプト、二〇〇五年）、『感性的なもののパルタージュ――美学と政治』（法政大学出版局、二〇〇九年）などがある。

りやすいし、面白いのは面白いですけど。おそらくアガンベンの場合はもっと複雑で、仮面の、あるいは身振りの多様性っていうのかな、そういうところがたぶんあるんだろうと思います。あまり答えになっていないようなんですけど。

**前川**　おもにひとつ目の問いに答えていただきました。

アガンベンの思想が面白いと思うのは、もともとアガンベンがベンヤミン研究者として出てきたことや、もうひとつは、彼が法哲学や古代ローマ法に詳しく、彼の思想にそうした法という観点がかなり入ってくることです。もうひとつは、フーコー後の言説のなかで、近代以前以後という時代の境界区分があらかじめ分断されてしまい、誰もが近代「以降」の主体や身体の問題を論じがちな傾向のところに、根源的な、たとえば「ホモ・サケル」などの形象を彼がもってきていることですね。そうした形象を持ってくると、現在の生の、岡田さんのお話のなかで言われたように、従来は分断されていたものがつながって、さらにそこにテクノロジーの観点を入れると、それら全体を別の仕方で見通すことができるようになる。もちろん、現在における判定はけっして「最後の審判」のようなそんなに大きな判定ではなく、むしろ日常的に微視的、微温的な形で、しかもそれがある意味で美学化されて蔓延している。こう考えるとアガンベンのスタイルというのは、今の生の状態だとか監視やセキュリティの状態だとかと妙に符合するような側面があると思います。

檜垣さんからの問いの二つ目は、資本主義とテクノロジーに関する質問でした。先ほどテクノロジーの機能不全というお話も岡田さんはされましたが、ドゥルーズ＝ガタリの思想にもテクノロジーの問題が、あるいはベンヤミンに関してもやっぱり後期資本主義のテクノロジーという問題がどうしても入ってきます。ただし、アガンベンの場合には、携帯電話とかについてはちらっと書いてるけれど、それほどテクノロジーに関しては書いていませんね。(岡田「〔アガンベンは携帯電話は〕大嫌いですね(笑)」)。檜垣さん、テクノロジーの問題についての質問を、もう少し言葉をついでいただけますか。

**檜垣**　僕の関心でいわせてもらったら、これは岡田さん、前川さん両方になんですけど、ベンヤミンとドゥルーズというのは僕のなかではけっこうつながりがあるんです。ドゥルーズも後期の主著は、ベルクソニストとしての面目躍如のような『シネマ』[*7]ですし、そこで示されているのは、イマージュ、テクノロジー、そして時間の議論ですよね。ベンヤミンの場合も、静止状態の弁証法とか危機のアウラとか、やっぱり明らかに芸術のテクノロジーから露呈されてくる内容を宗教性や思想性に絡めている。たとえば時間を「見る」っていう経験がどのように可能なのかということが重視されています。もちろんそんなことは、美術史の世界では、昔から山のように語られていることなのかもしれませんが。

　しかし、ドゥルーズがあれだけシネマにこだわっているポイントは、ひとつには写真やシネマが、たとえば過去そのものや人生の終わりや全体という、通常の身体では経験不可能なものを見せてしまうということにありますよね。あるいはベンヤミンが自然史という論脈で描いていることって、地層的な時間、天文学的な時間が、普通の身体には見えるわけがないのに見えてしまうことと確実につながっているとおもいます。終わりが見える、メシアが見える。これは、宗教譚とか絵画でしか示せなかったものが、ダイレクトな映像になって露呈されてくることではないか。それは紛い物＝フィクションかもしれませんが、一面で人間の時間の経験の核をえぐるということになる。ドゥルーズだったら「偽なるものの力」ということになる。これこそが、身体ではなくて脳にダイレクトに働きかける映像、そこでの時間の結晶だということを彼はいいます。

　でも、それも考えてみると、一方ではやはり資本主義とテクノロジーがあってこそのことだともうし、だけど他方ではそんなことがあろうがなかろうが、大脳皮質がある程度にまで進化した人間は、どうしたところで宗教性や彼方のイマージ

＊7　『シネマ1　運動イメージ』『シネマ2　時間イメージ』法政大学出版局、二〇〇六年。

ュをつねにそなえていることも確かです。ドゥルーズやベンヤミンがおこなっているのは、テクネーの時代として考えても、その二つの領域の極端なものの接合であるようにもおもえます。その点、いかんせんアガンベンは、ある意味で知識をありあまるほどもっているからか、ちょっとこういった点についてはあまり答えてくれない気がするのです。これは批判でも何でもないんですが……。

**前川**　もちろん、ドゥルーズには映像への、あくまでも宗教的なものではないですが、かなり強いカトリック的信仰があるように思えますよね。もちろんベンヤミンにも宗教的なもの、つまりユダヤ的なものは読みとることができるし、彼の複製技術とそうした宗教的なものを両方ツールとしてどう使うかというのもベンヤミン論では考えなくちゃいけないんですが、アガンベンの場合はどのように考えたらいいんですか。宗教性とか今日お話いただいた宗教とテクノロジーの関係とか、宗教と技術とか、宗教と装置についてはどう考えているのでしょう。装置論を、アガンベンは書いていますけど（「装置とは何か?」[*8]）、そこらへん岡田さんからお話しいただけませんか。

**岡田**　科学技術の発展、それがある種キリスト教的な情熱に支えられているというのはよく言われることなので、まあ、そういう前提には立っているんだろうなと思うんですね、基本的に。ただ、「装置とは何か?」のなかでとくにキリスト教の問題、神学的な問題が出てきたという記憶はないんですけれども。そこでは特にそれが表面化していたという記憶はなくって。この装置論のなかでいちばん面白かったのは、今日は私ちょっと規律に触れましたけど、一九世紀に出てくる規律的な身体と（従順な）主体の確立の問題が、今や転倒してしまい、そうした主体が潜在的なテロリストとみなされる事態になっている、といったような議論だったと思うのです。ただ、私は、アガンベンというのはカトリックの思想家ではあると思うんですね、広い意味で。どう考えてもカトリックの思想家。そこにカバラとかユダヤ主義的なもの

*8　アガンベン「装置とは何か」高桑和巳訳、『現代思想』（二〇〇六年六月号）所収。

前川　修

をいっぱい入れてきますけど、カトリックの思想家だと思います。

**前川**　ありがとうございます。まだ論点はたくさん残っていますが、時間が迫っておりますし、お二人には何度か応答していただいたので、会場に議論を開きたいと思います。いずれにしても、免疫不全化した現在を考えるうえで、アガンベンというのはひとつの方法になるのではないか。現在を「判定」するひとつの方法として、どのようにアガンベンを読んでいくのかというか、このことについてさらに岡田さんには期待させていただきたいと思います。それではフロアに開きたいと思います。いかがでしょうか。

## フロアからの質問

**門林**　関西大学の門林と申します。これは質問になっているかよく分からないんですが、岡田先生がリスクとセキュリティということで、八〇年代くらいから出てきたというふうにおっしゃっていて、それはそうだと思うんです。しかし、終末論的な世界観のなかでリスクとセキュリティが問題になった背景には、アメリカの現代史の文脈がある。つまり第二次世界大戦の終結後、だいたい一九五〇年代くらいの間に、大恐慌以来ずっと回復することのなかった経済が戦争特需によってほぼ回復して非常に裕福な社会が実現し、それと同時に、共産圏と核の恐怖によって、アメリカ国民のポピュラーなイマジネーションにおいてもリスクとセキュリティが表面化する。要するに家庭用の核防衛シェルターのようなものが実際に通販で売られているような社会があったと思うんです。もしかしたら、冷戦崩壊以後、特に二〇〇一年の同時多発テロ以降に、アメリカ側が次々といくつかの国をならず者として判定していくというようなことが起こるわけですけれども、実は、アメリカの仮想敵の作りだし方というようなものの起源は、既に冷戦下にあるのかもしれないとも思うんです。その一方で、今日の話はアガンベンの現代性ということがテーマとしてあったと思うんですが、一九五〇年代のアメリカと二〇〇〇年代以降のアメリカの国家におけるリスクとセキュリティの問題を考えるときに、（ちゃんとうまく言えないですけど）なんとなくアガンベンは、二〇〇〇年代の問題を考えるときにグッとくるというところがあると思うんですね。そのグッとくる感覚をどうもうまく分節化できないんですけど、何かそういうことでアイデアがあれば、うかがいたいと思います。

**岡田**　ちゃんとお答えできているか分からないんですけども、たしかに門林さんの言われるように、一九五〇年代があったじゃないというふうに言うことはできる。たしかにそうだと思うんですけど、たぶんその場合にはリスクとセキュリティというのは、こうやればセキュリティは完璧だというノウハウがはっきりとしていたのではないかというふうに思うんですね。で、八〇年代以降あるいは二〇〇〇年代以降になるかもしれないけれども、とくに今、これはセキュリティなのかリスクなのかというか、そういう境目というのがとても曖昧になっていると思うし、しかも、リスクがあってセキュリティをこうしましょうというのではなくて、セキュリティの要請が先に来ていて、それにリスクの意識がついているというのが現代だと思うんですね。とくに二〇〇〇年代以降のアメリカはそうだと思うんですね。その辺、エスポジトなんかもよく言ってるんですけども。だからたとえば、グローバル化になってくると、どこまでがセキュリティでどこまでがリスクなのかということが、とても流動的になっているということは言えるのではないでしょうか。それでアガンベンの例でいうと、彼の場合は、たとえば内と外の区別がはっきりしないところとか、そういうところにつねに目を向けている。なのでたぶん二〇〇〇年代以降、アガンベンの思考法がマッチしてくるという門林さんの直感というのは、そういうところにもある気がするんです。お答えになっているかどうか。

**前川**　まだ時間ありますので、どなたかいらっしゃいますか。

**椋本**　横浜国立大学の椋本と申します。私自身からのコメントというより、本日こちらに来られなかった本学会員の水島久光先生が、昨日東京で開かれたメディア実践の研究会で話された内容が、本日の内容ととても響き合うところがあったので――とはいえ、いったん私のフィルターがかかってしまうのですが――話させていただこうと思います。昨日の議論で水島先生がおっしゃっていたことは次のようなことです。現在ひとびとがまさに「クラウド（コンピューティング）」[*9]に巻き込まれていく流れがある、しかしみんな自分はデータにされたくない、俺はデータなんかじゃないと言う。それに対して水島さんは、敢えて、みんなでクラウドに放り込まれるデータになってみよう、そして、みんなでコンピュータに「あなたはこういう人ですよ」とか「こういうタイプの人ですよね」って判定されてみよう、しかし、その結果をコミュニケーションの契機として利用してみよう、と話されていたのです。

その場にはメディア・リテラシーやコミュニティ・デザインの実践をされている方もいました。

＊9
従来は、ユーザーの手元にあるコンピュータや、どこかしら「目に見える」サーバーに存在し、管理・利用していたデータやソフトウェアなどを、企業など巨大組織が集約提供する抽象的存在＝サービスとして、その都度インターネットなどから遠隔利用する方式／形態の総称。

彼らにとって、今ひとびとが「どうやってお互いを信頼し得るか」ということが問題なのだそうです。それは単に人間同士直接顔を合わす方が信頼しやすいということに行き着くのではない。たとえばオフ会なんかは、人が相互に分かりあった気になるけれど、それほど深くコミュニケーションはできていないのが事実です。だから会場の方々は、むしろ水島さんの、みんなでコンピュータに裁かれてそれを契機としてみようという話を割合にポジティヴに受けとめていらっしゃいました。単なる報告で恐縮なのですが、たまたま昨日と今日、全く違った議論の場でのテーマ、「裁き」と「信頼」に関して相通じる内容があったので、述べさせていただきました。

**前川**　どなたに質問ですか。コメントか何か感想を。

**椋本**　どなたでも、お願いします。

**前川**　岡田さん、お願いします。

**岡田**　みんなでコンピュータのデータになってみようよというのは、たぶん今日の私の話でいうと、要するに判定（judico）の上で遊ぶ（jocor）

ということでしょうか。

**椋本** そうですね。そういう感じだと思います。

**岡田** そういう遊び方もあるんだなっていうふうに、たしかに思います。

**前川** 檜垣さんは何かありますか。

**檜垣** 僕はわりとフーコー寄りなんですが、フーコーがどういうふうに利用されてきたのかというのを見ると非常に面白くて、生政治学とかバイオ・ポリティクスはやっぱり悪いものだと記述されがちなんですよね。今のお話でいうと、コンピュータが監視社会にくみこまれて、ますます管理が多重化してくるという当然のことがあるわけです。ところが、どう考えてもフーコーは、バイオ・ポリティカルな時代になることがそもそも悪いことだなんてまったく書いてなくて、それどころか、むしろそこであっという間に近代的人間や自我やその情念が消えてすがすがしいとさえおもっているんじゃないかと読める部分さえありますよね。何にしてもそうじゃないですか、顔認証システムとか指紋認証システムにせよ、あらゆるところに監視カメラをつけるにせよ、〔それが〕危険だっていったときに、何が誰にとってどのような意味で危険かということが重要で、そこで当然危険に曝される主体というものの概念がキープされているわけですよね。だから視点を変えてコンビニの監視カメラが犯罪を防ぐんですよといえば、怖い怖いといっていた住人がころっと賛成したりもする。ところが、フーコーの自己のテクノロジーという文脈では、主体そのものがテクネー的に変様する（あるいはそれを自己統治する）ということが含まれているんだから、もうそんなところで何かを守りましょうとか、あなた見られて大変ですよとかっていう恐怖言説とか、もちろん一定有効なのはわかるんですが、そういう立場はとらないとおもいます。テクノロジーが変化したとき、その主体が同じであるわけではないはずですから。フーコーは、そんな恐怖とは関係のないところにいこうとしている部分があるとおもうんです。ところがやっぱり、フーコーの読まれ方はつねに両義的で、こんなバイオ・テクノロジーや監視社会の時代がきて怖いですね、みたいなことへ読み替えるひとがたくさんいる。もちろん僕だって、その読みがまったく間違いだとはいいません。だけどフーコーが、そんなことで恐れおののく近代的自我なんてさっさとみんな死滅したほうがいいんじゃないかとおもっていることも確かで、これを無視するのはやっぱり不当だとおもいます。ただそれを、今の世の中にそのままバッとぶつけても、まあ通じないですよね。そんなこといってもね、と反応されるだけだとはおもいます。

だから僕がフーコーの生政治という表現を使っている文脈自身がある意味で常識と真逆なんで、それはコンピュータの話でも同じでしょうけれども、そこでの主体の変容については考えてみる価値はあるんじゃないかなとおもいます。

**前川**　もうおひとりくらいは時間的に大丈夫です。いかがでしょう。

**橋本**　愛知工科大学の橋本と申します。指紋のことなどを専門にしている関係で、ちょっとコメントさせていただきたいと思うんですけども。岡田先生がおっしゃいましたように、[*10]一九世紀末から身体認証というのがはじまって、もともとやはり犯罪者っていうか社会にとっては潜在的な危険であるところの累犯者・再犯者というのを特定するために出てきたものが、やがて全体に広がっていこうとするという動きがありました。もちろんそこでは、私たち一人ひとりが潜在的な犯罪者と見なされてしまうから怖いっていう説明は非常にわかりやすい一方で、本当にそうなのっていう疑問がつねにありまして、潜在的に犯罪者と思われることがそんなに怖いことなのか、警察にとってすべての市民が潜在的に犯罪者であることは別に当たり前のことであって、そこでもっと別の問題が起こっていると思うんですよね。先ほど、フーコーの生命の問題は法の問題ではないというご指摘を檜垣先生がなされましたけれども、その点はむしろ理解できるところで、生命というものは法ではとらえられないものとして出てきた。だから、法の問題であってはならないというふうにフーコ

*10　本書二七頁参照。

ーは考えていたんだと思うんですけれども、その一方で、現代になって身体というものを法的に問題にせざるをえない場面が出てくる。具体的には臓器移植とかで、臓器というものを法的なステータスでどうするかというときに、法の問題になってきてしまった。そのときにどう身体をとらえるかといったときに、バイオメトリクス[*11]ですね、身体認証とか、そういったものでしか今のところ制度的あるいは司法的に身体をとらえる手段がない。私は身体の法的ステータスというものが指紋とかそういったものに還元されてしまう場面ということのほうが恐ろしいことであって、それは犯罪者と見なされるとかそういったこととは別の問題なんじゃないかと常々思っていて、そういったことをアガンベンに期待してるんですけども。むしろアガンベンという人は指紋をとられるからアメリカに行きたくないとかそういうことを言う人なんで、日本に来ないのもおそらく指紋をとられるからじゃないかという、そう思うんですけども、その点、どうでしょうか。岡田先生、何かご意見あれば。

＊11 生体認証のこと。人間の身体および行動の特徴を情報として記録し、個人の認証を行なう技術全般をさす。

**岡田**　たしかに潜在的な犯罪者と言ったのは、ちょっと極端っていうか、そこだけに還元したのは極端だったかもしれない。アガンベンが最近書いたエッセイに「ペルソナなきアイデンティティ」という短いエッセイがあるんですけれども、そのなかでそういう問題をちょっと書いていて、ますますいろんな生物学的な、自分ではどうにもならない生物学的なデータによって、「私」が判定されるということに対するある種の苛立ちというのが出てきている。だからといって、彼はヒューマニストでは決してないので、ヒューマニストでもないしユートピア主義者でも決してないので、かつての人格とかに帰りましょうということは言わないんですね。その先に、だから、さっきの話じゃないですけど、徹底的に生物学的なデータに還元されて、ピューってやればドアが開いたり閉まったり、どこかに入れたり入れなかったり、その先にどういう人間像が見えてくるかっていう――まだ見えてきていないわけですけども――、そういう話をちょっと書いている部分がある。じゃあ、それはどういった人間のイメージかというところまでは書かれていないんですけれども、アガンベンも橋本さんがおっしゃったようなことを考えているとは思います。

**前川**　話は尽きないとは思うのですが、そろそろ時間です。この「判定の思想」で生物学的データとか身体の問題という話題も出てきましたが、三つ目のセッションは身体をそれこそ文字どおりスペクタクルにした近代スポーツをめぐって話が続いていくということになります。岡田さん、檜垣さん、どうもありがとうございました。

# 対論を終えて

檜垣立哉

ちょっと対論とは関係のないところから話をはじめてみようかとおもう。

判定ということを考えると（もちろん裁判員制度などは重要なのだが）、今世紀になってもっとも重視されるべき問いとなっているのは、生命倫理などの健康と病、生と死をめぐる、分子生物学レヴェルまでをもまきこんだ精緻な判定、あるいは環境問題など非常に長いタイムスパンに関わる判定であるとおもわれる。

この対論のあとで、例の大震災があり、それにつづく原発事故が起こったから、こういう論題はもう隅におかれてしまった感もあるが、それら（津波や原発事故）もあわせて、これらの「判定」に共通していることは、強く「自然」と関わるものだということである。

もちろん「判定」が自然と関わることは、それこそ岡田先生が「最後の審判」から話を始められたように、そしてまたそこで語られる神や異界が、どこかで人間の描く「彼方」の自然のイメージを（擬人化しつつも）秘めていることを踏まえれば、当然のことかもしれない。死や死後の裁き、人生全体のあり方、これを「観念」としてそなえた人間は、それを人間的な生の条件として押しつける自然に対して、人間的イメージをもつことでしか対抗できないし、それはやむをえないことだろう。

だがそれでも、裁判や判定の場で語られる事柄は、一面ではきわめて「人間的」なものである。

裁判官が法服を着ることそのものが、（ベンヤミンのいう法措定的な暴力が、神話的なものであるのと同様に）裁判とは演劇性をもった人間的虚構であることを明らかにしている。「法」によって判断される世界は、それがどれほど人間を超えた領域を「判断の根拠」としてくみこんだとしても、やはり法が人間のものであるように（「罪」や「罰」は、本来自然界には存在しないように）、人間界の出来事なのである。

応用倫理の世界では、線ひきが非常に重要である。古典的な事例では、堕胎可能なのはいつまでの胎児かというのはきわめて議論を呼ぶ問題であり（近代化以前であれば、生後ある時期までに間びきをおこなっても、それは殺人と認定されるものではなかった）、生殖技術の進展にともなって、試験管において受精卵が作成されると、それの処理そのものにまで議論が拡大されることになる。逆方向における死も同様で、ある程度意識がなくなったとされる（脳死というい方が正しいのかわからないが）人体が、すでに死せるものであるのかまだ生きているのか、これもまた重要な問題を提起する（近代化以前には、姥捨てに類するものは、どこでもあったものだろうが、それは殺人ではなかった）。

繰り返すが、これは線ひきの問題である。どこかで産まれたと認定しないとうまくいかないし、どこかで死んだ、もう共同体構成員ではなくなったと「判定」しないとうまくいかない。もちろん「法」や、あるいは「罪」がそこに降りかかってくるからだ。近代以降になるとうるさく責任が追及されはじめる。

もちろんこれは、文明にもテクノロジーにも即応した揺れをもつものである。産まれてきた子供を間びくことは、今の社会では殺人である。だが、これを殺人と認めない過去がとりたてて残酷だったわけではない。死についていえば、脳死と判断された患者が意識をもっていたという事例はさまざまに報告される。だがそれは脳波測定についての進歩が可能にしたひとつの論点である。植物状態とみなされる患者との意思疎通がテクノロジー的に可能になれば、患者に対する姿勢はおおきく変化する。

生も死も、その自然的プロセスにおいては多様で連続的である。生きるものが個体としてあるといえるためには、さまざまな段階がある。そして死についてもさまざまな見方がある。特定の（脳や心臓の）部位が機能低下するのと、個体が死ぬということには、つねにズレがある。「判定」がそこで一義的に下せることはない。これはもちろん、人間の認知機能が区分線をもうけることにこだわるのに、自然はそれに対しておかまいなしであることによる。自然は人間の事情など斟酌しない。そして科学テクノロジーは、まさに人間の事情を斟酌しない自然のあり方を、きわめて人為的に解き明かすというパラドックスを露呈させてしまう。

もちろん人間社会は科学決定論を避けたがるので（そもそも科学こそが多様な自然を暴露するという現状があるのに、自然と人為に関する判定に、科学決定論という妄想が幅をきかせているのは不思議なことである）、近年は「法」でも「科学的規定」でもない「共同体のコンセンサス」が重視されている。それが現状の民主主義社会において、一定の役割をもっていることは認めるし、それ以外の何ができるのかといわれたとき、それこそフーコーやドゥルーズをもってきても意味のないことは承知している。だが、コンセンサスで何かを規定するという状況そのものが、「グレイゾーン」をおりこんでいるような事態でもある。さらにアガンベンであれば、『アウシュヴィッツの残りのもの』のなかで、ドイツ的な対話の倫理や社会論に対して、少し異様なほどの批判をなすことには注目せざるをえない。

線ひきの多様性を前に、社会間でのコンセンサスをうること、そこで当事者と科学者、あるいは行政主体と住民が話しあいをしてラインを決めること、これは一定程度合理的な事態にみえるが、それは「言葉」の領域の議論しか扱うものではない。言葉の領域の議論が通用可能なのは人間だけである。だが人間は言葉をもつとは「限らない」。アガンベンの一部の「ドイツ哲学者」への激しい敵意は、ここではアウシュヴィッツの「ムスリム」[*1]という、アガンベンがプリモ・レーヴィ[*2]からとりだしてきた、あらゆる言葉を失ったただ生きているだけの身体の視点からなされている。言葉も対話もできない者はどうすればいいのかという問いが突きつけられている。それは「例外状況」であるのかもしれない。だがアガンベンは、「例外状態」はいまや「例外的」ではないととらえている。われわれはいつだって剝きだしの身体にほかならないのだから。

コンセンサスを軸とする倫理的な判定は、結局は科学者集団・医学者集団の行為にある「お墨つき」（ありていにいえば裁判闘争になったときの保証の論理）を与えるか、あるいは社会的コストの問題（植物人間の患者を生かしつづける社会的コスト、数が限定された集中治療室の有効な利用の必要性）を提示し、感情論を合理的計算にひきもどすか、そのいずれかだという批判もある。それはいわずもがなのことであり、そういったところで実際には何にもならない（それはそうだろうとしかいいようがない）。だがアガンベンが論じていることのポイントは、そこにはない。こうした暴露話のような批判は、コンセンサスが「人間間」のことである点を示すだけである。だが、アガンベンが述べている「グレイゾーン」や「ムスリム」は、人間ではどうしようもできない自然に（いうなれば自然の多様性に）関わっている。そのことについて人間間の合意など、所詮何だというのか。

ベンヤミンやアドルノの概念で「自然史」というものがある。私はドイツ語圏の哲学は専門外なので、これが正確な理解がどうかはわからないが、この概念は自然という事態と、歴史という人間

＊1
アガンベンが『アウシュヴィッツの残りのもの』のなかでとりあげた、もはやただ生きているだけの収容者を示す隠語。

＊2
一九一九―八七年。イタリアの科学者であり作家。アウシュヴィッツの生き残りとして、『アウシュヴィッツは終わらない』（朝日選書）、『休戦』（岩波文庫）などを著わす。

の記述とをパラドックス的にむすびつけているもののようにみえる。「自然史」という概念で念頭に浮かぶのは、たとえばレヴィ＝ストロースが『神話論理Ⅳ　裸の人』の冒頭で描いているような自然的な地層性に類似した神話の地層性、またドゥルーズ＝ガタリが『千のプラトー』で示す（ベイトソン由来の）多重的なプラトーのかさなりあいである。それはベンヤミンが「歴史の概念について」[*3]でとりあげるような、時間のモナド化された結晶が、この現在の基底をなすと描かれていることにつながるのではないか。世の中には、確かに人間がどうこうできる時間の枠組みがある。そのなかでの「判定」は、まさにその状況をアクチュアルに生きている人間たちの対話、利害、経済、合理性によってなされるだろう。それはそれでよい。だがわたしたちの生は、つねにその基層に、そうした言葉や人間間のとりきめを「超えた」自然を、必ず含有している。生や死、生殖や死に臨む医療では、剝きだしの自然性が、人間の判断そのもののなかに介在してくることを避けることはできない。だからこの両者は、必然的にパラドックス的な関係になってしまう。このことに対して人間が与える言語が、レヴィ＝ストロースであれば神話であったり、あるいはアガンベンやベンヤミンであればある種の宗教的言説であったりすることは、非常に重要なことであるとおもわれる。それは「合意」などとは到底関係がない無意識の言葉である。むしろ「判定」の曖昧さにともなわざるをえない矛盾が、そこで露呈されている。

冒頭でも記したが、この対話から一年余りの時間がたったあとで、津波と原発の事故がおきた。これも「判定」をめぐるさまざまな問いを喚起する問題であるだろう。もちろん地震や津波と、原発問題では、話がまったく違っている。前者は、多重化されたプレートの隙間にある日本の土地に居住している以上、いかにしても避けえないものである。だが、後者については、これは避けるこ

＊3　「歴史の概念について」『ベンヤミン・コレクション1　近代の意味』（筑摩書房、一九九五年）所収。ベンヤミンの絶筆とされる原稿。一九四〇年春に書かれたとされる。その内容はほとんど断片的な記述からなるが、歴史的時間のモナド性や静止状態の弁証法について鋭い主張がなされている。

とができたかもしれない。現在問われているように、エネルギー政策の転換によって、原発を利用しないという選択は可能なのだから。

だが前者の、自然と考えられがちな事態に関しても、人々はさまざまな「判定」や「断罪」をおこないたがる。防波堤の高さは充分であったか、防災訓練はきちんとなされていたのか、生徒を逃がさなかった小学校の先生の判断は適切であったのか……。これが「将来のために」という美辞麗句のもとでなされることもわかるのだが、一面では自然災害の「巨大さ」を前にして、それを「人災だ」といいきることには無理がある。「想定」といっても所詮は卑小な人間の「想定」にすぎない。プレート型地震というのは、むしろ日本列島を形成してきたものだから、そんなものに何かを言う方がどうかしている。「自然史」概念をもちこめば、現在の日本の姿はユーラシア大陸にのめりこむ過程そのものであり、今ある日本列島が「自然な姿」だなどというのは非自然的な人間のロジックにすぎない。

原発については逆のことがいえる。これは明らかな人災である。だが逆に、これほどアポカリプス的なものを露呈させる事態もないだろう。ひとは(現在のテクノロジーでは)その処理に数万年もかかる廃棄物を産出する仕組みに対して、あるいは今回のような事故をひとたび起こせばどの世代まで影響が残存するかわからない事例について、気の遠くなる感覚をいだくだろう。こんなものを人間の頼りない技術で、しかもたかだか数百年以上先のことなど何もわからないわれわれが操作している異様さに関して、当然考えさせられてしまう。だがこれは、今世紀的な技術が(たとえば遺伝子操作でもよい)、もはや人間的な生の時間枠では処理不可能なものに触れてしまうことに関わっている(それは一面では避けることができない)。その意味で前者と後者は、やはり連続線でむすびついているとおもわれる。これは極微の世界にもいえることである(ベンヤミンは拡大映像が、あるいは映像のスローモーションが、人間の知覚に与える影響を考えている)。

テクノロジーとは、自然の時間枠に関与する人間の立場に位置するものである。その内容は二〇世紀から二一世紀において、想像しえない仕方で増大してきた。それゆえ、生死の領域、予見可能性の領域、先端技術の領域、ここでの自然に対する「判定」の「グレイゾーン」は拡大する一方である。いうまでもなく、神話や宗教は、そうした「どうしようもない自然」に対する古典的な「人間の対処法」であったものであり、それ自身がテクネーである。アガンベンの議論は(当人もこれに意識的になったのはここ二〇年あまりのことなのだろうが)、まさに時代を遡って、こうしたグレイゾーンにおける判定の問題の淵源を問い詰め、逆にそれをダイレクトな現在の問題に突き返そうとしている。アウシュヴィッツを扱うアガンベンがいて、ローマを扱うアガンベンがいる。バイオ・ポリティクスを論じるアガンベンがいて、宗教論の仔細な議論をおこなうアガンベンがいる。そのことには、特段不可思議な点はない。

しかし、おそらくこうした宗教や美学という領域があからさまにするグレイゾーンが、現在のテクノロジーをどうとらえなおしうるのかは、アガンベンに求めるというよりも、もはやわれわれがなすべきことなのだろう。

対談のなかで述べたように、ベンヤミンやドゥルーズは、美学的なものの探求にみえて、実際にはテクノロジーの存在論に近い事態を論じているとおもわれる。それは法と生のパラドックスを描いたアガンベンとはまた別の仕方で、自然的なものの質料性、質料的なものの無意識性にさらに比重をおいた議論であるといえるのではないか。彼らがみている「自然」の、「人間的時間」「人間的視界」に対比した広大さ、あるいはミクロ性は、きわめて重視されるべきである。

自然についてはそもそも「判定」はできない。そして「法」(厳密な線ひき)を求める倫理も、人間間での利害関心が全面にでるコンセンサスも、あくまでも人間の「納得」という小さな事態しか扱えない。だが、自然は人間とまったく関係なく、人間世界を消滅させもするし、繁茂させもする。そこに人間がどう関われるのか、これが、この世界に人間が現われてから（新石器時代以降、宗教性が発生し、言語と法が現われた時代から）現代にいたるまで、われわれの生存条件をなし、さまざまに伸縮するグレイゾーンを形成してきたものである。この点を真正面からとらえる必要がある。それは何かの結論にいたるものではないかもしれない。だが「判定」にまつわるメタ倫理学が考慮にいれるべきなのは、「人間」に対して圧倒的に非対称的な「自然」そのものではないか。

# Ⅱ

# 揺れる法廷?
## ――メディア・言葉・心理

Ⅱ部では、現在でもメディアを賑わせている裁判員制度をテーマに選んだ。すでにメディアでも報道されているように、二〇〇九年から実施された裁判員制度は、判定にかかわる諸問題の集約した事例になっている。裁判という場は、「はじめに」でも述べたように、法廷自体が物理的にテクストからヴィジュアルな場に移行し、それと同時に感情や身体という要素がそれまで疑いなく合理的とされてきた判断の場で前景化することになり、さらにはその背後で裁く／裁かれる側の分断や断絶という問題も生じているのではないか。そもそも裁く、判定する、判断するための典型的な場である法廷モデルはこうした大きな判定のスペクタクル化の流れのなかでどのような揺れを見せているのか、それとも見せていないのか。こうしたことを専門家の三人の方々にうかがった。

**前川**　まず、このセッションで対話をされる方々を紹介させていただきます。こちら側から藤田政博さん。この四月に政策研究大学院から関西大学に移られ、社会心理学・法心理学の立場から裁判員制度についての研究、そしてアメリカですでに研究が進んでいる陪審制の研究の知見を参照しながら研究を展開されていらっしゃいます。真ん中にいらっしゃるのが堀田秀吾さん。明治大学法学部で言語学、とくに語用論の立場、そして法言語学の立場から裁判にまつわるさまざまな言葉について研究をされています。このお二人は日弁連の裁判員制度立ち上げの際のさまざまなプロジェクト・チームにも関わっておられ、例えば公判弁護プロジェクト・チーム、法廷用語の日常語化に関するプロジェクト・チームなどにも関わられていました。また後でディスカッションするときにも話題にあがるとは思いますが、裁判員制度が立ち上がる直前に法曹三者のいろんなところで模擬裁判というものが開催されたのですが、そこにも参加されてデータ・資料を集めて議論を展開されていらっしゃいます。そして、いちばん向こうにいらっしゃるのが、朝日新聞の山口進さんです。ジャーナリストの立場から裁判員制度が立ち上がる際に取材をされてさまざまな記事をお書きになり、これまでのメディア報道と裁判員制度の関係の変化について深い考察をされています。

今の裁判員裁判がどのような行程をたどっているのか、あるいはどのような報道がメディアではなされているのかなど、最初に簡単にお話をさせていただきたいと思います。もちろん私は門外漢なのであくまでも入口の前の入口にすぎず、参考資料の提示ぐらいになればよいとお考えください。

裁判員裁判、裁判員制度については、すでにさまざまな著書などが著わされています。例えば『裁判員制度の正体』『つぶせ！　裁判員制度』『裁判員制度はいらない』というように、裁判員制度を批判する本が一方にあります。いわゆる制度批判論というものです。他方で、最近とみに目立

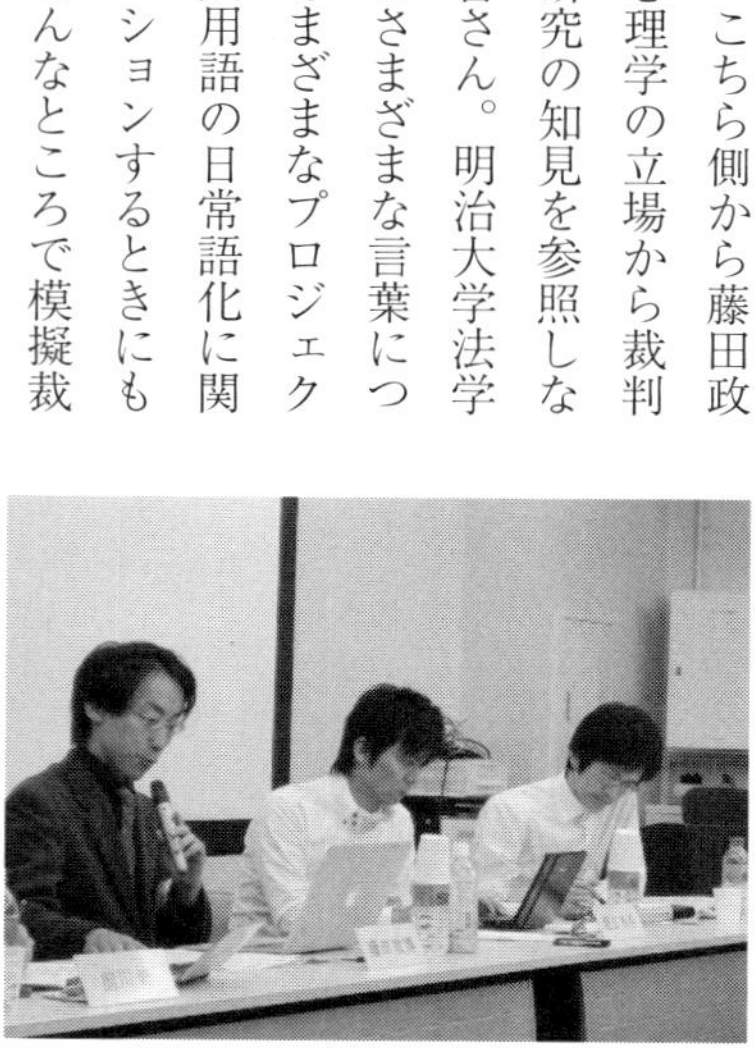

左から藤田政博、堀田秀吾、山口進

＊1　北尾トロ『裁判長！　ここは懲役4年でどうすか』（文藝春秋、二〇〇六年）、松橋犬輔『裁判長！　ここは懲役4年でどうすか』1－13（新潮社、二〇〇七―二〇一〇年）、郷田マモラ『サマヨイザクラ』上・下（双葉社、二〇〇八年、二〇〇九年）。

つのが「傍聴本」というジャンルの書籍です。こうした本はここ三、四年ぐらいで非常に増えてきている。この類の本には裁判官の爆笑言葉集にいたるまでさまざまな種類があります。また、こうした書物を原作にした漫画も増えているということも資料として挙げておきます（『裁判長！ ここは懲役4年でどうすか』『サマヨイザクラ』など[*1]）。

報道についても目立ったものを提示しておきましょう。まずは、裁判員制度施行後の初年度の結果が、最高裁から公表され、それを各メディアが報道したものです。例えば「裁判員裁判初年度実施状況 「公判前整理長期化」 殺人と量刑、幅広く」（二〇一〇年[*2]）、「勾留が長期化、一年で判決が全体の起訴のうちの25パーセント」（二〇一〇年[*3]）、裁判自体が結局長期化してしまったのではないかという指摘がここには見られます。次に、従来の量刑判断が、市民の参加によって変化している、あるいは部分的に変化しているのみだという記事もあります。さらには映像をめぐる記事（「取り調べDVDが裁判の場で再生」（二〇一〇年[*4]））。そして感情をめぐる話題をとりあげた「裁判員裁判「むかつくんです」 裁判員が性犯罪の被告を詰問、裁判長が苦笑しながら制止をした」（二〇〇九年[*5]）という記事などもあります。少し調べるだけでも、このようにこの制度をめぐる話題は大量にでてきます。細かな裁判員制度の流れについては、その用語とともに解説した記事、これは山口さんからいただいたものですが、裁判員裁判の仕組みの記事をご参照ください（資料1、2、3）。

また、裁判員制度を紹介した映画に関してもさまざまな作品があります。いくつかの例のなかから『裁判員になりました』[*6]を選んで、ここで少しだけ見ていただくことにします。日弁連が出している作品です。どこが映画の企画制作元か、つまり最高裁と法務省のどちらが制作しているかによって多少差異があると思いますので、藤田さんと堀田さんと山口さん、後でお話をしていただくと

＊2
「裁判員裁判 初年度実施状況「公判前整理長期化」 殺人と量刑、幅広く」（『毎日新聞』二〇一〇年四月二四日付の記事）。

＊3
「裁判員裁判は損？ 勾留が長期化、1年で判決25％」（『産経新聞』二〇一〇年三月一六日付の記事）。

＊4
「裁判員裁判 取り調べDVD再生 弁護側の情状証拠 第二回公判／鹿児島」（『毎日新聞』二〇一〇年四月二二日付の記事）。

＊5
「裁判員裁判 「むかつくんです」 裁判員が性犯罪の被告を詰問」（『産経新聞』二〇〇九年一一月一九日付の記事）。

＊6
『裁判員になりました』監督・森田俊介、原作・毛利甚八、企画制作・日本弁護士連合会、二〇〇八年。

裁判員時代　選択のとき

# あなたの目 法廷を生かす

## 公判では　起訴状は疑う余地がないか

今回は、もし裁判員に選ばれたら。裁判はどう進み、何を判断することになるのか、をみる。

裁判員は初公判の前、裁判長から刑事裁判の鉄則について説明を受ける。「有罪か無罪かは証拠だけに基づいて判断します」などの約束事だ。

そして、いよいよ法廷に入る。裁判官と一緒に法壇に登り、着席する。

名前は公表されないが、顔は隠せない。「裁判公開の原則」には、裁く人がだれかがわかることも含まれるからだ。被告人の立場からすれば、だれに裁かれているのかわからないようでは「暗黒裁判」になる。

裁判長が開廷を宣言。最初に被告人の名前などを聞き、人違いでないかどうかを確かめる。

次に、検察官が起訴状を朗読する。起訴状は、被告人がどんな罪を犯したのか、検察官の主張を書いた紙のことだ。そして、起訴事実に対する言い分を、被告人と弁護人から聞く。

ここはとても重要だ。起訴状に書かれていることは、普通の人なら誰も疑いを差し挟まないほどに確かか。検察官は、それを十分に証明できたか。公判の間、裁判員はそれをずっと考え続けることになるからだ。

続いて、検察官と弁護人がそれぞれ、最初のプレゼンテーションをする＝図上。どんな証拠を使って、どのようなことを証明しようとするのか。「冒頭陳述」と呼ばれる。地図や写真を使った説明などもありそうだ。

裁判員は、これをしっかりと頭に入れる必要がある。その後に、証人に対する尋問などがあるからだ。何を立証しようとしているかなど、全体の流れを見失わないように心がけないといけない。

法廷には1日5～6時間程度いることになりそうだ。普通は数日間で終わる。日当や交通費、宿泊費が支払われる。ホテルに缶詰めにされることはない。自宅で家族と法廷で起きたことを話しても、裁判について報道した新聞を読んだり、テレビを見たりしてもいい。

裁判員裁判、どう進む?
(朝日新聞社の想定)
罪名:殺人未遂
起訴事実:被告人(52)はカラオケスナックで若者(25)とけんかになり、自宅から包丁を持ち出し、殺意をもって、店の前で若者の腹を刺した
裁判員
裁判官
裁判員
私に何ができる?
検察官
被告
弁護士
検察官
一方的にたたきのめされた恨みから殺害を決意した
弁護士
殺すつもりも、刺すつもりもなかった。刺さってしまった
争点
殺意があったかどうか
刺した場所や傷の深さなどから、殺意があったと考えられませんか?
教科書通りだと殺意がありそうですが、被告人が言う通り、無罪の可能性もありますね
有罪派
無罪派
評議の行方
裁判員6人、裁判官3人の計9人で多数決をとる
殺そうと思わなくても、死ぬかもしれないと分かっていれば、殺意があったことになるんでしょ?
有罪か?
無罪か?
常識から考えて、殺意があったことに疑いの余地はないと言い切るのは無理では

グラフィック・寺島隆介 / The Asahi Shimbun

## 協議では　裁判官の「常識」は正しいか

裁判の場は法廷だけではない。公判の合間や公判終了後、裁判員は裁判官と一緒に別室で話し合う。これが「評議」だ。

裁判員は自由に意見を述べる。ほかの人の意見を聞いて主張を変えるのも自由。とはいえ、いざ評議に臨むとどんな発言を求められているのか、戸惑うかもしれない。

裁判員は、事件の真相を最初から見通す名探偵のような存在にはなれないし、ならなくていい。かといって、裁判官の言うことにうなずくだけの「お飾り」になっては、何のために参加しているのかわからなくなる。

裁判員に期待されている重要な役割の一つは、「裁判官が当たり前だと思っていることを問い直す」ことだ。

例えば、包丁で人を刺したとされる事件で、裁判官が「刺した場所や傷の深さなどの客観的状況から、殺意があったと考えられませんか」と発言したとする＝図下。質問の形をとってはいるが、プロの裁判官の間である種の「常識」になっている考え方を示している。

これに対し、「なぜ、そんな常識があるのか」「今回の事件にもそのままあてはめていいのか」「私の経験だと、そんなことは一概には言えない」と問いかけ、チェックすることが裁判員には求められている。

意見がぶつかり合い、結論を見いだしていく過程は、裁判官だけの評議でも同じだ。ただ、裁判官同士だと、意見やその背景にある「常識」のばらつきが少ない。経験や考え方が多様な素人の裁判員が評議に加われば、意見や常識も格段に幅広くなる。幅が広くなったことで、結論が普通の人にとってより納得できるものになれば理想的だ。

評議では、裁判員の意見と裁判官の意見は同じ重みを持つ。どうしても意見が一致しなかったら、多数決で決める。ただし、裁判員、裁判官のそれぞれ1人以上が賛成していることが必要だ。

## コツは　疑問が生まれたらすぐ質問

いま各地で開かれている「模擬裁判」は予行演習なので、評議の様子を録画するなどして後から検証することができる。

しかし、約2年後に始まる本番だと、評議は完全な密室になる。せっかく裁判員という「外部の目」が入るのに、それがきちんと機能しているかがわからなくなる。例えば、裁判官が自分と異なる意見を抑え込んではいないかなど、検証はなかなか難しい。

そこで、裁判員になったら、評議の内容を可能な限り、法廷という公開の場に前倒しするよう心がけるのがよさそうだ。

といっても難しいことはない。具体的には、法廷で抱いた疑問は、その場でぶつけて解消していくことが大事だ。

証人や被告人が言っていることが腑に落ちなければ、質問する。検察側の論告や弁護側の締めくくりの意見（最終弁論）を聞いて、わからないことや疑問に感じたことがあった場合もすぐに質問する、といった感じだ。

評議という密室では専門家と対等に発言しにくくても、傍聴人や報道機関が見ている法廷で、一般市民の素人代表としてなら発言しやすい。

裁判員にとって、長時間に及ぶ法廷の審理を正確に記憶し、その内容を的確に頭の中で参照しながら評議に臨むという作業は負担が大きい。「すぐに質問」方式は、そうした負担を軽くする効果もある。

模擬裁判でも、裁判長が裁判員に「わからない点があったら質問してください」と促し、「クエスチョンタイム」をとって自由に質問してもらう運用が広がっている。

裁判員が有罪と無罪のどちらに傾いているかが、判決前に事実上わかることへの抵抗感もある。しかし、検察側や弁護側にとっては法廷で示してもらったほうが軌道修正する機会を与えられるメリットもある。

こうして、法廷がいわば「公開討論会」化していくことになれば、「見えない過程」が小さくなっていくことになる。

（山口進）

**次週のテーマ**
（日曜日に掲載します）
なぜ裁判員制度は始まることになったのか？
裁判所の狙いは？

資料1（『朝日新聞』2007年4月15日朝刊）

裁判員時代 選択のとき

# あなたの判断助ける条件

## 長い公判期間、資料も膨大

現状だと

「有罪か無罪か、刑の重さは」。裁判員制度になると、法律の素人である裁判員は難しい判断を迫られる。では、市民参加がうまく機能するための条件とは何か。

まず、いまの刑事裁判のあり方を変えないまま市民が参加したら、どんな問題が起きるのか、を考えてみたい。

最初の課題が「長引く裁判」だ。現在、法廷が開かれるペースは、1カ月か2カ月に1回程度。多くて月2回程度なので、数カ月から1年以上かかる裁判が大半だ。これでは、仕事や家事・育児、介護などをしている市民は参加しにくい。

次に、裁判員が戸惑いそうなのが、「自白の任意性」の争いだ。検察や警察が取り調べた段階で被告人が自白した内容は、「調書」に記録される。裁判で、検察側が自白調書を有罪の証拠にしようとすると、弁護側と対立することが多い。

弁護側は「自白は強制や誘導によるものだ」と主張する。検察側は「自発的に自白した」ことを立証するため、取り調べた検察官や警察官を証人に呼び、攻防は延々と続く。「果たしてどちらが本当なのか」。裁判員が判断するのは難しい。

背景にあるのが、日本の刑事裁判の特徴である著しく精密な審理だ。プロの裁判官は自白調書や関係者の調書を含めた膨大な書類を読み比べ、どの調書が信用できるかをじっくり見極めたうえで有罪か無罪かの結論にたどり着く。「精密司法」と言われるが、こうした手法を裁判員に当てはめるのは負担が重すぎる。

もう一つ、意外に重要なのが、「イメージ」だ。被告人は、運動着にサンダル履きといった服装で、手錠に腰縄をつけられて出廷することが多い。ネクタイやベルトをつけないのは「自殺防止」、靴を履かないのは「逃走防止」が理由だ。

そうした光景を裁判員が見たら「犯人にしか見えない」といったイメージが刷り込まれ、「推定無罪の原則」が実質的に骨抜きになりかねない。

資料全部
読めない
公判中心主義
証拠は厳選します
無理やり自白
させたのかも…
取り調べの録音・録画
市民参加の条件って…？
（朝日新聞社の想定）
組織対個人
の戦いだね
証拠開示、積極的に
それがいい！
犯人に
しか思えないな
普段の正装を可能に。
席は弁護人の隣に
見違えた…
キリッ
裁判官
被告人の保釈、
弾力的に許可
弁護人
プレゼンテーション
能力が決め手
速記官
すぐに正確な公判
記録を提供
グラフィック・寺島隆介 / The Asahi Shimbun

## 「見て聞いてわかる法廷」に

どうする

どれも難題だが、解決策はあるのだろうか。現在、市民参加の条件として議論されているものを例示したのが図だ。

「長引く裁判」について、裁判所は「連日のように法廷を開き、数日間で終わる裁判」を目指す。だが、単に全体を均一にスピードアップするだけでは、審理が空洞化してしまう。

そこで検討されているのが、「自白の任意性」を争う時間の短縮だ。有力視されているのが、密室で行われる警察や検察の取り調べの過程を録音・録画（可視化）すること。日本弁護士連合会は「すべてを残すべきだ」と主張するが、警察は「録画している状況で、容疑者は本当のことは話さない」と抵抗しており、先行きは不透明だ。

裁判官の多くは「自白調書を安心して証拠採用できる」との思いがあるので、肯定的だ。つまり、可視化は「形を変えた自白偏重を生む」可能性があることも考えておく必要がありそうだ。

可視化しても、「精密司法」では、市民参加は難しい。重要なのは、公判に参加するだけで判断できる「見て聞いてわかる法廷」の実現だ。カギは、検察側と弁護側が証拠や証人を本当に争いがあるものに厳選すること。情報量が絞られて争点が明確になれば、裁判員は判断しやすくなる。

そうなると、弁護側のプレゼンテーション能力の向上も課題になる。いまは膨大な資料の比較・検討は裁判官に任せればいいが、裁判員制度になったら、主張をわかりやすく再構成して裁判員に示すことが求められる。

また、裁判員が法廷でのやりとりに集中しながらすべてメモするのはとても無理。公判の記録を早く正確に確認できることが望まれる。裁判所の速記官の有志は速記内容をコンピューターに記録し、やりとりをその場で字幕に表示するシステムを開発している。こうした技術の活用も必要だ。

## 被告側が不利にならぬ環境を

裁判所は

「みすぼらしい格好だった被告人が、保釈された後にスーツ姿で法廷に出てくると、別人かと思うことがよくあった」

裁判官は口をそろえる。まして、被告人を見慣れていない裁判員に与える影響は大きい。被告人は入廷後に手錠・腰縄を外されるのが普通だ。

そこで必要になるのが、被告人が希望する服装を認める、手錠・腰縄姿を裁判員に見せない、などの配慮だ。裁判官の前に「引きずり出された」という感じを与えないためにも、弁護人の隣に座れるようにする。弁護人と自由に話し合えるメリットも大きい。

さらに、検察側と弁護側が対等に争える環境作りも大切だ。

強制捜査権があり、人手も豊富な検察側と、個人が単位の弁護側では、集められる証拠の量と質などに大きな差がある。

裁判員制度になって公判期間が短縮されると、「組織対個人」の差はさらに広がり、弁護側が圧倒的に不利になる。

検察側が開示しない証拠の中には弁護側に有利な証拠もある。弁護側は「無実の人を罰しないためには、証拠を出し惜しみするべきではない」と全面開示を求めるが、検察側は「有利な証拠が見つかるかもしれないといった『証拠あさり』は許されない」と消極的だ。

裁判員制度になると、弁護側が求める証拠の開示を検察側が拒否した場合、裁判所がどこまで開示を命令するかが焦点になる。

被告人と弁護人が綿密に意思疎通できるようにすることもカギだ。連日のように法廷が開かれることになれば、公判でわかったことを踏まえて、その日のうちに打ち合わせをする必要がある。

そのために、裁判所が被告人の保釈を可能な限り認めることも大事だ。身柄拘束が続く場合は、拘置所で夜遅くや休日にも弁護人が面会できるようにする必要がある。

こうした課題を一つひとつ解決していけば、被告人にとっても不利にならない、公正な裁判に近づく。

（山口進）

**次週のテーマ**

（日曜日に掲載します）

刑の重さをどう決めるか。被害者の意見はどう聞いたらいいのか。

資料２（『朝日新聞』2007年5月6日朝刊）

**裁判員時代**
選択のとき

# 量刑 あなたの判断基準は

## 広い刑の幅「勘と経験」頼りに

これまで

　裁判員になると、悩むことになりそうなのが、被告人の刑の重さを決める「量刑」だ。刑務所で服役する実刑か、社会で更生させる執行猶予か。死刑か、無期懲役か。裁判員はどう判断すればいいのか。支える環境はどう作るべきか。「裁判員時代」最終回は、それを考える。

　まず、そもそも刑罰とは何か。刑罰は罪を犯した、非難されるべき人への制裁であり、同様の犯罪が行われないようにするのが目的だ。犯罪で傷ついた法秩序を回復するという考えも有力だ。

　それでは、これまでプロの裁判官は刑の重さを具体的にどうやって決めてきたのだろうか。

　罪を犯した人に科すことができる刑の重さの原則は、刑法などの法律に規定がある。ただ、規定は「人を殺した者は、死刑または無期もしくは5年以上の懲役に処する」など、幅はかなり広い。その範囲でどう決めるか、明確な決め方や「方程式」はない。

　例えば、米国には「量刑表」がある。犯罪の重大さを縦軸に、被告人の犯罪歴を横軸にとり、交わるマス目ごとに言い渡すことができる刑の範囲を細かく決めている。刑の上限は、下限の1・25倍以内が原則だ。

　規定の幅が広い日本で裁判官がよりどころにしてきたのが、「量刑相場」だ。過去に似たような事件ではどれくらいの重さの刑だったのかに注目し、ほかの裁判官ならどう判断するかを考える。相場は、いわば「勘と経験」で身につけるものだ。裁判官たちはある意味で、刑罰権を勝手に発動しないように、自らを縛る歯止めとして、量刑相場を使ってきた。

　もう一つの有力な参考資料が、検察側が刑の重さについて示した意見、「求刑」だ。俗に「量刑は求刑の8がけ」とも言われる。また、一審の判決が求刑に沿ったものでなくても、検察側が控訴すれば、高裁では8割方、主張が認められる。量刑と求刑は密接な関係にあるのだ。

## 悪質か？動機は？様々な視点で

評議では

　では、裁判員になったら、量刑をめぐってほかの裁判員や裁判官とどのように話し合うことになるのか。ある模擬裁判を下敷きにシミュレーションしたのが図だ。焦点は「実刑か執行猶予か」。

　法廷で証人や検察側・弁護側の話などを聞いた後、別室で評議に入る。まず、起訴状に書かれた罪を被告人が間違いなく犯したのか、判断する。

　次に決めるのが量刑だ。まず、裁判官が参考資料を示す。「似たような過去の例は18件です。今回のように強盗罪と傷害罪が認められたのは2件で、うち1件は懲役3年執行猶予5年。被告人が20歳、300万円で示談した例です。もう1件は、懲役3年の実刑でした。被告人は24歳、傷害の前科2犯でした」

　参考例も実刑かどうかで割れるというのだ。

　判断のための要素はいくつかある＝図下。①犯行は悪質か②動機や方法は③結果は重大か④被告人の年齢は⑤前科はあるか⑥犯行後の態度は⑦被害の程度や被害感情は重いか⑧刑が犯罪の抑制や被告人の更生に役立つか――など様々な角度から考え、できるだけ多くの材料を集めて議論を尽くすことになる。

　例えばこんな感じだ。

　「あまりにも身勝手な犯行です。刑務所で教育する必要がある」

　「実刑だと最短で2年半。そんなに社会から隔離することが、20歳の人にとっていいのかなあ」

　「やっぱり前歴も無視できないと思います」

　「ただ執行猶予にするのではなく、保護観察をつけてはどうでしょう」

　議論するうえで重要なのは、刑務所の現状や受刑者の出所後の実情、保護観察制度の運用状況など、罪を犯した人を立ち直らせるシステムがどう機能しているかについて、裁判員が正確な認識を持てるようにすることだ。必要最低限の情報は裁判所が提供すべきだ。希望者に刑務所を見学してもらうのも一案だ。

## 進む改革、ルールの明確化必要

課題は

　2年後の裁判員制度スタートに向けて、今後必要になるのが、量刑判断の合理化と透明化だ。ルールを明確にして体系づけ、裁判員にきちんと説明できるようにしたい。

　量刑相場が今、「ぐちゃぐちゃになっている」と話す裁判官もいる。

　背景には、刑法の頻繁な改正がある。有期懲役刑の上限は20年から30年に引き上げられた。従来は懲役5年が上限だった交通死亡事故に、最高で懲役15年（現在は懲役20年）を科せる危険運転致死罪が新設された。また、検察側は被害者の声に敏感になり、求刑も以前より厳しくなった。

　逆に言えば、こうした状況は、量刑ルールを明確にする好機でもある。

　課題はまだある。一つは、裁判員制度導入の直前に始まる見通しの被害者参加制度との関係だ。

　被害者や遺族が法廷で直接被告人に質問したり、独自に求刑したりできるため、「裁判員は被害者の声に影響されすぎるのではないか」との懸念もある。被害者団体側は「影響があるというなら、被害者参加をまず根付かせ、その後で裁判員制度を導入してもいい」と反論する。

　「重く罰してほしいという被害者の感情を重視し過ぎ、報復的な色彩の強い刑を言い渡すと、被告人が出所後に報復を企てるおそれもある。被害状況を極力客観的に考えるよう努めるべきだ」と警告する裁判官もいる。

　裁判員になったら、被害者の意見はあくまで量刑判断の一要素だ、ということを確認したい。

　もう一つの重要な問題が死刑制度だ。死刑とはどのように執行されているのか、裁判員はきちんと知る必要がある。

　法務省は死刑執行の情報をほとんど開示しない。現状をオープンにし、それに基づいて量刑を議論すべきだ。同様の事件で死刑と無期に分かれることも少なくない。量刑ルールの明確化が最も求められる領域だ。

　以上のような条件が整って初めて、市民が量刑を考える基礎ができる。

（山口進）

**次週からは**

「教育再生を考える」シリーズがスタート。初回は体罰がテーマです。

（日曜日に掲載します）

資料３（『朝日新聞』2007年5月13日朝刊）

きに、最初にこの作品にコメントかご意見をちょっといただければ、助かります。

〔中間評議のシーン、公判二日目の証拠調べのシーン、三日目の評議のシーンを上映〕。

はい。映画のなかの部分を見ていただきました。このように市民常識、市民の感覚、とくに主人公であるアナウンサーの経験や感覚というものが、ここでは描かれています。もちろんこれほどまでに鮮やかに裁判に寄与するような例なんてありえないとは思います。作品についてはまた後ほど皆さんからご意見をいただきたいと思います。私のイントロはここまでです。では藤田さんお願いします。

# 裁判員制度における判定――集団意思決定の観点から

藤田政博

こんにちは。関西大学の藤田と申します。本日は話題提供を用意して参りました。初めに日弁連の『裁判員になりました』という映画について少しコメントをいただきたい、と仰せつかりました。この『裁判員になりました――ニュースの向こう側』の原作は毛利甚八という方です。ご存じの方も多いかと思いますが、この方は漫画の原作を数多く手がけていらっしゃる方です。ご自身司法制度にご関心をお持ちで、裁判官に対するインタビューなんかをずっとやっておられる方です。この人の作品で、『家栽の人』[*1]という漫画があります。この作画を担当したのは魚戸おさむさんという漫画家です。『家栽の人』の主人公は家庭裁判所に勤める裁判官です。主人公のお父さんも裁判官で、主人公自身エリート裁判官なのですが、なぜか植物が好きで植物の性質や近所のどこに何が生えているということに通暁した人でありまして、一見ぼんやりしてそうな人なんだけど、実はすごく仕事ができるという人です。この裁判官が少年などに対して心温まるといいますか、もうちょっと深いところで少年に対して、事件を単に処理するというのではなく対応していく、そういうストーリーをたくさん描いたものです。この『家栽の人』は文庫にもなっていて、もしご興味のある方はご覧ください。

毛利甚八さんは、日弁連の裁判員広報委員会というプロジェクトに関わっていらっしゃいました。このプロジェクトは裁判員制度を弁護士から情報を発信して広報しよう、といろいろ工夫して

＊1　魚戸おさむ（原作・毛利甚八）『家栽の人』1-13（小学館、一九八八―九五年）。

いたプロジェクトですが、私も最初の頃それにちょっと参加していたことがありました。立ち上げ当初から、ウェブサイト、パンフレット、携帯サイトなどいろいろなものを作ろうと試行錯誤したんですが、その結果、毛利甚八さんに漫画を作ってもらおうということになりました。そこで彼にお願いして、ギャラもお支払いして漫画を作ってもらいました。原作は毛利さんが担当されることとなり、作画は毛利さんが探してこられた漫画家さんが担当されることになりました。それでできた作品が『裁判員になりました』というシリーズ三冊ものです。[*2] これは一冊一〇〇円で買えますので、皆さんもし関心がおありでしたら日弁連にお問い合わせ下さい。なお、書店では販売されておりません。東京の弁護士会館の地下のブックセンターでは売っています。もちろん、これは普通に制作したら一〇〇円ではとても作れないもので、日弁連が資金を出してくれたお陰で、一〇〇円という価格で手に入ることになりました。さすがプロに頼んだというだけあって、『裁判員になりました』というこの短い漫画は、単に市民がかっこよく評議に参加するとかいうことだけじゃなくて、ちょっとグッとくるものが、三冊それぞれに入っている仕上がりになっています。確かに映画としてみると、争点が明白でストーリーが単純であるように見えるんですけども、これのもとが漫画の原作だと考えると、例えば三二ページだったら三二ページで描ききる内容のストーリーとしてはちょうどいいぐらいの長さと感じました。

中身について少しだけいうと、いちばん最初に検察官の冒頭陳述をやっています。裁判の初めの方の段階で、被告人はこれこれこういう悪いことをしたと検察官が言う部分ですが、そこにはいっさいヴィジュアルな要素が使用されていません。しかし、これは現在の裁判員裁判とは違うように思います。それから法廷を見ても、いっさい画面や模造紙といったヴィジュアルな要素が全然出てきませんが、現在の裁判員法廷とはちょっと異なっています。それから裁判員法廷では、法廷で話

＊2 幡地英明（原作・毛利甚八）『裁判員になりました　疑惑と真実の間で』（日本弁護士連合会、二〇〇七年）、『裁判員になりました Part2　量刑のゆくえ』（日本弁護士連合会、二〇〇七年）、『裁判員になりました番外編　ルーキー弁護士の初仕事』（日本弁護士連合会、二〇〇八年）。

されたことをコンピューターで記録して、それを自動的に書きこむ機械が導入されているんですけど、それも入っていません。この映画が製作されたのは二〇〇八年で、おそらく裁判員制度実施の三、四年前くらいの状況をもとに、裁判員制度が実施された場合の状況を想像して作っている部分があるのではないかと思うんですが、その頃はまだ裁判員法廷にヴィジュアルな要素や自動反訳機が導入されるかどうか、どのくらいどのようなものが導入されるかは分からなかったということではないかなと思います。およそ液晶大画面やモニターが何台も法廷にやってくるのは、おそらく日本の裁判所としては画期的なことで、三年前はそういうことは全く想像できなかったというのが、あの映画を観ても分かると思います。

もう一つだけ言いますと、裁判を見た後当然のように、「一日目　中間評議」というシーンが出ていました。中間評議というのは裁判の途中まで見て、ここまで見てみてどう思いますっていうことを、裁判官と裁判員が話し合うものです。本来は裁判を全部見終わった後に評議をやるんですが、裁判で聞いたことを忘れてしまう前に、途中で事実を確定しておこうというものが中間評議です。これは日弁連がすごく反対していたもので、中間評議を行なうかどうかは結構もめました。なぜかというと、途中で裁判官による事実のまとめや意味づけ、あるいは意見を押し付けられるんじゃないかと心配していたんですが、それが当然のように入っていたのも、当初の議論から裁判員制度の運用が変わってきたことを示すもののように感じました。

本題に入りますが、「裁判員制度における判定――集団意思決定の観点から」というタイトルで若干話題提供をさせていただきます。本日用意して参りましたのは、一つ目の話題が裁判員の参加と判定の問題、素人参加をめぐる問題、特に心理や刑法からの問題です。裁判員制度が、判定という観点から特に関心を集めるようになったのはどうしてかということは既に解説いただいた通りですが、改めておさらいしてみたいと思います。その後で、集団意思決定研究からの示唆を得る、「評議」によって素人の誤りは正されるのか、説示は素人に対して意味を持つのか、合理的疑いを超える証明基準、公判前報道についての説示という例を社会心理学的研究の例を挙げまして、裁判員制度の判定をめぐって、議論の対象となる点に関してどういうデータや議論があるのか、について材料を提供したいと思います。

まず、裁判員の参加と判定の問題ですが、裁判員制度がこんなに注目されるとは、おそらく裁判員制度の制定に関わった人も思わなかったんじゃないかと思います。市民が参加するようになって、それこそ自分のこととして裁判のことを考えるようになったから大きな関心を集めたという面も大きいと思います。それは裁判員制度導入の狙いの一つといえるので、結構なことかもしれません。しかし、裁判員制度が制度としてうまくいくのかという観点からも大いに注目を集めました。推測するに、その動機というか心理的エネルギーになったのは、素人に裁判を任せていいのかを皆が心配したからではないかと思います。典型的な心配は、裁判員は感情に流されるんじゃないか、マスコミの意見に流されるんじゃないか、専門家の意見に流されるんじゃないか、だから日本人には向かないんだとかですね。そういう日本人の国民性や性格から理由づけをしようとする議論はよく見られます。このような主張は今でもなくなっていないと思います。

それから、素人は目撃証言を信じるんじゃないか、つまり法廷で目の前の証人が「私見たんです」と言ったらなんでも信じるんじゃないか、そういう心配があります。目撃証言は誤ります。アメリカの冤罪の原因を探った研究によると、死刑事件の冤罪の原因となったものでいちばん多かったのは、目撃の間違いです。このように目撃証言というのは非常に危ない証拠なんですけれども、素人はそれを簡単に信じるんじゃないかと心配されたのではないかと思います。それから素人は、評議で発言できないんじゃないかとか、評議で何が言われているか分からないんじゃないか、裁判を全部見た後に評議をしようとしても裁判の内容を覚えていられないんじゃないか、果ては裁判中に寝てしまうんじゃないかとかですね。そういう心配もありました。

裁判員制度が始まると、法廷に裁判のプロ以外の人々がやってきて、判定に加わります。裁判官は書面に書いておけば、あとで全部読んで理解してくれましたが、裁判員は素人ですし数日間しか裁判所に来ませんので、膨大な書類を読んで理解することを期待することはとてもできません。そうすると、検察官や弁護士は、素人がその場で聞いて分かるように裁判員に対して分かりやすくプレゼンしないと駄目だが、これまでやったことがない。どうしたらいいのか、という心配がありました。検察官や弁護士が素人向けのプレゼンをできるのか、できるとして分かるのか、分かったとして短時間のプレゼンで分かる内容だけで裁いていいのかといった問題が意識され、日本の裁判はどうなるんだろう、という心配がされました。裁判員裁判で裁かれるのは刑事裁判のごく一部なので、たとえ裁判員裁判が全部失敗したとしても、それだけで日本の刑事司法がいきなり揺らぐことは恐らくないと思いますが、問題は裁判員裁判の事件はどれも重大な事件であるということです。つまり、人が死んだとかいう重大事件の裁判でことごとくうまくいかないと困ると心配されていました。こういう問題は、裁判員が素人だからこその問題だと考えられがちですが、実は裁判官による裁判でも、これまであまり言われていなかっただけで裁判では常に起こりうる問題も含まれています。ですけれども、裁判員という素人が入ってくることで、法や裁判に慣れていない人が裁判をすることに伴う心配と、人間がそもそも陥りやすい誤りの双方がない混ぜになって、問題として関心を集めるようになってきました。

この状況は、私が取り組んでいる「法と心理学」の問題としては非常に意義深いことです。というのは、裁判はそもそも人間が判定し、裁くものなので、人間の認知や判断におけるバイアスや認知・記憶能力の限界は誰しも持っているものであり、裁判官もそれから自由ではないのですが、そういう問題も現実のものとして意識されるようになったからです。くわえて、一旦裁判員制度の導入が決まると、素人参加を成功させないといけないというプレッシャーがでてきます。このプレッシャーは特に裁判所が感じていらっしゃったと思うんですが、それが合わさって、真剣に考えられるようになったということが言えるだろうと思います。

裁判員制度の導入に関しては、裁判官および検察官の多くは反対しているとか、いたとか、現在もしているとかいうふうに言われています。ですけども、一度導入されることが決まって法律になりますと、裁判官および検察官は公務員ですので法律に従って仕事をする義務があるので、俺は裁判員制度やらないぞ、という裁判官はいなくなるわけです。そうすると、裁判員制度をうまくやることが裁判官にとって非常に重要な関心事になっていったということが言えるでしょう。従って裁判員に裁判の中身を理解してもらうこと、裁判官と裁判員でうまく判定していくことが真剣に考えられるようになっていきました。裁判員制度の実施が確定して、それと同時に裁判という判定への関心が高まっていきました。

判定の問題としてどのようなものがあるかを大雑把に申しますと、素人にどう参加してもらうかという観点から、裁判員候補者への社会調査が行なわれております。素人にも裁判を分かりやすくするという点から、プレゼンテーションの工夫、説得の工夫、それから言葉、つまり専門用語を説明する、なんていう活動も行なわれてきました。それから素人が加わっても適切な判断がなされるにはどうしたらいいんだ、ということで私が特に関心がある集団意思決定の問題もここに出てきます。社会心理学の教科書的な集団意思決定の特徴としては集団極化現象とか、評議における情報共

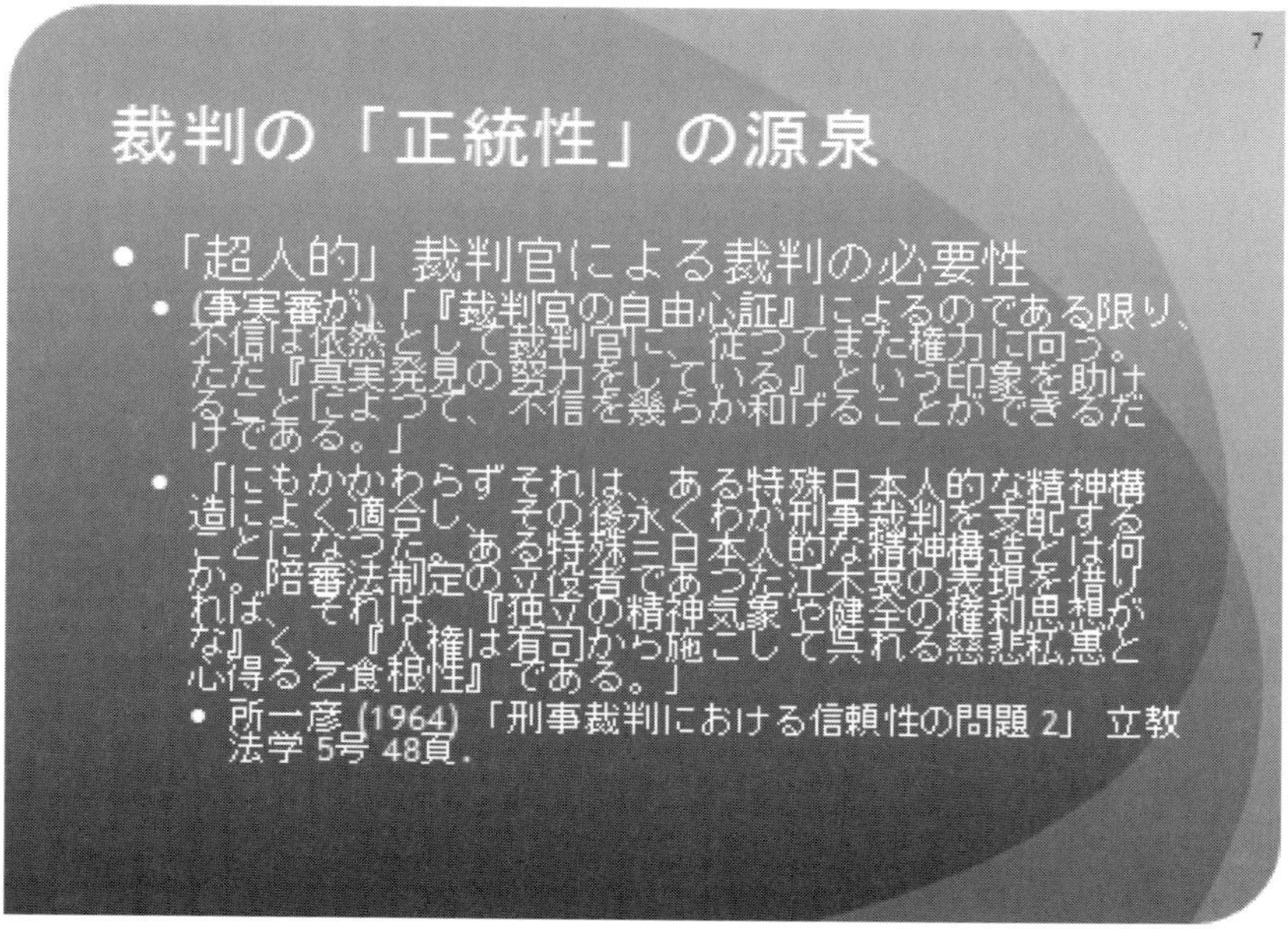
7
裁判の「正統性」の源泉
「超人的」裁判官による裁判の必要性
(事実審が)「『裁判官の自由心証』によるのである限り、不信は依然として裁判官に、従ってまた権力に向う。ただ『真実発見の努力をしている』という印象を助けることによって、不信を幾らか和げることができるだけである。」
「にもかかわらずそれは、ある特殊日本人的な精神構造によく適合し、その後永くわが刑事裁判を支配することになった。ある特殊＝日本人的な精神構造とは何か。陪審法制定の立役者であった江木衷の表現を借りれば、それは、『独立の精神気象や健全の権利思想がな』く、『人権は有司から施こして呉れる慈悲私恵と心得る乞食根性』である。」
所一彦(1964)「刑事裁判における信頼性の問題 2」立教法学 5号 48頁.

有の問題、先ほど堀田さんの発表にあったような評議中の発言の分析などが関心の的になります。[*3] さらに公判前報道の影響、社会心理学的な後知恵バイアスのようなバイアスの影響などが問題として意識されるようになってまいりました。これはどれも、裁判員裁判をうまく運営する上で考えなければいけない問題で、しかもただ考えるだけではなくて、データを取って調べなければいけないものです。どれもこれも大事ですけども、なかなかデータを取る人手が足りなくて、すべてに研究がいきわたっていないのが現状です。

これは今回の話の本題ではなくなってしまうんですが、ちょっとだけ裁判員裁判と裁判の正統性の問題に触れておこうかと思いまして、一枚スライド（上図）を入れておきます。

裁判員制度導入に際して騒がれた割

＊3　本セッションの二番目の堀田の報告を参照のこと。

に、裁判に素人が入るのはなぜかについてあまり世の中的には説明がされていないんですけれども、司法制度改革審議会の意見書には、どうして政府は裁判員制度を導入することにしたのかに関してまとまったことが書かれています。それとも関連するんですが、どうして素人が裁判に加わるかについて、司法制度改革審議会の意見書以前から言われていたことで、この意見書もおそらく下敷きにしているであろう考えの例がここにあります。「「超人的」裁判官による裁判の必要性」と書いてありますが、どういうことかというと、私たちはこれまで裁判というのは、どこか遠くの世界で行なわれていて、雲の上の偉い裁判官が常に正しい判断を下してくれるものだと、そういうふうに考えて生きてきました。

　裁判というのは遠くにあって、偉い人が正しくやってくれているのなら下々《しもじも》の者はそれに触れなくていい、お上《かみ》がちゃんとやってくれるという考えでやってきたというのが実情かと思います。たとえば行政、司法などの統治作用について、私たち日本人はそういうことを考えながら生きてきた。お上が本当にそうしてくれたかどうかは別として、このような考え方はある特殊日本人的精神構造によく適合し、その後長く我が刑事裁判を支配することになったと書いてあります。そしてある特殊日本人的精神構造とは何かといえば、「陪審法制定の立役者であった江木衷《まこと》の表現を借りれば、それは、「独立の精神気象や健全の権利思想がな」く、「人権は有司から施こして呉れる慈悲私恵と心得る乞食《こつじき》根性」である」となります。*4 要するに、人権、権利、正しい人は勝って、悪い罪人はきちんと裁かれる、そういうものは、自分が何をしなくてもお上がきちんとやってくれるんだという、一種の思い込みが日本人に長くあったんだということです。ですけども、それでは駄目だというのが現在の裁判員制度が導入された理由――そう言いきるのは少々難がありますが――、これが導入された趣旨です。

*4 江木衷『冷灰全集』第四巻、冷灰全書刊行会、一九二九年。

このように、人権と言いますか、私たちの社会で本来私たちが自分自身で支えなければいけないはずのことについて、お上がうまくやってくれて、私たち普通の市民というのはそれを口を開けて待っていればいいんだという考えはいけないんだということは、今だけではなくてもちろん昔にも言われていました。その結果、昭和の初めころに、日本でも陪審制度が行なわれていたんですけれども、第二次世界大戦などのいろいろな事情があって中止され、六〇年ぐらい眠っていました。再び私たちはその頃に議論されたのと同じ問題、昭和の初めころと同じ問題に直面しているといえます。

ということで裁判員制度に関わる判定の問題の話は終わりまして、この後は社会心理学的な実験研究の結果を幾つかご紹介して、この後の議論の材料にしたいと思います。

このスライド（次頁）に「評議で正される…?」と書いてありますけれども、私たちの期待としては素人一人一人が間違っていたとしても、話し合いでそれが訂正されて、最終的に正しい判断になってくれればいいなと、そうじゃないと裁判そのものが、うまく回らなくなって困るんじゃないかなと心配しているかもしれません。評議で間違った裁判員の判断が正されることはあるんだろうか、ということに関する実験研究がございます。これはアメリカの陪審員に関する研究ですが、感情的情報など、本来裁判で考慮すべきでないことを考慮しないでいられるかという研究です。これは一般によく言われる、素人は感情に流されるんじゃないかとか、美人で若い人に対する判断が甘くなるんじゃないかとか、そういう心配に対応します。実験研究の結果としては、証拠能力のない情報、つまり本来裁判で考えてはいけない情報も評議に出ることが確認されています[*5]。どういうことかというと、被害者や被告人がどれくらい美人であるとかハンサムであるとか、どれくらいお金持ちであるとか、どこに住んでいるかとかですね、そういうことはその人が有罪かどうかということ

＊5
F. Klein, & P. Jess, "Prejudicial publicity: Its effect on law school mock juries," *Journalism Quarterly*, 43, 1966, pp. 113–116.

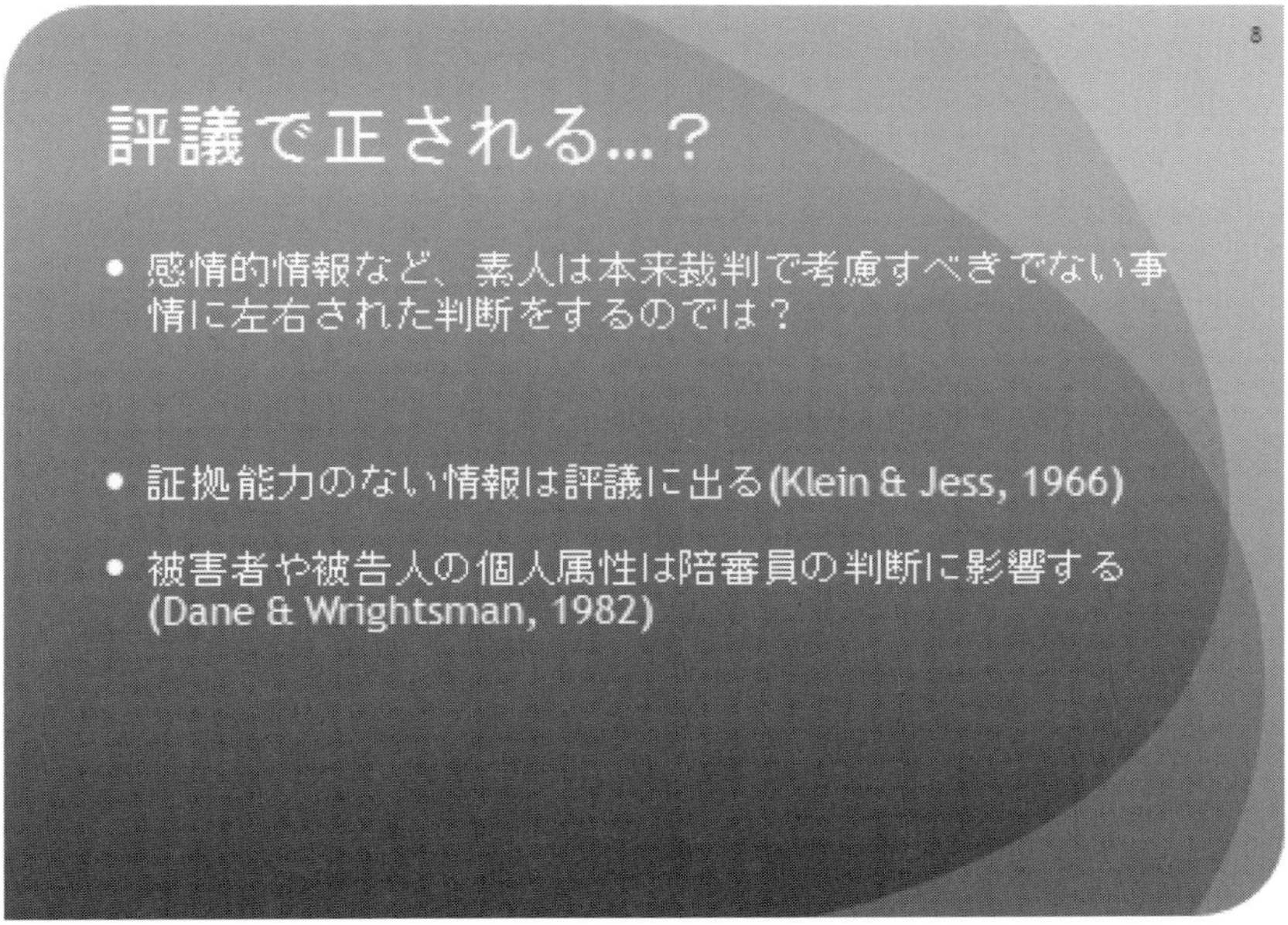
8
評議で正される…？
• 感情的情報など、素人は本来裁判で考慮すべきでない事情に左右された判断をするのでは？
• 証拠能力のない情報は評議に出る(Klein & Jess, 1966)
• 被害者や被告人の個人属性は陪審員の判断に影響する(Dane & Wrightsman, 1982)

とにはいっさい関係がありませんし、量刑にも影響すべきではありません。ですが、それが陪審員の判断に影響しうるという結果が出ております。それじゃ困るじゃないかという話になるんですが、カプランとミラーによると、評議後には、証拠能力のない情報は判断に及ぼす影響力が減少するという実験結果も出ております。[*6] つまり、先ほどの陪審員一人一人がやった判断は話し合いによって修正されることがあるということです。なぜそういうことが起こるのかということに関して、カプランとミラーは評議によって陪審員の判断の誤りが修正されるからだというふうに言っています。なお、誤りが修正されるというのは、データによって確かめられたことではなくて、カプランとミラーが主張していることです。

次の研究結果は、被告の個人属性が

＊6 M. F. Kaplan, & L. E. Miller, "Reducing the effects of juror bias," *Journal of Personality and Social Psychology*, 36, 1978, pp. 1443-1455.

陪審の評決に与える影響力は小さいというものです。[*7] 先のスライドで示しましたように、被害者や被告人の個人属性は陪審員の判断に影響するのですけれども、[*8] 陪審の判断への影響は小さくなるというのです。陪審員はそれぞれの構成員のことですけど、陪審のほうは評議体のことです。最終的な話し合いの結果、有罪か無罪かに対しては影響があまりないという、そういうちょっと胸を撫で下ろすような結果が出ております。

以上をまとめますと、個人では影響を受けるものの、評決には出てこないというのが、これまで分かっていることであります。そうするとやっぱり一人で考えるよりも集団として判断したほうがいいんだと考えがちなんですけども、それとはまたちょっと話が別だと言うことができますね。集団意思決定の一般的な、実験結果からしますと、集団のほうがいつも個人より良い判断が下せるとは限らないことが知られております。例えば陪審、これは評議体の方ですが、全員一致になるまで話し合うよう求めた場合、どうなるかと言いますと、多数決で決めていい場合よりも徹底した議論が行なわれる。発言が多くなり、議論の時間が長くなるのですけども、結論としては多数決で下されるものと大差ないことが繰り返し確認されています。従いまして、集団で徹底的に話し合うということと、集団のアウトプットとしての意思決定は別の話であるといえるかと思います。

陪審の意思決定に関する社会心理学的研究で、アメリカで関心を集めた研究に一二人陪審と六人陪審を比較した研究があります。[*9] こういう研究が出てきたのは、人数の少ない陪審は憲法上許されるのかが、裁判で問題となったからです。それに関する研究は多くあるんですけれども、人数が多い方と少ない方を比べますと、人数が多い方は確かに徹底した議論が行なわれて、その点でいいといえばいいんですけども、出された結論は大差ないという結果でした。ですから結論を出すことだけ考えると、別に一二人を集めて全員で議論せよということを言わなくてもいいことになります。

＊7 J. Hagan, "Extra-legal attributes and criminal sentencing: An assessment of a sociological viewpoint," *Law and Society Review*, 8, 1974, pp. 357-383.

＊8 F. C. Dane, & L. S. Wrightsman, "Effects of defendants' and victims' characteristics on jurors' verdicts," in N. L. Kerr & R. M. Bray (Eds.), *The psychology of the courtroom*, New York: Academic Press. 1982, pp. 83-115.

＊9 James H. Davis, Norbert L. Kerr, Robert S. Atkin, Robert Holt, David Meek, "The decision processes of 6- and 12-person mock juries assigned unanimous and two-thirds majority rules," *Journal of Personality and Social Psychology*, 32(1), 1975, pp. 1-14.

ただし、話し合って意思決定することを若干離れて、陪審はコミュニティの適切な縮図になるべきだと考えると、一二人陪審よりも六人陪審のほうが、当然ですが少数民族出身者が入る確率が下がり、社会学的には望ましくなるということは言えます。

結局まとめますと、個人の判断というのは間違うことがあり、裁判で考えてはいけない情報によって影響を受けます。ですけれども、それで集団そのものが結論を間違うまでにはあまり至らない。議論を通じて正されることがあるだろうと推測されています。そしてより徹底的に議論して欲しいということで、全員一致を求めたりとか、人数が増えた方がいいんじゃないかとか考えてそういう措置を施したとしても、集団としての結論を左右するほどのものではないといえます。

次に説示の有効性、判断基準というところにまいりますけども、裁判員は裁判官から話を聞いて、それに従って判断ができるんだろうかという心配がなされております。それに参考になるような研究というのは既にありまして、この研究によりますと、陪審員に対して二種類の説示のいずれかを与えました[*10]。その二つとは、「合理的疑いを超える程度の証明」と「証拠の優越」という基準です。それぞれどのようなことかといいますと、有罪かどうかを判断するにあたって、裁判に出された証拠を総合的に判断して、この人はもしかしたら無罪なんじゃないかということを、普通の人が理性的に考えて思えた場合は無罪、そうじゃない場合は有罪という判断基準、これが「合理的疑いを超える程度の証明」で、非常に厳しい証明基準です。それに対して、「証拠の優越」というのは、民事事件で使われていますが、刑事事件の場合に置き換えて考えますと、検察側と弁護側の証拠を比べて、より優勢だと思う方を勝たせる、という基準です。こちらの方が証明基準としてはゆるいです。

その二つのいずれかを教えてそれにそって判断してくださいと言ったところ、合理的疑いを超え

*10
R. J. MacCoun, & N. L. Kerr, "Asymmetric influence in mock jury deliberation: Jurors' bias for leniency," *Journal of Personality and Social Psychology*, 54, 1988, pp. 21-33.

た証明を要求した場合には、無罪評決が増えたという結果になっています。これだけ聞くと当たり前じゃないかと思われるかもしれないんですけれども、陪審が素人であっても教示された判断基準にしたがって判断でき、判断基準の違いが理解でき、かつそれに従って行動できることを示した実験結果です。人間が人から指示されたりしたときに指示内容を言葉として理解することと、理解した内容にそって実際の行動を制御することは別のことなのですが、素人である陪審員たちは、教示を理解するだけではなくて理解内容にそって判断の厳しさの程度を変えることができることを示しています。

それから判断基準の違いに関する研究として同じようなもので、マクノートン・ルールとダラム・ルールの比較が行なわれております。[*11] これも先ほどと同じように、二種類の基準を用意して説示したら陪審員はちゃんとその違いが現われるくらいに異なる判断を下すことができるかどうかということでした。この二つのルールは、マクノートン・ルールの方が厳しい基準、ダラム・ルールの方がゆるい基準でした。これもそれぞれの説示に従って判断することができたという結果が出ています。

説示の有効性に関連して、公判前報道についても研究されております。公判前報道とは、裁判が始まる前に、その事件に関して行なわれる事件報道のことです。そのような報道では容疑者を犯人視し、逮捕や検察官送致（いわゆる「書類送検」）が行なわれると、裁判がまだ始まってもいないにもかかわらず、容疑者は有罪であることが規定路線として描かれます。単にそういった情報を呈示するだけではなく、容疑者を悪く描くワーディング（言葉遣い）によって、読む方にその印象を植え付けます。このような記事の情報源はほとんどの場合、警察などの捜査機関です。これらは証拠ではないので、そういうものに従って裁判をしてはいけないのは当然です。ですけども世間の耳

＊11
R. J. Simon, "The jury: Its role in American society," *Lexington, MA: Lexington Books*, 1980.

＊12
Christina A. Studebaker, & Steven D. Penrod, "Pretrial publicity: The media, the law, and common sense," *Psychology, Public Policy, and Law*, 3, 1997, pp. 428-460.

目を集める事件では必ずこういうものは出まして、裁判官や裁判員がそれに接することになります。そうした場合、判断者は影響を受けるかについての研究が行なわれています。[*12]

　これまでわかったことを総合すると、公判前報道に接すると、判断に影響を与えます。こいつは犯人だという前提で書かれた記事を読むと、それを受けて有罪無罪を判断するという結果が出ております。じゃあそれを判断に入れないでくださいと説明したらいいんじゃないかと考えられるかもしれません。実際に、今日本の最高裁判所はそういう立場でありまして、裁判員に対して、たとえ裁判員として仕事をしている時であっても家に帰った時新聞やテレビを自由に見ていいですと言っています。ですけれども、これまで分かった実験結果からすると、公判前報道の影響は裁判官の説示によってはなくならない。[*13] つまり、新聞で見聞きしたこととは関係なく裁判を行なってくださいと言っても、見聞きしたことの影響は残ることが分かっております。それから、この研究では裁判員裁判を前提として日本で行なわれた研究なんですけれども、[*14] 公判前報道を見聞きした後で、どういう説示をするとその影響は減るんだろうかということを調べた研究でありまして、理論的根拠を含む説示は有罪率を減少させるという結果でした。つまり、どうして公判前報道を忘れなければいけないのかについて理論的根拠を含む説示を行なったところ、有罪率が減少したという結果でした。ですけれども、単に新聞やテレビで見聞きしたことは裁判とは関係ないので、それを忘れてくださいとだけ言った場合は、言わないよりもかえってひどいことになるという実験結果であります。それはこの研究だけではなくて、先行研究でも確かめられていることなので、[*15] 単に忘れてくださいと言うだけだと逆効果になるというのは、かなりの確率で言えることだろうと思います。

　ということで雑駁な話ではございますけれども、以上を持ちまして話題提供とさせていただきます。以降の議論の材料になれば幸いです。どうもありがとうございました。

＊13　G. P. Kramer, N. L. Kerr, & J. S. Carroll, "Pretrial publicity, judicial remedies, and jury bias," *Law and Human Behavior*, 14, 1990, pp. 409-438.

＊14　若林宏輔・片山潤・日高友郎・サトウタツヤ「公判前報道に対する理論的説示が判断に与える影響——裁判員制度に対する公判前報道への措置として」『日本心理学会第七二回大会発表論文集』二〇〇八年、八四頁。

＊15　Daniel M. Wegner, David J. Schneider, Samuel R. Carter, Teri L. White, "Paradoxical effects of thought suppression," *Journal of Personality and Social Psychology*, 53(1), 1987, pp. 5-13.

# 「言葉」から見た裁判員制度

堀田秀吾

ただいまご紹介にあずかりました明治大学の堀田です。よろしくお願いします。本日は、私は、言葉から見た裁判員裁判についてお話させていただきます。

最初に、判定・判断と言葉の関係について英米の先行研究などを簡単に紹介しながら、言葉の使い方というものがどのように判断に影響を与えるのかというお話をさせていただいて、その後、私自身の研究を少しご紹介できたらと思います。いろいろやっているんですけども、今日ご紹介するのは、裁判官と裁判員の評議における言葉をデータベース化した「コーパス」と呼ばれるものをもとに、それらの参加者が、一方と比べてどういった言葉をより特徴的に使っているのかを、統計的手法を用いて調べまして、そこのデータをもとにいろいろ解釈を行なっていくということを試みたものです。

言葉は現実世界のごく一部を切り取ることしかできません。これは記号論をやっておられる方だったらどなたでもご存じのことではないかと思いますが、事件というのは一つの出来事があり、その出来事をどういった切り取り方で見ていくのか、それはすべて言葉にかかっています。そしてその言葉は、実際には一部しか切り取ることができない。そして、裁判員裁判というのは、そういった言葉によって切り取られた事実が、裁判員、そして裁判官のように判定・判断をする者に伝えられ、評議のなかで討議され、最終的には判決文という、すなわち言葉という形で判決が出されるわけです。つまり、表わされる事実がどのような言葉で切り取られるかが、最終的に判断に大きな影響を与えます。

その切り取り方が判断に影響を与える例の非常に有名なものをいくつか用意してきました。例えば、どういった形で質問するかによって、目撃証人などの記憶まで変えられてしまい、それが結局、判定・判断に影響を与える可能性があるという例です。バスケットボール選手を見せて、"How tall was the basketball player?"「どれぐらい背が高かったのですか」と尋ねるものと、"How short was the basketball player?"「どれぐらい背が低かったのですか」と尋ねるものを比べた際に、実は驚くべき差が出ておりまして、平均で一〇インチ、つまり約三〇センチの差があったということが報告されています。[*1] これは、目撃証人の証言と非常に重なる部分があります。例えば、犯人の目撃者が、犯人は一九〇センチぐらいだったと言った場合と、一六〇センチぐらいだったと言った場合では、もし法廷に現われた人が一九〇センチだった場合には、その目撃者の証言を聞いて判定する者にとって、もしかしたら犯人は違う人なんじゃないかと思えるぐらいの違いです。こういうふうに、たかが言葉、されど言葉、言葉の使い方でこんなにも簡単に記憶が変わってしまう、そして判断が変わってしまうのです。この例では、目測で身長を予測するという判断が加わっています。そういう意味で、目撃者自身そして究極的には判定者の判断にもかかわってくる言葉の使い方です。

言葉での切り取り方が判断に影響を与える二つ目の例として、ロフタスという非常に有名な心理学者がおりまして、この人は目撃証言の研究で法廷にも証言をしに何百回も行っている人ですが、複数の被験者に自動車の接触事故の映像を見せ、その状況の詳細に関して様々な質問を行ない、一五〇人ぐらいだったと思いますが、グループに分けて質問の仕方を変えて実験をしました。[*2] そし

＊1 Richard. J. Harris, "Answering questions containing marked and unmarked adjectives and adverbs", *Journal of Experimental Psychology*, 97, 1973, pp. 399-401.

＊2 Elizabeth F. Loftus, and J.C. Palmer, "Reconstruction of automobile destruction: An example of the interaction between language and memory", *Journal of Verbal Learning and Verbal Behavior* 13, 1974, pp. 585-589. Elizabeth F. Loftus, *Eyewitness Testimony*. 9, 1979, Cambridge, MA : Harvard University Press.

て、あるグループには、"How fast were the cars going when they hit each other?" のように、hit という単語を使って質問をしました。hit は日本語に直したら、「ぶつかる」「当たる」ぐらいの意味でしょう。それに対して、もう一つのグループには、smashed、「激突する」ぐらいの意味になると思いますが、このような非常に激しい衝突を意味する単語を使って質問したわけです。その結果、smash を使って聞かれた被験者は hit を使った被験者よりも明らかに速い速度で衝突したと答える傾向があった。これは、その映像を見て、大体これぐらいの速度だったと判断したわけですが、その判断の速度が明らかに smash を使って聞かれた人のほうが速かったのです。

実は、この実験はいろんな単語を使って行なわれています。collide や bump や contact などは、それぞれぶつかっている衝撃のイメージが違う言葉ですが、これらの間には差がありました。そして、これらの質問を回答させられたのと同じ被験者を、別の質問を使ってまた数日後に "Did you see any broken glass?"「何か壊れたガラスとか見ませんでしたか?」というような質問をしました。これをいろいろな質問のなかに混ぜて聞いたところ、smash を使って聞かれた被験者のほうが、hit を使って聞かれた被験者の二倍の確率で「イエス」と答えました。実際には、ガラスなど割れていなかったのですが、激しい衝突を意味する smash で聞かれたほうの人は、その前の実験のときに使われたこの言葉のせいで自分の記憶のなかで激しい衝突だったという印象を持ってしまい、結局、実際には存在していなかった割れたガラスのことまで見たような気になってしまったというわけです。

このように、記憶はゆがめられてしまう。そして、こういう言葉の操作によって、記憶が簡単に変えられてしまう、目撃者の見たものが変わってしまうということは、大きな問題です。実は陪審や裁判員のような一般の市民、素人たちには、目撃者の証言を重視する、最重要視するという傾向があります。もし司法過程のどこかで、たとえば捜査過程のどこかで意図的にこういう質問がされる、こういう切り口で事実が提示されることによって、記憶が変えられてしまったりする場合、その目撃証言を聞いた判定者たちは、その事件に関する全体像を頭の中で再構築して判断するわけですが、その際に大きな影響が与えられることは想像に難くない。ということで、非常に注目された研究でした。こういうように言葉という切り口、言葉による事実の切り取り方によって、いろいろな判断に大きな影響が与えられるということがこれでお分かりいただけたのではないかと思います。

ここまでが先行研究で、これ以降が先ほど前川先生がご紹介くださった裁判員裁判における評議というプロセスの研究で、裁判官三人と裁判員六人が、自分たちが公判で見聞きした事件に関する主張についていろいろ議論をしながら最終的な判断にたどり着く、というプロセスを見ていきます。評議での会話のやり取りをすべて文字化しまして、それをコーパスと呼ばれる言葉のデータベースにしたものを分析していきます。私たちが分析した模擬裁判・模擬評議は、法曹三者、つまり裁判所と検察庁と弁護士会が合同で行なったものです。こういう模擬評議とか模擬裁判をやって問題になるのはなかなか本物の裁判官が使えないことなのですが、この法曹三者の合同模擬裁判は、被告人や証人などには演技をしてもらっているものの、法曹などのほかの参加者は全員本物で、そして裁判員も普通の市民を集めてきたので基本的に本物です。そして、評議というのは裁判官と裁判員だけで行なう会話で、この会話、このコミュニケーション自体は本物ですから、そういう意味で非常に信頼のおけるデータで、言語学の立場からいうと非常に価値があるデータですね。実際の裁判員裁判では、この評議というプロセスは、そこに参加しているもの以外は見ることができません。非公開です。ですから、評議の様子をうかがい知るのにはこの模擬裁判が唯一のデータということになります。これをもとに全部で六〇万語ぐらいのコーパスを作ったわけです（表1）。それぞれ参加者は男性裁判員、女性裁判員、裁判長、男性陪席裁判官、女性陪席裁判官という種類に分けました。ちなみに、裁判長は男性しかいませんでした。言葉はその人の意識や関心などを表わすものなので、こういうふうに分けて調べることによって、それぞれの参加者の、意識や感覚の違いをその言葉から見ていくことができるのではないかと考えているわけです。

細かい話は飛ばしたいと思いますが、統計的に有意差が大きいものから順に並べていきます*3。そして、それぞれのコーパスから、それぞれの参加者に特有の言葉の集まり、すなわちレジスターを抽出して、その違いを比較していきます。最初にお見せするのは、皆さんがいちばん関心があるところではないかと思いますが、裁判員と裁判官の言葉はどれぐらい違うのだろうかという、非常に漠然とした分析です。

裁判員の言葉はリスト1（次頁）のようになっていて、ぱっと見ただけでもひらがなが多いのが分かると思います。一方、裁判官の方は、リスト2（次々頁）のように急に漢字が多くなるのが分かると思います。ぱっと見た目でも違うし、実はここに出ている特徴語を基にもう少し細かい分析をしていくと、さらにいろいろなものが見えてきますので、これからそこらへんをご紹介していきます。

その前に、コーパス自体を比較してみましょう。裁判官の言葉を集めると、大体三五万語弱（三四万六三七九語）くらい使っていて、使っている単語数は大体七一〇〇種類（言語学では「異なり語数」と呼びます、七一〇一語）です。裁判員のほうは二六万語（二六万六八九語）で、使っている単語数は六九〇〇種類（異なり語数六九一二語）。総語数では裁判官と裁判員に一〇万語くらいの差があります。裁判官というのは裁判員の半分しか人数がいないのに、一〇万語も多く使ってい

*3 用いた統計的手法　各語についてそれぞれのコーパスにおける出現頻度を差異係数を用いて比較し、プラス一・〇からマイナス一・〇のスケール上で正の値を取るものに関し、さらに尤度比検定（統計的分析手法のひとつ。対象の頻度が高くない場合に有効とされる）を使用してこれらのコーパス間で出現頻度に統計的有意差が認められるもの、つまり裁判官あるいは裁判員の一方に特徴的になっている表現を抽出し、有意差が大きい順にリストアップする。ただし、助詞や格助詞のような機能語、および「えっと」や「ああ」のような間投詞や感嘆詞、当該事件固有の表現や固有名詞は除外する。

表1　今回使用したコーパス

| | 人 | 語 | 単語の種類 |
|---|---|---|---|
| 男性裁判員 | 57 | 171,825 | 5,750 |
| 女性裁判員 | 39 | 88,864 | 4,110 |
| 裁判長 | 16 | 235,466 | 5,925 |
| 男性陪席裁判官 | 22 | 69,537 | 3,869 |
| 女性陪席裁判官 | 9 | 41,376 | 2,492 |
| 合計 | | 607,068 | |

る。つまり裁判官のほうが圧倒的に発話量（話している量）が多いというのが、この裁判員裁判の評議の特徴と言えると思います。特に、裁判長が圧倒的によくしゃべるということが、細かく調べていくと分かります。一％水準で両者の間に有意差が見られる特徴語を見た場合には、単語の種類は裁判員が四五〇で裁判官が三五九です。先ほど見たように、裁判員のほうがコーパスとしては小さいわけです。つまり、言葉のデータベースのサイズとしては裁判員の方が小さいのに、より多くの単語を使っているということは、裁判員たちが市民の言葉、彼ら自身の言葉で参加している、ということを見る指標にもなります。

まずは、動詞だけ集めてどんな風に分布しているのかを見てみましょう（図1）。

これは対応分析といってちょっと特殊な統計的分析です。簡単にご説明しますと、様々な円が出ていますが、円で表わされている近いもの同士の要素は質的に似ていると考えます。例えば、真ん中より右寄りの上のほうに、裁判長という言葉が出ていますが、この裁判長の円の周りにある言葉が裁判長に特徴的な言葉と見ることができます。真ん中（原点）がどの参加者にもニュートラルな要素だと思ってください。原点から離れれば離れるほど、その方向に現われているカテゴリーに特徴的な要素となります。例えば、右上のほうに「伺う」「推認」「申し上げる」という言葉が固まっていると思いますが、これらの要素は原点から離れて出ていますので、その方向に現われているカテゴリー、この場合は裁判長というカテゴリーに特徴的な言葉ということになってきます。こういうふうに見ていくと、非常に面白いのは、裁判官たちは横軸の中心付近で縦軸の中心より上に集まって現われていて、裁判員たちは縦軸の中心より下に現われているということです。これらのカテゴリーの集団は、専門家と素人ですので、使っている語彙にこれらの違いがきれいに出ているということになります。先ほど申しましたように、原点から離れていれば離れているほどその方向に現

**リスト1　裁判員の言葉**　（1％水準で有意差があるもののみ）

思う（2525：1979）[†1]，自分（505：349），こう（466：319），すごい（179：67），やっぱり（581：449），感じる（143：56），本人（195：100），ない（4606：5497），持つ（397：315），お金（239：156），飲む（199：119），主人（56：9），ねる（209：133），判断（160：89），加害者（36：2），検察側（41：4），奥さん（127：63），罪（111：53），酔う（59：15），絶対（78：28），やはり（208：144），ほんとに（57：16），親（32：3），普通（151：96），家族（77：32），ほんとう（41：8），恐怖（32：4），逆（99：53），年（380：344），状態（140：91），感情（55：19），やけど（18：0），人間（79：38），はい（469：455），子供（47：15），世の中（34：7），冷静（42：12），円（111：69），社会復帰（20：1），私立（16：0），抜く（66：31），思える（53：21），会社（22：2），思い込み（24：3），きちんと（28：5），納得（44：15），更生（79：43），心（34：9），離婚（25：4），素人（14：0），文章（14：0）（450語中上位50語を表示）

図１　動詞の分布（上位 40 語）

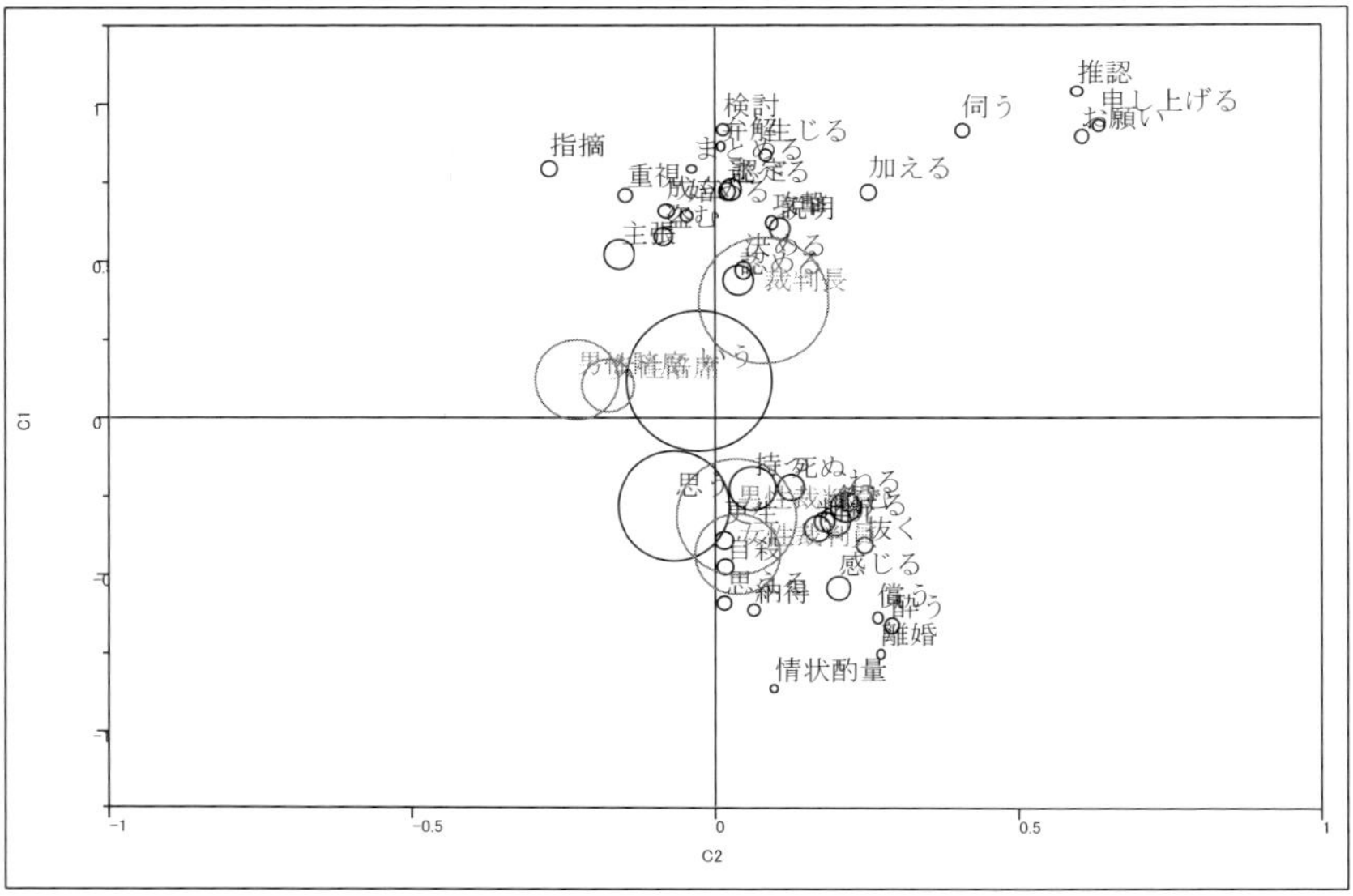


われているものに特徴的な言葉（特徴語）ということになりますから、裁判官たちしか使わない語彙がたくさんあるということが見えてきます。そして、男性裁判員と女性裁判員は下の方に集まり、重なっているので、動詞だけを見た場合はほぼ同じような語彙を使って会話をしているということがわかります。さらに、この語彙をよく見てみると、「感じる」とか「思う」とかいろいろ出ています。こういった言葉を手がかりに、これからいろいろ考えていきます。

例えば、「考える」とか、「思う」とかそういった言葉は私たちの心理に関する言葉ですよね。心の状態に関する言葉なので、その心の状態に関する言葉の上位三〇語を集めて分布を見てみると、図2のようになります。ここでもやはり、どちらかというと真ん中寄りではありますが、下に裁判員たちが集まって、上に裁

リスト２　裁判官の言葉　（1％水準で有意差があるもののみ）

どう（1936：545）[†2]，被告人（1417：337），いかが（323：2），意見（570：65），検察官（454：58），供述（386：43），よろしい（281：24），皆さん（335：41），事情（220：24），弁護人（286：48），本件（153：8），議論（251：37），指摘（96：3），認定（150：17），主張（254：56），争点（85：3），なるほど（150：24），今（737：318），番さん（135：20），論告（84：5），どうぞ（63：1），いただける（73：3），一応（215：54），ほか（195：46），証拠上（52：0），伺う（74：4），被害者（611：259），検討（48：0），要するに（194：50），述べる（90：10），じゃ（175：42），する（6117：3827），結論（174：42），じゃあ（194：52），重視（69：5），間違い（141：30），特に（161：39），認める（241：76），趣旨（70：6），起訴（62：4），説明（126：26），いう（4680：2901），信用（163：42），加える（88：13），盗む（99：17），裁判員（98：17），前提（176：50），休憩（51：3），成立（71：9），書く（295：112）（359 語中上位 50 語を表示）

図2　心理語（上位30語）

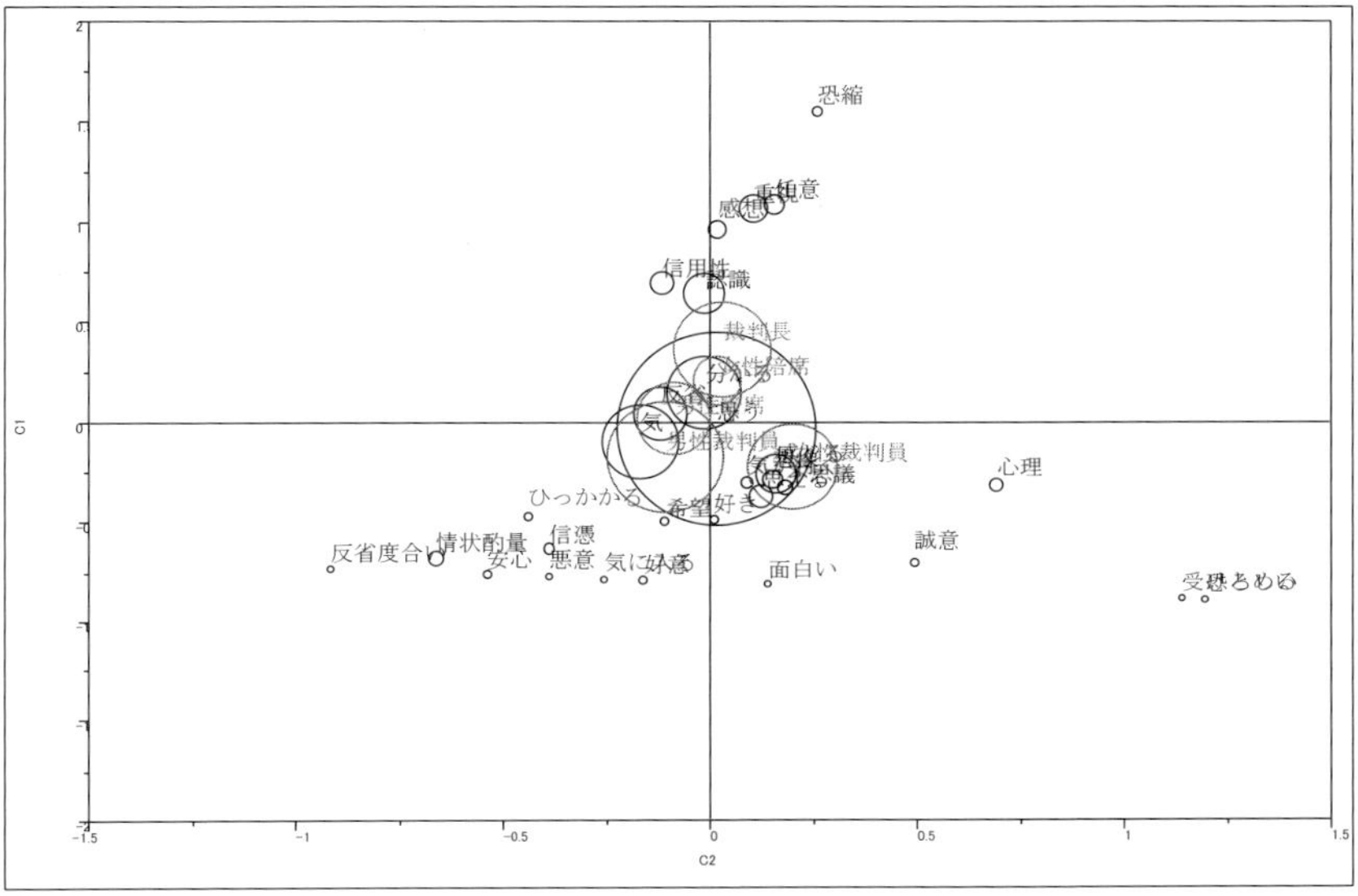


判官が集まっています。しかも裁判員については、裁判員側、すなわち下側を見てみると、言葉が広範囲に広がって分布しているのがわかると思います。つまり、裁判員はいろいろな心理に関する言葉を広範にわたって使いながら議論をしているのに対して、裁判官側は縦軸の付近の非常に限られた部分にしか現われていません。つまり、様々な心理的な部分を裁判員は非常に意識しながら議論をしているということが見えてきます。

もう少し丁寧に見てみると、例えば、「思う」「感じる」「感情」「冷静」「思える」「思い込み」「心」「性格」「嫌」「反省」などの被告人、被害者、証人、そしてその家族といった事件関係者を主語・主体とした心理的側面に関する表現が、裁判員の特徴語として出ています。それに対して裁判官のほうでは「認識」とか「夢中」ぐらいの言葉しか出ていない。

†1
リスト1（前々頁）の括弧内の数字は、左が裁判員コーパスにおける頻度、右が裁判官コーパスにおける頻度を表わす。

†2
リスト2（前頁）の括弧内の数字は、左が裁判官コーパスにおける頻度、右が裁判員コーパスにおける頻度を表わす。

ということで、裁判員は裁判官よりも関係者の心理的側面を意識している、そういう言葉、そういう切り口でものを見ているということがわかります。あと、主観的印象に関する表現である「思う」「感じる」「思える」というのは、やはり裁判員の特徴語として現われていて、こちらはおおむね裁判員自身を主語、主体として現われていることからして、彼ら裁判員がどう感じているかということを表わしている。つまり客観的というよりは彼らの主観から話している感じが見えてきます。

そして、実際この分布だけでは証拠として弱いので、この解釈を支持するデータとして、同じ模擬裁判のうち同一の事件を扱った三つの裁判について、裁判官と裁判員が用いている量刑判断要因、つまり、彼らが、刑の重さ・刑期を決める際に、どういった判断理由を使っているかを一個一個の事件と発話を見て調べ、集計してみると、例えば殺意、動機、同情の余地、被告人の性格や精神的傾向、被告人の精神的ダメージなどが判断要因として顕著です。こういったどちらかというと精神的な部分にかかわる言葉を判断要因に用いるのは裁判員で、裁判官のほうではほとんど見られませんでした。裁判員は全要因の一〇・一%にこうした言葉を使っていた。ということで、やはり、これは裁判員の傾向なのではないか、ということが裏付けられます。

裁判官の特徴語を見てみると、「争点」「要点」「問題」「ポイント」とか「成立」（それが成立するかという意味で）という言葉をよく使って議論を組み立てていることが分かります。これは、ここに坐っておられる藤田政博先生が、二〇〇九年に出された論文にも書いてありますが、「論点主導型評議」という、法律の専門家ならではの思考体系、思考パターンの現われではないかと考えられます。このような議論の体系は、素人による評議には見られないということが言われています。欧米の研究でも同様のことが言われているようです。そして、このことを、先ほどと同じコーパス

図３　各参加者の特徴語上位 20 語の分布

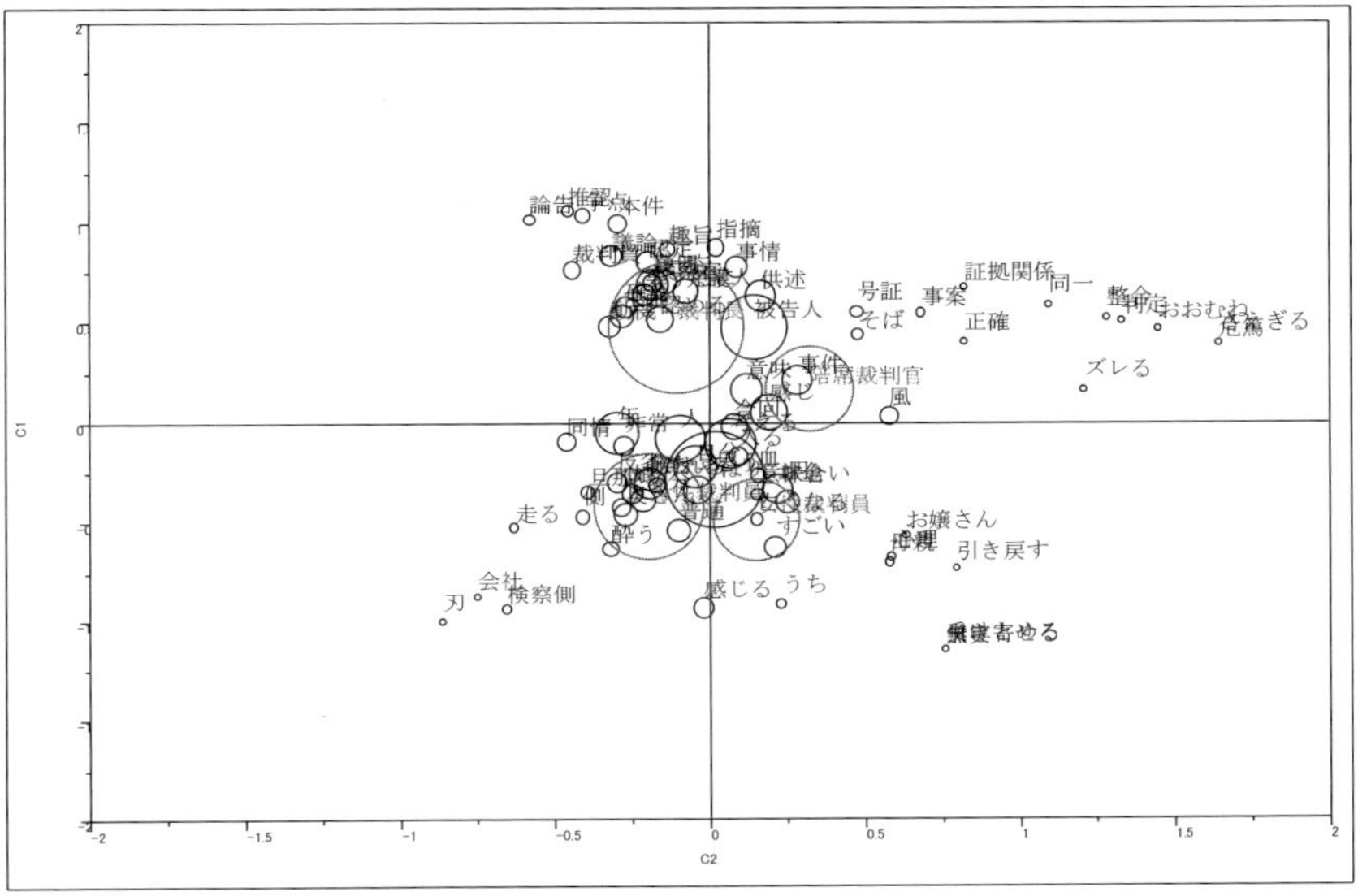


で、サイズを小さくしたものを使って調べてみます。今度は区分のしかたを裁判長と陪席裁判官と男性裁判員、女性裁判員にして、特徴語をリスト（一二裁判四一万語のコーパスを、多重比較、残差分析、調整残差分析を適用し、その値が一・九六以上のものについて、各コーパスの上位二〇語を抽出。合計八〇語（重複語を除くと七七語））にしてみます。

ごらんのように（リスト3）、裁判長の欄は、ものすごく漢字だらけで、難しい言葉がいろいろ並んでいるのが分かると思います。男性裁判員も女性裁判員も「思う」という言葉が最初に来ていたりするので、こういったものが裁判員の特徴だろうということが推測できます。「すごい」「たぶん」などの程度表現が多いのも裁判員の特徴なのですが、その分布をもう一度対応分析という方法で見てみると、やはり専門家と素人はきれいに

リスト３　各参加者の特徴語（上位 20 語）

| | |
|---|---|
| 裁判長： | 検察官，議論，本件，争点，被告人，裁判員，認定，推認，一応，弁護人，論告，確認，動機，説明，要するに，認める，主張，指摘，趣旨，事情 |
| 陪席裁判官： | 被告人，風，供述，おおむね，事件，事案，感じ，号証，意味，証拠関係，今回，判定，考える，正確，さえぎる，危篤，同一，ズレる，整合，そば |
| 男性裁判員： | 思う，奥さん，多分，娘，年，検察側，感じる，倒れる，刃，逆，反省，飲む，会社，走る，非常，酔う，旦那，同情，側，やはり |
| 女性裁判員： | 思う，すごい，感じる，円，お金，自分，引き寄せる，母親，うち，お嬢さん，受けとめる，引き戻す，心理，人，無実，意味合い，亡くなる，血，普通，入る |

分かれます（図3）。

そして、言葉の分布を見てみると、裁判官側はやはり上のほうに非常に広がっています。その内容をよく見てみると、「論告」「推認」「証拠関係」「号証」などの裁判官ならではの言葉遣いが多いのがわかります。ここらへんは裁判員はほとんど使わない言葉なので、裁判官のほうにより特徴的なものとして中心から離れたところに現われています。それに対して、裁判員の特徴語というのは、ほとんど裁判官と裁判員の間に現われているのが分かります。これが何を表わしているかといいますと、裁判員の使う言葉は裁判官たちもよく使うけれど、裁判官の使う言葉は裁判員たちはあまり使わないということが見えてきます。あと、この場合は男性・女性もきれいに分かれておりまして、陪席裁判官には女性も含まれていますので、女性裁判員が右側に現われているのと同様に陪席裁判官も右側に現われています。裁判長は男性しかいないので、裁判長は左寄りに現われていて、男性裁判員も左下に現われています。このように、男女差も見られます。

次に、人物に関する表現（人物語）をちょっと集めてどういう分布になっているのかを見てみました（次頁図4）。

すると、今度は裁判官と裁判員が逆転して裁判官が下側に現われ、裁判員が上に現われています。今回もやはり裁判の素人と、専門家の間のきれいな違いが見られます。しかし、裁判員のほう、つまり上のほうがより広範囲にわたって単語が分布しています。つまり裁判員たちは、いろいろな人物、関係者のことを考えながら、意識しながら議論しているというのが分かります。裁判官たちについて見てみると、陪席裁判官と裁判長の円が完全に丸がオーバーラップしています。つまり彼らの間には男女差とかはほとんどなくて、非常に統一的、画一的だというのが分かるとおもいます。面白いのは、公判での登場人物、つまり「弁護人」「被害者」「被告人」などの法廷に登場し

図4　人物語の分布

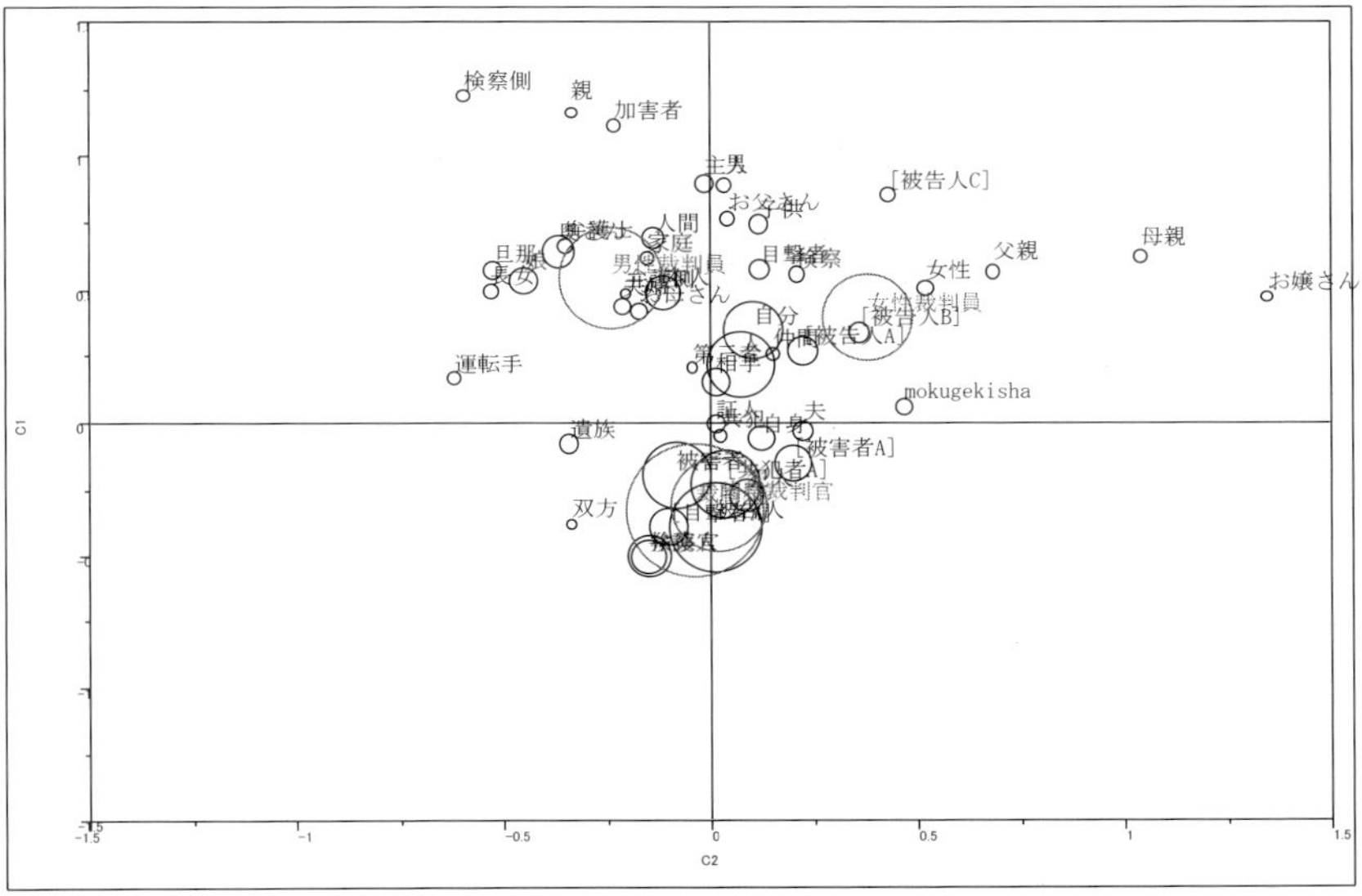


（最頻50語：被告人，［共犯者A］，被害者，人，自分，検察官，［目撃者A］，［被害者A］，弁護人，本人，犯人，奥さん，［被告人B］，娘，相手，自身，［被告人A］，人間，夫，家族，子供，遺族，旦那，証人，主人，お母さん，夫婦，目撃者，検察，女性，［被告人C］，長女，お父さん，弁護士，仲間，男，母親，運転手，父親，加害者，検察側，家庭，共犯，第三者，親，お嬢さん，弁護側，双方，夫婦間，奥様）

た人たちが、裁判官のほうに集中して現われていることです。裁判官の方には、そういう人たちしか話に登場しないといってもいいぐらいです。一方、裁判員のほうには、「お嬢さん」「母親」「父親」「女性」といった家族に関する言葉（家族語）が非常に多い。面白いのは、女性は女性に関する言葉が多くて、男性は男性に関する言葉が多いというのが見えてきます。こういうふうに、家族に関することを、つまり法廷に登場する人の周りにいる人までも考慮に入れながらストーリーを組み立てていって、事件を見ているというのが裁

図５　証拠や判断に関する表現の分布

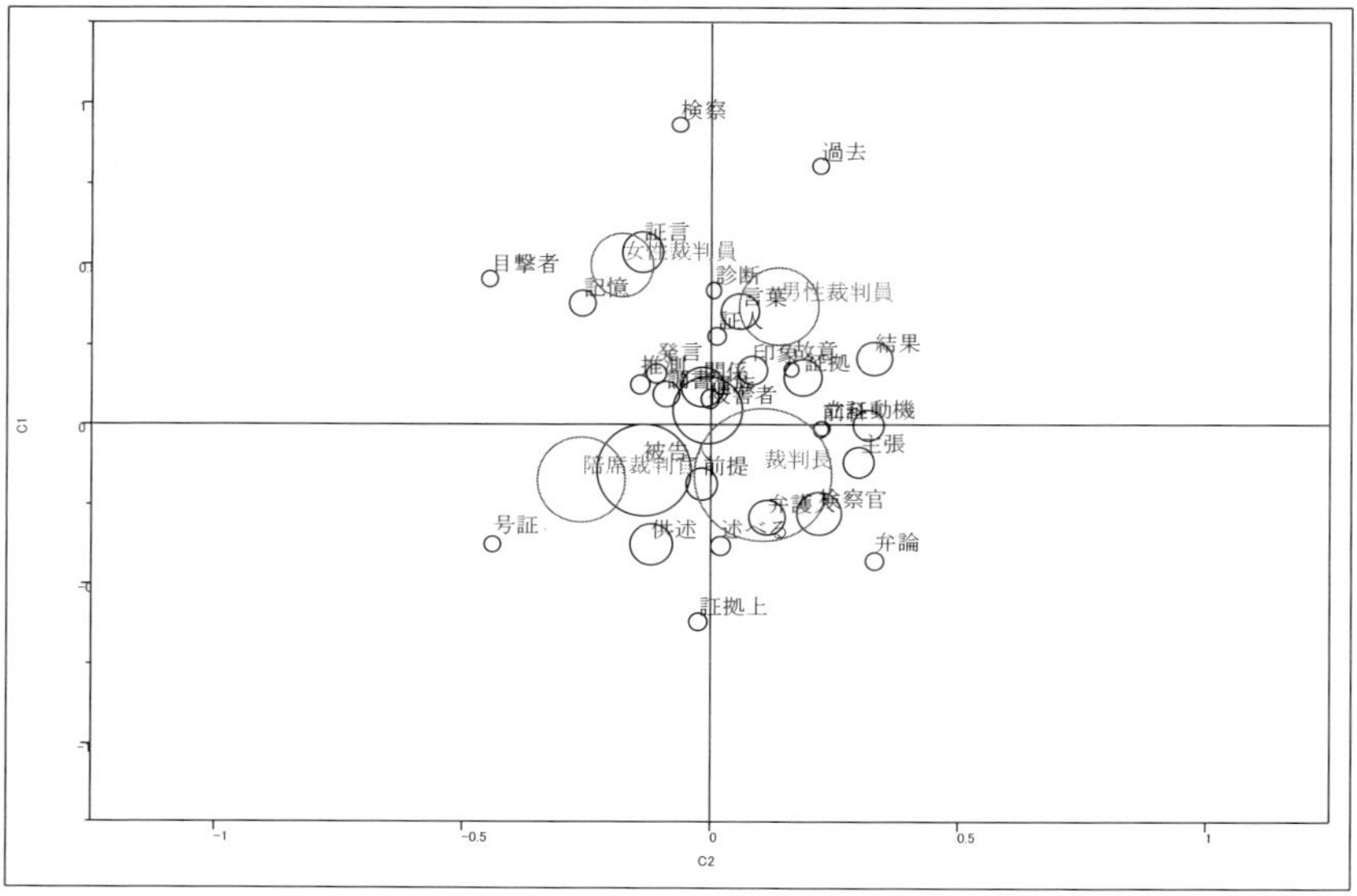


（被告人，被害者，検察官，供述，関係，証言，証拠，言葉，弁護人，結果，主張，前提，動機，印象，調書，記憶，発言，述べる，推測，遺族，証人，証拠上，弁論，過去，号証，目撃者，立証，検察，診断，前科，故意）

判員のものの考え方なわけです。それに対して、裁判官は事件の登場人物に限定してしっかりと考えていくという傾向があると思います。これは、そう考えるように彼らが訓練されているからなのでしょう。

あとは、証拠や判断に関する言葉を集めて、その分布を見てみます（図5）。

左上からいきましょう。女性裁判員は、「証言」などの口頭で提示される証拠が中心だということが見えてきます。「目撃者」「記憶」「証言」などの証言にかかわる表現自体は裁判員側に集中しています。さきほど、素人は目撃者の証言を重視するということを申しましたが、証人に関すること一般についてこれが言えるわけです。裁判員、素人というのは、そういった口頭で聞いたもの、自分が直接見聞きした証人の言葉というのを非常に重視するというのが分かってきます。次に、左下を見てみると、ここでも陪席裁判官と女性裁判員が同じ側に現われていまして、ここにもしかしたら男女差があるのかな、というのが見えてきます。そして、右下にいきますと、裁判官は証拠に関する言葉、「〇〇号証」という証拠の番号の呼び方、あと「証拠上」「弁論」「主張」などの、実際の法廷で見聞きできるもの、法廷に出された証拠を中心に考えているというのが見えてきます。余談ですが、ここに「供述」というのが現われます。しかし付け加えますと、裁判員裁判開始後の事件の判決文を分析したところ、「供述」という言葉はほとんど出てきませんでした。それが何故なのかというのがはっきりせず、今いろいろと調べているところです。

それでは時間もきましたので、何かちょっとグダグダですが、まとめに入っていきます。今見た言葉からの分析によって裁判員がどんな視点でものごとを見ているか、「私の視点、私の感覚、私の言葉で参加します」という裁判所で使われている裁判員裁判のスローガンにおける、「私の視点」というものも見えましたし、「私の感覚」というのも見えてきました。そして、「私の言葉」についても、裁判員や裁判官ならではの言葉があるというのが見えてきました。言葉の分析によってこういう様々なものが見えてくる。参加者たちがどういう切り口で判断をしているかというのが見えてくる。専門用語などの使用を見てみると、専門家・非専門家としての会話への参加形態の差異、立場の差異があるというのを「制度的談話」と語用論などでは言いますが、専門用語が裁判官の方ではよく使われていることは、やはり立場の差異がそこにはあるということを示しているし、その言葉を使用することが立場の差異を作り出しているということにもつながってきます。一応、裁判員裁判で理想とされているのは、裁判官と裁判員の間で立場の差がない対等な議論と言われているのですが、この言語使用の実態だけ見ても、その制度的談話の特徴、つまり、立場の差異や非対等性が存在するということが分かるわけです。視点や感覚についても、それぞれの参加者が事件のどのような点に着目しているかということをその使用語彙から考察し、性差、裁判官か裁判員かといった参加者の属性においても差異があるということが分かりました。

今回は例として心理語とか人物語とかに分けましたが、そういうカテゴリーをいろいろ設定して分析していけば、さらに様々な違いが見えてくると思います。これは、今後の課題としたいと思います。ありがとうございました。

# 裁判員制度における判定の論理——メディアの観点から

山口　進

ただいまご紹介いただきました山口です。ちょっとだけ自己紹介をさせていただきたいんですけど、『朝日新聞』でこういう白っぽい紙が毎月二回、月曜の朝刊の真ん中に入っています。「ＧＬＯＢＥ」という特集ページです。その副編集長をやっています。その前は一〇年ぐらい東京の社会部を中心に、司法関係、主に司法制度改革ですとか最高裁、法務省などの取材をしておりました。

議論の題材の提供ということでいうと、判定が依拠すべきコードというものが裁判員制度が導入されたことによってどう変わったのかという話があります。裁判員制度が導入される前もされてからも、もちろん裁判は刑事訴訟法には基づかなければいけないわけですね。これは大雑把にいうと、公共の福祉の維持、要するに正義が大事だとか、正義は損なわれたら修復されなければいけないとか、悪いことをした人はちゃんと裁判にかけてしかるべき責任をとってもらうとかということです。もう一つの軸は基本的人権、被疑者・被告人とされた人についての基本的人権というのは守られなければいけないということです。そのうえで事件全体の真相を明らかにしよう、なおかつ迅速に裁判を進めなければいけない。こういうことが刑事訴訟法に書かれているというわけですね。

これに対して、裁判員制度がなんで導入されたかというと、藤田さんのお話などにもちょっとありましたけど、裁判に国民の健全な社会常識がより反映されるようになることで、国民の支援、司法に対する理解や支持が高まって、司法がより強固な国民的な基盤を得るというふうに言われているんです。けれども、そもそも健全な社会常識というのはいったい何なのかということを、多分多くの方が疑問に思われていると思うわけですね。これが曲者でして、健全な社会常識というのは、考える人によっていろいろ違うわけです。

ここでさっき前川さんに見せていただいた日弁連の映画の話[*1]になるんですけれども、広報映画というのは最高裁も日弁連も法務省も作っていて、それぞれ距離をおいて見ると面白い。最高裁の場合は、この広報映画の「映像論」を、ぜひ前川さんにお聞きしたいところなんですけれども、私が見た雑駁な印象で申しますと、最高裁のものは、基本的に裁判官がやたらホスピタリティ〔もてなしの姿勢〕に溢れていて、裁判員の人に気持よくなって帰ってもらうために裁判官は常ににこにこしていて、どうぞどうぞ何でも言ってください、ああそうですねと言って、裁判員がいい気持になって終わる。日弁連のは、さっき皆さんがご覧になったように、裁判官じゃなくて裁判員側の主導権というか、妙に裁判員本人というか市民が、私から見ると過度に主人公になっている。さらにいうと、かなり名探偵になっている。逆にいうと、ここまでやらないといけないのかと思わせるリスクがあるのかなと思います。

あと、〔日弁連の場合は〕映画の結論部は無罪になることが多い。これは弁護士会だからそういう傾向があるのでしょう。法務省が作っているものは内容としてはあんまり面白くないんですけど、みんな参加することに意義を感じていて、もちろん脇役の人とか〔裁判員制度への参加を〕嫌がっている人とかも人物造形としてあるんですけども、なんか参加意識の高さだけが見終わってから残るみたいな。そういう三者三様の印象を与えます。これは三者というか——もちろん世の中、裁判所と弁護士会と検察庁だけで成り立っているわけじゃないんですけども——この制度設計に重

＊1　六一頁参照

要な役割を果たしていた三者が、健全な社会常識あるいは制度導入の意義というのをどう捉えているかということをある程度は反映しているようにも思える。

ちょっとこれは長い話になるんですけど、最高裁の前の長官の島田さんという人は、さっき藤田さんがご紹介された論文にもありましたけど、これまで裁判は遠い存在だったけど接してみてほしい、縁遠い存在だったけども身近で理解しやすいと分かれば信頼してくれるだろう、かなり乱暴にまとめると、そういうことを言っている。最高裁のパンフレットでも、信頼とか実感とかそういうワーディングが強調されている。これに対して、弁護士会にとって市民というのは両義的であって、主には先ほどの映画に現われていたように、反官僚的手法というか、これまでの裁判はプロの裁判官が非常に官僚的にやっていた、で様々な冤罪も生み出されてきた、それに対して素人が入れば、先の映画のように名探偵がでてきたりすれば、そういうものをある程度抑止できるじゃないかという主張がある。ちょっとシニカルな言い方で申し訳ないんですけど、そういう希望の星として裁判員制度を見ている。一方で、厳罰化の世論というのが最近高まっているとなると、それを体現する可能性も市民にはある、だから市民はきわめて両義的なんですね、弁護士会にとっては。あと、検事はどうかというと、数年前に『朝日新聞』に投稿してもらった検事、当時検事正だった人がいるんですけども、この人はやっぱり刑事政策を市民にも共有してもらいたいという考えで、これもまた非常に乱暴にいってしまうと、刑事政策、もっとどぎつい言葉でいうと治安を共に担って欲しいというような思いももっているわけですね。

ここでそういうものを前提として考えてみますと、健全な社会常識とは何かということについていろんな考え方があると思うんです。けれども、では健全な社会常識がないと言われるこれまではどうなっていたのか。健全な社会常識ということを言い出すからには、これまでの刑事裁判のあり方はある程度不健全だったという前提があるわけで、それは例えば、さっきの暴力的かもしれませんが三類型のなかでは日弁連的なものですけれども、「裁判官は被告人を見たら有罪と思っている、検察官のことは同じ官僚だから信頼している、だからやっぱり冤罪も出てきた」という考え方がある。これに対して、刑事裁判の原則を徹底させるのが健全な社会常識なんじゃないかという考え方もある。また、これまでの裁判では背景解明が不十分だったという考え方、それに対して真実発見というものがあるんだ、それを重視するのが健全な社会常識ではないかという考え方もあります。そのほかにも、被害者の問題ですとか、迅速な裁判という考え方もあるし、これまでは非常に詳しすぎたと。プロがほとんどであまりにも緻密にその書類を読み比べてそれで判断を下すそういう「精密司法」というあり方があったんですけれども、それに対してもっと核心を突いた裁判にして皆に分かりやすくしていこうではないかという「核心司法」という考え方もあるわけです。

結局、健全な社会常識というのがきわめて不明確あるいは、不明確と言ってちょっと語弊があれば多義的であるということなんです。これはなぜかというと、ここで制度成立の経緯からすると、ある程度は必然ではないかと思うんです。要するに、この裁判員制度というのは非常に複雑というかいろいろな源流があって、ひとつには一九八〇年代に死刑事件の再審無罪が四件出たことがあります。やっぱり日本の刑事司法の問題点というのが、非常に自覚されていたということがある。で、平野龍一さんという東大の教授なんかは、そういう絶望的な状況を脱するには陪審か参審[*2]かを入れるしかないんだという問題意識を持っていた。それとは別に、最高裁の長官で矢口洪一という人がいて（四年ぐらい前に亡くなりましたけども）、この人は、青法協問題[*3]の時には結局政治の圧力に屈する形で、裁判官の首を切らざるを得なかった、そういう体験もあって司法には国民的基盤が必要だということを痛感して、当時は驚かれたんだけども陪審、参審の研究をしろと、長官時代に

＊2
有識者から選ばれた少人数の市民が一定期間、裁判官と一緒に審理する方法。ドイツの場合、裁判官三人と、固定メンバーの市民が二人。これに対し、米国の陪審は、くじで選ばれた市民十二人が有罪か無罪かを決め、裁判官が量刑を決める。

＊3
最高裁は一九七一年、「護憲」を掲げる「青年法律家協会」（青法協）に所属していた判事補の判事任官を拒否した。司法修習生のうち裁判官希望だった七人も判事補に採用しなかった。うち六人が青法協会員だった。

裁判所内で指示した。第二に、一九九〇年代に日弁連が司法改革が重要だと言い、経済界は経済界で、裁判が経済紛争を解決するのにコストがかかり過ぎるし時間もかかり過ぎる、これを何とかしろと言った。そういういろいろな動きがあって司法を大手術しようとなったんですけれども、そこで言われていたのが市民の自立ということですね。官僚に任せておけない、それから参加というのは重要だ、あるいはアカウンタビリティ（説明責任）それは要するに一部のエリートがすべてを決めるのではなくて、皆に分かりやすく、市民に分かりやすく説明しなければならないというのが時代の流れである、というようなですね。さまざまなそういう改革要求があったわけです。市民の司法参加ということについて、本気というか熱心に捉えていたのは日弁連だけと言ってもいいと思うんですけれども、そこにいろいろな意図が合流した結果、市民の司法参加が司法改革のシンボル的存在になり突破力になって、まさかまさかと言ううちに実現したというわけです。そういう経緯からいっても、この判定のそもそもの根拠となるコードあるいは「健全な市民感覚」というもの自体が、そもそも未だに揺れている、多義的であるということが言えると思います。

ここから先は時間の関係ですべてご紹介することは難しいんですけど、これ（次頁資料1）は裁判員候補になった人の声として『朝日新聞』で紹介されていたものをピックアップしたものです。やっぱりこの人たちには、例えば刑事裁判は検察側に有利になっているんじゃないかという問題意識を持っている人から、ルールを守らないような被告人には厳罰を処すべきだという人までいろいろいるわけです。

**資料1　裁判員候補になった人々の声**（『朝日新聞』、下線は引用者）

①編集者兼ライターの女性（47）＝大阪府

これまで、さまざまな市民活動に携わってきました。清掃工場へ行き、ごみの仕分け作業を実際に見てみたら、家庭ごみの分別に気を付けるようになりました。知ることで行動が変わり、社会が変わっていく、と実感しています。

裁判員制度も同じ。無関心だった裁判に直接加われば、見方が変わるはずです。その結果、司法が分かりやすく身近になっていくと期待して、裁判員を務めるつもりです。

高校3年の時、自転車に乗っていたらバスと接触し、けがをしました。被害者として警察に出向きましたが、応対してくれた警察官の問いに「はい」「いいえ」と答えるだけで、私を主語にした供述調書ができあがりました。

当時は「こんなものかな」と思いました。でも、人を裁く側に立つとなると、文面だけに頼ってはいけない、という教訓のように受け止めています。法廷では、関係者が直接話す言葉をよく聞いて、客観的に判断したいです。

②婦人服店経営の男性（60）＝愛媛県

大学生だったとき、東京で初めて乗った満員電車の中で、女性に「触らないで！」と叫ばれて、びっくりしました。私は何もしていないのに、その場では何も言い返せませんでした。

この経験から、客観的な証拠のない事件で無実を証明するのは、難しいことだと分かっています。そんな事件には、かかわりたくない。京都・舞鶴の女子高生殺害事件のように、状況証拠しかないとされる場合、事前の報道などで予断を持ってしまわないかも心配です。

母親が調停委員をしていたため、裁判所自体には親しみを感じています。ただ、刑事裁判は「判例至上主義」だと感じていました。社会常識に従って、私が「正しい」と思うことを言えばそれでいいと思っています。

裁判員に選ばれても、お客さんに知らせるわけにいかないので「東京の親類が亡くなった」と張り紙をして店を休んで参加するつもりです。

③無職の女性（66）＝東京都

学生時代に法哲学を学んで以来、人が人を裁くとはどういうことなのかを考えてきました。裁判への関心は高いですが、不安もあります。

あまりに凶悪な事件には「許せない」という気持ちを抱きますが、私の中にも弱さはある。神でもない私に人を裁く権利があるのでしょうか。また、報復感情をあおるような偏った報道を見ると、それに流されてしまう人が多いだろうな、と心配です。

死刑制度にも疑問を抱いています。米国の刑務所で、受刑者が捨て犬を家庭で飼えるように訓練する様子を映したテレビ番組を最近見ました。犬を訓練していく中で、受刑者たちの表情がみるみる変わっていく。更生の可能性について考えさせられました。

結論が死刑に傾いた時に発言できるかどうかはメンバーの雰囲気にもよるでしょう。守秘義務がありますが、結論に納得できなかったら、その気持ちを誰にも話さないでいられるかは分かりません。

④会社経営の男性（44）＝京都市

10代のころ、伯父が飲み友達の男性に刺し殺されました。私の両親は詳しいことを語らなかったので、その後に刺した相手がどういう判決を受けたのかは知りません。

その相手を私は見たこともありませんが、憎く思い、どんな人間か会ってみたいと強く感じたこともあります。

裁判員の候補者になった時、この事件を思い出しました。身内を殺されたら、遺族が死刑を含めて厳しい刑を求めるのは当然です。ただ、裁判員としてかかわったときに、被告の生い立ちや人間らしい部分が分かってくれば、量刑を決めるときに迷うでしょう。被害者の思いとどうバランスを取るか、本当に難しいと思います。

先日、京都府舞鶴市で女子高校生が殺害された事件の容疑者が逮捕されました。「物証が乏しい」と報道されていますが、自分が裁判員になったら、最初から犯人として見てしまうのではないかという不安も感じました。

⑤自営業の男性（62）＝名古屋市

ジョン・グリシャムが書いた「評決のとき」などアメリカの法廷小説が好きで陪審裁判に興味があったので、以前から最高裁のホームページや新聞の特集記事などもチェックしていました。候補者になったので、ぜひ参加したいと思っています。

新聞などで「評議で意見が言えるだろうか」という不安を目にしますが、むしろ裁判官がどのように評議をリードするかに関心があります。会社で会議を開くとき、よりよい意見を出し合うために、発言しやすい雰囲気にしたり、話題を振ったり、進行の仕方に気を使っています。意見を引き出すのが上手な裁判官も、そうでない裁判官もいるでしょうから、担当する裁判官の個性で評議の雰囲気や議論の質も違ってくるのだろうな、と考えています。

せっかく参加するのなら活発な議論で結論を出したい。雰囲気がいまいちだったら、会社での経験を生かして盛り上げたくなるでしょうね。

⑥僧侶の男性（54）＝札幌市

私は坊さん。「人を許さないといけない」と考えてきました。人は許し合うから未来がある。法廷で被告に「あなたは殺されるに値することをやった。だから、改心しなさい」

とは言えますが、「死んでしまえ」とは言えません。

かといって、見ず知らずの人を金目当てで惨殺した名古屋の「闇サイト殺人事件」のような、むごい事件の裁判員になったとしても、本当に被告を許せるのでしょうか。死刑の判断を迫られた時は、葛藤《かっとう》があると思います。

「宗教家だから、死刑を認めるべきではない」と言う人もいますが、そうは思いません。結局、自分の心に従って判断するしかありませんが、人の命を深く考えれば考えるほど、悩みは深まります。

私は普段、檀家《だんか》さんの悩みを親身になって聞きます。しかし、裁判はちょっと違う。法廷でのやりとりを中立の立場で聴かないといけない。職業裁判官でない素人の私ができるのか、不安ですね。

⑦臨床心理士の女性（46）＝埼玉県
裁判員候補者に選ばれたという通知を受けて以来、ニュースになる事件や裁判を見聞きすると、「自分だったら、どう判断するだろうか」と考えるようになりました。

とりわけ、子どもの相談にのる臨床心理士の仕事をしているので、発達障害や精神障害のからむ事件は、自分にとっては悩ましい問題になると思います。仕事で少年院を訪れたことがあり、施設内には発達障害などの診断を受けている子どももいました。もし裁判員になり、少年事件にかかわった場合、こうした経験や知識が頭をかすめると思います。一般の人が「ひどい被告だ」と感じても、別の見方をしてしまうかもしれません。

一般人としての自分と、職業上の自分との、どちらに重きを置けばいいのか、簡単に分けられないだけに悩むところです。医師など他の専門分野の人がどう考えているのか、ぜひ知りたいと思っています。

⑧大学教授の男性（60）＝東京都
東京に家族を残して、静岡の研究機関に単身赴任中です。候補者通知は東京地裁から受け取りました。何とか休みを取って新幹線で出向くつもりですが、6～7月は学生の実習が入るので、調査票に「この時期は難しい」と書いて返送してあります。

東京地裁には10年前までよく通っていました。住んでいた地域の騒音問題で国相手に行政訴訟を起こしていたからです。時間は長くかかるし、法廷はセレモニー。司法への不信感が募りました。

行政訴訟の結論が公権力に有利なのを見ると「刑事裁判では検察側に有利になっているのだろうな」と想像します。裁判員制度で、そんな実態が少しは変わるのではないか、と期待しています。

一般市民が真摯《しんし》に見れば、冤罪も少なくなるでしょう。いずれは行政訴訟も対象にすべきだと思います。市民が、公権力のありようをきちんとチェックできる仕組みづくりが必要です。

⑨株トレーダーの男性（54）＝東京都

東京の下町育ちで、「フーテンの寅さん」の生き方が目標です。他人の事をとやかく言ったり、裁いたりというのは、気が進まないですね。サラリーマン時代から同僚を説得して意見を通すタイプではないし、評議でも「まあ、いいじゃないか」「済んだことじゃない」という調子になりそうで、不安です。

候補者通知が来た時は「こんな自分でも選ばれるのか」と驚きました。相続をめぐる民事裁判の被告だった過去があるからです。裁判官は私の言い分に聞く耳を持たず、原告のうそを信じました。「金持ちや体制側ばかり守る事なかれ主義」と感じました。裁判員制度がそんな司法を変えるきっかけになれば、と期待します。

⑩ライターの男性（42）＝福岡県

社会のルールを守らないのは嫌いなんです。たばこのポイ捨ても見ると腹が立つ。ましてや重大な法律違反をしている人間に厳しい罰が下るのは「それは君、仕方がないよ」という感じ。自分が裁判員になったら被告には厳しい態度で臨むと思います。

法律にはまったくの素人です。「なぜよりによって自分が」と裁判員の候補者に選ばれたのを恨みました。そもそも法律のプロがちゃんと裁判をやっていれば、一般の市民の参加なんて話にはならなかっただろうし、制度の意義も理解しがたい。できれば参加したくないという気持ちは今も変わりません。

＊記事の掲載日付は下記の通り（いずれも『朝日新聞』2009年）。
①編集者兼ライターの女性（47）＝5月1日朝刊第2社会面
②婦人服店経営の男性（60）、⑥僧侶の男性（54）、⑦臨床心理士の女性（46）＝4月21日朝刊第1社会面
③無職の女性（66）＝5月4日朝刊第2社会面
④会社経営の男性（44）＝4月26日朝刊第2社会面
⑤自営業の男性（62）＝4月27日朝刊第2社会面
⑧大学教授の男性（60）＝4月25日朝刊第2社会面
⑨株トレーダーの男性（54）＝5月2日朝刊第2社会面
⑩ライターの男性（42）＝5月8日朝刊第2社会面」

これもさっき藤田さんが紹介されていた模擬裁判のうちの一つを紹介したもので、「裁判官の誘導が問題に」という記事です（資料2、3）。

これは三年前にさいたま地裁でやっていた模擬裁判です。模擬裁判の記録は研究者とか法曹関係者にしか共有されてなくて、なかなか普通は明らかにならないんですが、この時はたまたま中身が全部分かって、さらにその最高裁でも問題になるぐらい、裁判官が有罪方向に誘導していて問題だという話だったんです。ここでご紹介したいのはその時の裁判員の話なんですね。

朝日新聞
2007年（平成19年）4月10日 火曜日
# 裁判官の誘導 問題に
## 模擬裁判で浮上 証言信用性、白黒迫る
裁判員時代
## 最高裁、ルール整備

2面 きょうがわかる 成立見えてきた国民投票法案
3面 あしたを考える 文科相から教委へ「指示」権限、効果は
社会 ヘリ墜落、乗客ら3人大けが
社会 電気乾燥機の事故200件以上
経済 iPod、5年半で1億台突破
政治 石原知事、情報公開従来通り
国際 イラン核能力「産業規模」宣言
選挙 民主党、足腰強化へ足がかり

資料2 （『朝日新聞』2007年4月10日朝刊1面）

ある意味、健全な市民感覚とは何かを考える上で、この裁判員Aさんという六〇歳ぐらいの男性は、やっぱり裁判官は裁判員を納得させようというんじゃなくて、自分たちと同じ意見にすることを強制していると感じたんですね。あとBさんというのは二〇歳ぐらいの女性だったんですけども、疑わしきは被告

資料3　模擬裁判で裁判員を務めた人の話

・「裁判員A」の話

裁判官は「証人はうそをつく必要はない」と言うが、私は自衛官が警察官や被害者に何か役に立つ情報を言えたらという気持ちでいたことも考えられるのではないかと指摘した。ところが放置され、それで私は黙ってしまった。裁判官3人が同じ考えなら、裁判員2人を取り込めばいい。裁判官は、意見を変えた人になぜかとは聞かなかった。「裁判員に納得させよう」ではなく、評決が自分たちと同じになるように、というのが見え見えのように感じた。

・「裁判員B」の話

「疑わしきは被告人の利益に」という原則を意識していたが、有罪に一票を投じた。「殴ったと考えるのが自然」という裁判長に影響されたと思う。今考えると、こづいただけの可能性もないことはなく、疑わしい点は残り、無罪かなという気もする。裁判官は論点を順序立てて評議を進めたがり、裁判員は論点同士を並列して話したがった。裁判官が修正すると裁判員たちは納得いかないという状況が多く、それが不信感を強めていったように思う。

人の利益にという原則を意識しようとしていたけども、やっぱり裁判長に影響されて有罪に投じてしまったというようなことを言っていました。これは一つの例です。

「健全な社会常識」の対義語としては「世間知らずの裁判官」というのがあって、裁判官は世間知らずだからやっぱりその裁判に常識を入れなきゃいかんということです。これは、よくある決まり文句なんですけど。では世間とは何かというと、それは多数者とか、多数者といっても抽象的なんですけど——、ある時はメディアに代表されるような、大衆迎合的——というのは私がいうにはあれですけど——感覚であるとか、圧力団体とかいろいろあると思うんですけど、結局司法というのは、ある意味単純な民主主義だったら解決できない、少数者を守る装置でもあるわけですが、健全な常識と無前提にいった場合、多数者の論理になる恐れもあるということに留意しておかないといけないと思います。もう一つの解釈としては、健全な常識というのは結局専門家でない人たちが討議をすることによって見出していくものではないかという解釈があります。それはさっきも藤田さんがご紹介された、個人の問題も評議によってある程度修正されるというところと通底すると思うんですけども。それはキャッチフレーズというか、まとめていえば、やっぱり「裁判官という専門家の自明性を問い直す」ということになると思います。裁判官が当たり前だと思っているようなことに対して、「なぜそうなんですか」と、「本当に自明なんですか」と問い直していくことが重要じゃないかと、私は思っています。

だから、裁判員制度が導入されるとこれまで論理が支配していた裁判のなかに感情が持ち込まれるんじゃないかとかの議論をよく聞くんですが、(これは問題提起だけに留めておきたいんですけれども)本当にこれまでの裁判で論理が優先されてきたのかという問題、あるいはその論理というのは一義的かという問題があります。さらに、その論理というのはこれまでプロの裁判官が操ってきたものだという前提の議論でもあるんですけども。そもそも、今年〔二〇一〇年〕四月二七日だったと思うんですが、最高裁が、大阪高裁で出された死刑判決を破棄して一審の大阪地裁に審議を差し戻すというかなり衝撃的な判決があって、このなかでも五人の裁判官のなかで意見が真っ二つに割れましたね(これは後でちょっと詳しく触れますけども)。「合理的疑いを差し挟まない程度に有罪」というのはどういうことかという理屈の世界が、つまり、最高裁の裁判官のなかでも論理というのがはたして一義的だと言えるのかという問題が生じたわけです。あとは逆に、感情というのは一律に排斥されるべきものなのかという問題もあります。法の世界で感情というものは、もちろん全部が感情になるとまずいんですけども、感情によって基礎づけられている部分もあるかも知れないということなんです。

特に判定の問題を考える時に、二つの局面があるということをまず念頭においていただく必要があります。一つは事実認定です。有罪か無罪かということを判断する局面です。二つ目はそれが有罪だとして刑の重さ、適正な刑の重さはどれぐらいだろうかという、量刑の判定の問題ですね。この二つがある。ご存じのように、例えばアメリカの場合ですと、陪審は事実認定だけをして量刑は裁判官がやる、死刑事件の場合はその陪審も意見を言いますけれども、基本的には裁判官が量刑についての最初の判断をする。だから、無作為に選ばれた市民が司法参加して事実認定と量刑を両方やるというのは、日本に非常に特徴的なわけです。しかも、前川さんはじめいろんな方にご関心があると思うんですけど、被害者参加の問題というのとその判定の問題を考える時に、事実認定の段階から被害者が参加するということがはたして適当なのか。つまり、被害感情というのは量刑を判断する上で重要な要素になると思うんですけど、有罪か無罪かを争っている段階から被害者が参加してこの人を罰してくださいと言うのは、事実認定に非常にマイナスになるんじゃないかということも指摘しておきたいと思います。

それから、今度は感情の話からはちょっと離れるんですけど、印象の優劣による判定という傾向が裁判員裁判にはもちろんあって、検察官のプレゼンが判定者に与える印象と、弁護人のプレゼンが判定者に与える印象と、このどっちが説得力があるかというので判定されがちです。しかし、そもそも刑事裁判というのは本来、検察官の立証が百点満点なのかどうかと、そこに少しでも合理的な疑いを差し挟む余地があれば、それは無罪にせざるを得ないわけで、さっき藤田さんが紹介された研究のワーディングでいうと、証拠の優劣に、ある意味比べられるような優劣で判定されがちになっていることが問題でもあるということですね。さらにプレゼンの資源の不均衡という問題があります。これは例えば、適切な量刑はどのぐらいかと議論するときに、弁護側は量刑データベースにアクセスできるんですけども、自前で資料を照合することができないんです。そもそも判決自体が、すべてを照合して自前で量刑の比較をしないと本当は書けないと思うんですけど、その手段になる判決自体がちゃんと公開されていないという問題があります。

さっき触れた最高裁の動きというのは、裁判員裁判とあまり関係ないじゃないかと思われるかも知れませんけども、実は非常に関係があって、最高裁が事実認定の誤りを理由に刑事事件の判決で高裁の有罪判決を破棄したのは、一九九〇年代と二〇〇〇年代の前半は全然なかったんですね、全くなかった。これはさっきご紹介した「GLOBE」の去年〔二〇〇九〕の一一月の記事に書いたんですけれども、表に出てきてるのは二〇〇七年、第一小法廷で有罪を破棄すべきだという少数意見が出て、二〇〇九年には防衛医大の教授の痴漢事件、皆さんご存じだと思うんですけど、それで逆転無罪判決が出た。今年〔二〇一〇年〕四月にさらに高裁の死刑判決に対しても第三法廷で破棄判決が出た。

この近年の最高裁の動きは何かというと、やっぱり裁判員時代になって裁判員がした事実認定を、おおむね全体的な流れとしては、裁判員にせっかく入ってもらったんだからそれを尊重しようと、事実認定についても量刑についても尊重しよう、というのが大きな流れなんです。でも、果たして最後の砦とされる最高裁がちゃんとチェックしないで、裁判員がもし冤罪の方向で判断してしまった時、それを救済できなくていいのかという問題意識がある。そういう問題意識があって、八海事件の「まだ最高裁がある」[*4]じゃないですけども、そういうところに道を開いておいてもいいんじゃないかという考えが、この動きの背景にあるわけです。

細かい話で恐縮なんですけども、さっきの死刑判決を破棄した第三小法廷というのは、プロの裁判官出身の堀籠さんという人がいるんですけども、あとはまあみな刑事裁判とは直接関係ない人たちです。田原さんというのは倒産法の弁護士なんですけど、元々は刑事事件にすごい詳しい方で、もちろん素人じゃないんですけど、刑事裁判官以外という意味では（裁判員になぞらえるのはちょ

＊4
八海事件　一九五一年、山口県麻郷村（現・田布施町）の八海地区で老夫婦が殺害された強盗殺人事件。阿藤周平さん（二〇一一年死去）ら四人が逮捕された。阿藤さんは一審で死刑判決を受け、獄中から手紙で正木ひろし弁護士らに無実を訴えた。正木氏の著書をもとにした映画『真昼の暗黒』のラストシーンで、阿藤さんをモデルにした男性が「まだ最高裁がある！」と叫ぶ。阿藤さんは死刑判決を三度受けたが、六八年の最高裁判決で、一七年ぶりにようやく無罪が確定した。

っと適当ではないかもしれないんですが）、かなり「裁判員的」な小法廷というか構成になっているんですね。で、今回の判決は刑事裁判の原則に非常に忠実な判断をしている。かなり被告人は怪しいというか、犯行当時に何をしていたのか積極的に全く何もいえないとか、いろいろ被害者といきさつがあったとか、怪しい点はもちろんあるんですけども、ただ直接証拠がなくて、かなり遠い状況証拠だけで判決したというんですね。それを破棄した。これに対して唯一反対意見を書いたのが、プロの刑事裁判官出身者の堀籠氏であるというところが逆説的に面白い。そういう堅いことを言うな、裁判員制度も始まって健全な社会常識と言っているじゃないか、そんな時に裁判官がいいって言えばいいんだ、すごく雑駁にいうと、そういうことを言っています。裁判員というのはやっぱり国民だから、裁判官がこれまで形成してきた事実認定の手法をそのまま押し付けるのはやめようじゃないかということです。これは、その通りだと思うんです。ただその先に行くと、多数意見のほうがかなり厳しく検察の立証をチェックしようというのに対して、そういうことを言うのは、先に述べたような趣旨で裁判員裁判が実施されたんだから相当じゃない、と彼は言っている。とりあえずこのようにして、刑事裁判官出身の堀籠さんという人は反対なさったということですね。

これで最高裁の話は終わりで、そろそろ時間がなくなってきて申し訳ないんですけども、本題のメディアの話に戻ると、事件報道というのは、そもそも暫定的なもので、裁判が始まる前、さっき公判前報道ということをおっしゃっていましたが[*5]、裁判が始まる前でも、ある事件が発生して被疑者が逮捕されたり起訴されたりしている時点で、いかに迅速に社会に状況を伝えるかは重要です。だから事件報道は決して究極的、最終的なものではありえない。暫定的なものであるわけです。ただ、その段階であまりにも被疑者が犯人であるような、こいつは悪いやつだと、こんなに悪いやつだと、いわゆるプロフィール報道をしたり、この犯行時にここで目撃されたといった目撃証言の報

＊5　七八―七九頁参照。

道をしたりとか、いろいろなことを先を競って書くと、社会全体がこの人は有罪、犯人だという認識で凝り固まっていくわけですね。といっても、新聞社としてもちろん、この人が犯人ですと判定するような記事はさすがに書かない。ただ、その判定が明示されてなくても、読者がその判定をメッセージとして受け取ってしまうのであれば、やっぱり問題であるということで、特に裁判員制度が導入されるときに、そういう構図は問題になりました。

こうしたメディアの影響は、裁判員にだけじゃなく、さっき藤田さんがおっしゃっていた、裁判官自体にだってあるわけです。裁判官だって、世論がこいつが犯人だと、凶悪事件よりもむしろ経済事件の方が多いかもしれないんですけど、例えばリクルート事件[*6]とかオウム事件[*7]とかだっていい例だと思うんですけども、とにかく世論的にこれで無罪とか出したら裁判官がバッシングされるのではないかというような時はですね、裁判官だって考えるわけですよ。そういう意味では、メディアの問題は、裁判員制度特有というよりは、裁判員制度をきっかけにまた考えられるようになった問題の一つなんです。

で、事件報道と刑事裁判というのは、共通する面もあるし、さっき言ったように、暫定的にとにかく早く示さなきゃいけないからという点もある。それから裁判自体が適正かどうかチェックするという緊張関係もあり、やはり事件報道をする上では刑事裁判のルールというものをもうちょっと考えた方がいいというのが、私の個人的な意見ではあるんです。ただその際にどうするかというと、事件報道によって犯人視という偏見を与えかねない、裁判官なり裁判員なり（主には裁判員ですけども）、判定者に対して。だから偏見報道というのをいっさい禁止しろっていう意見があって、それは制度導入の論議のときもかなり議論されたんです。でも結局は、メディアの自主ルールに任せましょうということに落ち着いたわけです。自主ルールというのは何かというと、犯人視報

＊6 リクルートのグループ企業「リクルートコスモス」の未公開株が政財官界にばらまかれた事件。政界、旧労働・文部両省、NTTの四ルートにまたがり、政治家二人を含む計一二人が起訴され、いずれも執行猶予付きの有罪判決が確定。元会長の審理は、検察・弁護側双方で百人以上の証人が出廷し、詳細な証拠調べが行われたため、裁判は一三年以上に及び、三二二回を数えた。

＊7 一九九五年から一六年余に及んだ刑事裁判で、元代表の松本智津夫（麻原彰晃）死刑囚ら元幹部一三人が死刑になった。ほかに、五人の無期懲役が確定している。

道をしないということを徹底するということです。これは今までもやっていたんですけど、もっと徹底しようと。それから、これまでメディアというのは警察情報を垂れ流しているのではないかという批判を受け、実際そういう面もあったわけですね。この情報は捜査機関から出たものであるという情報源をはっきりさせるということを今まで各新聞はやってきたわけです。それはすごく意味があることなんですけども、捜査機関への取材で分かったとか、何とか署への取材で分かったとか、何とか署の幹部によるとか、ソースが示されていても、これは何で明示するのかという趣旨を忘れると、たちまち権威づけの装置にもなりかねない。これは警察が言ってるんだから正しいんだよっていうふうに受け取る読者もいるわけですね。だからそういうことをどうやって防いでいくかというのは、これからも考えなくてはいけないと思っているわけです。

それから、そもそもこうした報道の仕方が何で警察寄りかというと、これは余談なんですけど、やっぱり今の新聞記者の養成システムというのがあって、必ず一年目には、地方の支局に配属されて、警察回りから取材生活をスタートする、別に市役所回りからでも町のニュースを書く仕事からスタートしてもいいはずなんですけども、やっぱりなんか警察取材からはじめる。そうするとどうしても、皆が皆というわけじゃないんですけども、捜査機関にフレンドリーなマインドを持つ記者が増えるというのはしょうがないと思うんですね。しょうがないというか、そういう流れが自然でしょう。だから、そういう記者養成システムから考え直していかないといけないのではないかと思ってます。

最後にまとめとして、判定を実質化するということについて、最初に「精密司法」から「核心司法」へというお話をしましたけれども、その核心を突く判定をするためにはどうすればいいかというと、実は参加の実質化というのが必要だろうと思うわけです。では参加の実質化というのは何かというと、評議というプロセスで、法廷で一方的に受け取った情報だけで判定するのか、それともその受け取った情報に対して自分なりに加工・消化して判定するのかということです。だから仮にコンピューターのファイルの書き込みに例えると、リードオンリーなのか、リード&ライトなのかということだと思うんです。そのリード（読む）をするのは事件報道であり、後半に入ってからは当事者、つまり検察官や弁護人のプレゼンテーションで見る裁判官の説示である。そういうところをただ重要視するだけじゃなく、裁判員には実は法廷で質問する権利がちゃんと裁判員法[*8]に定められていますので、裁判員が分かんないところは、法廷で質問すべきだと思うんですね。さっきの日弁連の映画[*9]はもちろん、全体があんなに短いなかでよくできてると思うんですけど、私が不満なのは、疑問があるなら法廷で解決しろという点です。そうしないで、密室で話し合われていても、当事者にとっては反証可能性がなくなっちゃうわけですね。検察官はあの場合はあの議論を聞いてたら、「そんなことはない」、「それだったらこういう証拠がある」とか、「こういう解釈がある」とか言いたいはずです。逆にその有罪方向の推定をしている議論が評議でされているとしたら、弁護人も反証したいはずですよね。それをその、評議を全部公開しろというわけじゃないんですけども、判定者がどういう過程で判定しているのかという過程を、もっと透明化して、ちょっと雑駁な言葉だと「公開討論会化」する必要があると私は思っていて、そのためにはやっぱり質問権をもっと活発に使うべきだと思うんです。これはただ証人尋問の時にだけじゃなくて、例えば弁論においてもですね。例えば「この人には死刑が相当である」とか、「この人には懲役何年が相当である」とか、「なぜなら量刑データベースからこういうグラフがあってこの辺にこの事件は位置するからだ」とか聞いたときにも、「何でそれで死刑なんですか」、「死刑はやり過ぎじゃないですか」というようなことも、裁判員は検察官に聞くべきだし、そこで実態的な議論がある程度できれば、判定とい

＊8 裁判員の参加する刑事裁判に関する法律。裁判員の選任方法、裁判員の参加する裁判の手続き、評議のあり方などについて定めている。

＊9 六一頁参照。

うのも実質的になるんじゃないでしょうか。それがないと、どっちのストーリーやプレゼンが勝ったかというような、印象による判定に陥りがちじゃないかというのが、私の懸念ですね。

あとはちょっと余談になるかもしれませんが、裁判官の説示の問題について触れておきます。裁判官が裁判員にどういう解説をするか、例えば最高裁の映画の一場面で、殺意の有無というのを解説するのに、一〇階から突き落としたら殺意があるでしょ、一階のベランダから突き落としたんならまあないですよね、じゃあこの場合は何階なんでしょうみたいな、そういう比喩を用いて、裁判官が説明するシーンがあるんですけども、こういう専門的概念の日常用語への翻訳というのは果たして適切なのかというのを、評議の密室の場だけじゃなくて、もっとオープンな討論にさらした上で最終的な判定がなされるべきではないかというようなことも考えました。だから最後に言いたいのは、判定の実質化というのは、結局、参加の実質化と限りなくイコールに近いのではないかということです。ちょっと駆け足で申し訳なかったですけども、以上でございます。

# 討議　裁判員制度における〈判定〉をめぐって

藤田政博×堀田秀吾×山口　進

前川　よろしいでしょうか。私が聞いていてもそう思うのですが、フロアの方には専門用語も多いし、情報源が多いのでなかなか聞きづらかったかもしれません。とりあえず、私が司会なのでまず話を振る形で切り出したいのですが、山口さんのお話のなかに出てきたように、いわゆるこういうセッションというかシンポジウムをやると裁判員制度の成り立ちをめぐる様々な批判というのが必ず出てきますよね。例えば、あえていえば、この裁判員制度に関する法案は、小泉内閣のときの司法制度改革推進本部が提出した法案であり、いかにも新自由主義的な側面を帯びているとかという批判もあります。また、この裁判員制度というのは、参審制と陪審制というものが入り混じった制度、いわば鵺《ぬえ》的な制度とよく言われるんですが、いったいなぜこのような制度が成立したのかにも奇妙な点があるという指摘もあります。お二人、堀田さんと藤田さんは、おそらくその制度構築の検討ということを外部から参加して研究をされている。いわば制度のなかにかかわって研究されていると思うんです。

　もうひとつ、さらにそういう制度が立ち上がる時に、よくいう市民の感覚とか社会的常識とか市民目線とかいう言い方がされるんですが、さっきお話で何度も出てきたんですが、基本的に評議は、先の映画のように[*1]表現すると、いかにも外部のひとたちが皆見ているように思われそうですが、完全にそれは密室化していますよね。多数決で何対何だったとかという経緯も全く公表してはならないそうです。また、さらに市民の参加とい

＊1　六一頁参照。

う問題に関していえば、今の裁判員裁判の法廷についての報道を見ると、さっき紹介した「むかつく」という記事[*2]ではないですけれど、単に被告人を罵倒したり、あなたそんなことして恥ずかしくないですかみたいな質問ならぬ質問をしたり、単なる感情の発露みたいな言葉が多い。だからそこに本来的には公開の場で市民の常識とか市民的感覚というものがあるのだったら出てくるべきで、それが本来の裁判員制度の実質化だと思うんですが、出てきていないのではないか。こうした問題については、まず藤田さんからお話というかご意見をうかがいたいんですけれども。

**藤田**　そうですね。制度論のことですね。新自由主義、市民参加万歳というか、そういうのってどうなのっていうことだと思うんですけど、確かに裁判員制度は小泉首相の時に法律は成立しており、彼がそういうことを推進したと言われているために、裁判員制度もそれと結びつけて論じようとする言説があることは承知しております。つまり、自己責任じゃないですけれども、そういう形の経済改革というか制度変化を推し進めた時に導入されたので、裁判員制度もそういう動きのなかに位置づけられて理解されることも結構あると思うんです。けれども、司法制度改革自体の検討が始まったのは小渕内閣の時で、司法制度改革というのは、橋本内閣の行政改革でやり残した国の制度の改革の最後の部分として始まったもので、そういう文脈からいっても、完成した時期がたまたま小泉内閣の時だったということで裁判員制度は新自由主義的であるという批判は、そういう流れをあまり見ていないなという感じもします。その司法制度改革の検討が始まったときには裁判員制度は影も形もありませんでしたし、それだけではなくてまさかこんな市民参加制度が実際に導入されることになると予想できた人はあまりいなかったでしょうから、裁判員制度についてのそのような批判というのは、司法制度改革の議論の過程についてどのくらい把握した上での議論なのかなとも思います。

裁判員制度に関する議論だけではなくて、日本

＊2
六一頁参照。

藤田政博

において陪審制度が導入されてその後停止されたという経緯について考えてみても、陪審制度が導入されるべきかどうかという議論は明治になるかならない頃から、日本人は考えていたという記録があるのですが、そういう歴史の文脈あるいは昔にされていた議論をあんまり見ないでされている議論を今よく見ます。

裁判員制度は鵺《ぬえ》的というか、陪審制度を導入することを徹底した解決ではないし、これまで通りの官僚裁判を貫くわけでもないし、なんとも言えない制度だという批判ですけども、それはそもそも法律というものが、それぞれの時代における政権、広義では政権党ですね、それと野党との駆引きや交渉のなかで決まっていくものなので、最終的に出来上がる制度に妥協という要素が入るのは現在の、国における意思決定の制度では仕方ないものですし、それは裁判員法についてだけあてはまるものではないと考えています。

**山口**　そうですね、私がさっき申し上げたこととちょっとかぶるんですけど、その新自由主義――新自由主義の定義もなかなか難しいと思いますが――と裁判員制度とは直結するわけではないわけで、それは藤田さんのおっしゃるとおりだと思います。ただし結びつくところがあるとすれば、小さな政府とか官僚依存からの脱却とか参加の促進というキーワードでしょうか。新自由主義とだけ適合的なわけではなく、その時代の雰囲気のなかで最終的に――別に小泉内閣時代に最終的な決断がされたわけではないので、小泉元首相と結びつけるのはどうかと思うんです――、大きな流れでいうと、事前規制から事後チェックで、司法の役割も拡大を求めるという文脈のなかで裁判員制度も生まれてきた。長い間陪審員制が中止されたままだったところに、こういうものが実現したというのは、そういう時代の文脈はあるといえばある。ただ、だからといって、これは新自由主義だけを体現しているというものでもないと。そういう整理になると思います。

それから、まず鵺《ぬえ》的なのはさっきの導入の経緯でもお話したように、同床異夢のものが集まって、これはそもそも量刑まで市民参加であるというのはかなり瓢箪から駒みたいなところがあって、そもそも陪審派の人が、分かりやすくいうと弁護士会方面の人たちが、アメリカの陪審と同様に事実認定だけやってもらえばいいんじゃないかという考え方だったんですけれども、そこにですね、市民の感覚をそんなに入れるんだったら、量刑までやらせればいいじゃないかという挑発をある委員が司法制度改革審議会でしまして、そうしたら、陪審派だったはずのある委員が、その挑発に乗って、まあそれでいいんじゃないの、みたいなことになって、量刑もやることになった。ここは実はかなりアクシデンタルなものだったりもしたんですけども、それでいろいろな同床異夢とか偶然とかそういうことが積み重なって今日を迎えていると、そういうことのようです。

**前川**　裁判員裁判の事実認定についてもうかがいたいと思います。事実認定に関して、教示という説明があるけれども、そうした説明があるとしても、それはそもそも時間が短か過ぎる。これまで数ヶ月かけていたものを三日間でやる、そのために資料とか証拠が全部制限されて編集されて切り詰められて、分かりやすくして裁判をする。つまり、法廷の表の部分ではそこそこの言葉しか言わずに、あとは評議の部屋に行くわけです。で、説明を短時間で受ける。そもそも、事実認定というのは、僕も法科大学院の学生ではないので全然分からないですけれども、かなりの修練がいる問題ですよね。たぶんそういう知識をもたず、急にいわれてそれを認定できるのかという疑問はあるんですね。

　このことに関連して、模擬裁判[*3]を見聞きされておられる堀田さんには、この裁判員制度を準備している時、裁判官と裁判員のバランスだとか、その評議の形式というのがどういうものだったのか、どういう批判が内部であったのかという実態についてもうちょっとお話をしていただきたいんですけれども。また、先に言いましたように、裁判員制度が、裁判の工程が切り詰められた結果、形式化しているのではないかというお話に関して

＊3　八三頁参照。

は、山口さんと藤田さんにお答えいただきたいのですが。模擬評議とかの実際の経緯とかに、どのような変化があったのかについて、お話やご意見をいただけますか。

**堀田**　どのように変化してきたか。私は言語学が専門で、コミュニケーションみたいなことやっていますので、どういうふうにコミュニケーション・スタイルが変わってきたかということからお話したいと思います。模擬裁判開始当初は裁判官、特に裁判長が中心になって説得があった。基本的に先生と生徒みたいな立場になっていろいろ、手取り足取り教えながらやった結果、もう裁判長の一人舞台になってしまったというところがあって、市民の感覚が絶対活かせないような場になっていたんじゃないかという批判があったわけですね。それを受けてもっと市民に喋らそうということで、市民に自由に喋らせるようになったんですけど。そしたら今度は論点が全然まとまらないで、皆好き勝手なことを話し始めて、犯罪を認定するにも刑事法のなかで培われ、構築されてきた認定方法というのを、無視して検討するようになって、非常に判断が厳しくなったということがあった。弁護士会の方は最初自由に話させろ話させろと言っていたのですけど、もうちょっと統制してくれという話になり、一方で、裁判長たちが話をし過ぎたということが新聞に出たこともあって、裁判官は黙ってしまった。このように右に行ったり左に行ったりしながら、最終的には、最高裁の指針なんかみても、裁判官はちゃんと言うべきことは言え、ちゃんと述べるところは述べなさい、両者の協働がやはり大事なんだということで、聞き役に回るのではなく、積極的に話すところは話しなさいという方向に落ち着いた。実際二〇〇七、八年以降の模擬裁判は比較的そういう形でうまくいっていると思います。

堀田秀吾

　そうしたなかで、先ほど単なる形骸化していったじゃないかというお話ですが、いろんな人の話を聞いているとですね、市民の感覚が本当に活かされてるかどうかということについては、これまで出た判決を見てみると、性犯罪などでは厳罰化がされているという傾向があって、そういう意味では市民の感覚が活きてきているんじゃないかという評価になっていると思います。私自身が判決文の分析を、例えば強盗致傷なんかを中心にやっているんですけど、そういうのを見てみると、例えば「同情」、「更生」、人格、「同情する余地がある」とか、「更生の機会可能性期待」、あるいは「被告人の罪の自覚」といった言葉が、裁判員裁判施行前と施行後を比較すると、施行後のほうが非常に顕著に出てきている。つまり、こういった気持のところとか、更生の可能性とかをしっかり見るようになってきて、これは市民の感覚のように私は感じているんです。少なくともデータではそのように出ている。

後ですね、判断の基準ですけど、これまでは検察官が求刑、こうだからこうしようとかの判断基準がほとんど判決文に出てきていなかったんですけど、裁判員裁判施行後の判決文では、裁判官の求刑より一年差し引いてこういう形にしたとか、検察官の求刑内容に言及した判決文がちょくちょく見られるようになってきました。判断基準として検察官の求刑内容に触れるというのは、従来はなかったパターンではないかと思われるので、そういう意味ではこういうところにも市民の感覚として現われてきているのかなという感じがしています。

**藤田**　ありがとうございます。裁判員が参加する裁判、形式化というか形骸化しているんじゃないかといったお話と、それからそれと関連して、裁判のうち裁判所で皆が集う公判だとかが三日間で終わって、それでいいのかっていうお話なんですけども、裁判は公判で皆が集まっている時間とそれ以外の準備の時間がありまして、これまで刑事裁判が長くかかると言われていたのはその準備の時間です。特にオウム関連の事件ではすごく時間が長くかかっている。というのも、あの事件は公判自体が長いといえば長いですが、一〇年間毎日裁判所へ皆が通いつめて会っているかというとそんなことはなくて、ほとんどの時間は準備です。裁判員裁判では準備の時間を、前にまとめてやろうという、公判前整理手続きを行なうことになります。その公判前整理手続きは必ずしも裁判員制度特有のものではないんですけど、公判前整理手続きをうまく使って準備はまとめてやって、いちばん最後に皆が集う公判というのを三日間で終わらせるというもので、裁判にかかっている時間そのものからすると、むしろ若干長くなった可能性もあるということです。その時に争点の絞込みが行なわれていて、三日間で終わるように、あるいは数日間で終わるように、皆が集まった日にどういうことを争点にするのかの調整が行なわれることはもちろんあります。それによって争点がしぼれることがありまして、それで裁判にかかる時間が短くなる、と同時に裁判の中身が減っているんじゃないかという危惧ももちろんあり、実際にそうかも知れません。でもそれにはもちろん裁判官の判断、つまりどこまで争点を入れて、どこからは入れないかという判断が加わっていますので、可能な限り本質的な争点は残しておいて、そうでないところは事前に決着をつけておくという、そういう方針で臨まれているというふうに聞いています。

刑事裁判というと、私たちが想像するのは、本当はやったんだろう、殺すつもりはあったのか、というようなことを裁判所で皆で集まって議論しているような場面かと思うんですが、これまで行なわれてきた裁判では、検察官が立証したいと思う事実は、被告人の生い立ちから始まるわけですね。被告人は何年何月何日に何々県何々町の某所で生まれ、何々小学校に通い、お父さんとお母さんが小学校のときに不和で離婚し、お母さんのほうについていき、とかですね。彼が三五歳になった時にどこそこに行ってとか、そしてやっと事件の日の行動になる。そういうのを全部立証するわけですね。そうすると、書類が膨大なものになるのは当然のことでありまして、検察の関係者がいらっしゃると恐縮なんですけれども、事件の争点に関わらない無駄な立証と言うことができます。そういう無駄をカットされたということもあるので、これまでより短いから雑だと単純に言い切ることはできないです。ただし、これまでと比べて争点が減っているというのは困るので、争点の削り方によっては大事なところが落ちている可能性はあるのかもしれません。

それからですね、事実認定には技能を要するのに、それを知らない素人がやっていいのかというような危惧がある、ということなんですけども、技能として考えて事実認定はこれまで行なわれてきたありようでいいのかということについて、疑問がでてこないということはかえって不思議であります。例えば殺意の認定ということに関して、人間に向かって刃物を突き刺した、この時に殺すつもりだったのか、単に怪我させるつもりにすぎなかったのかということが問題になるわけですけども、その時に例えば、包丁を人に突き刺したときに、刃体部分が上を向いていたのか下を向いていたのか、上を向いていれば心臓がより危険な状態になるので殺意はあったという方向に認定すると判断されるのが一般的である。そういう感じで、これこれの要件を満たせば殺意ありという形で、要件‐効果的に、これこれの条件が揃えば殺意がありますと司法修習で教えられると（聞いた話ですけども）、そういう形で事実認定が行なわれてきた。しかし、これこれの条件が揃えば殺意ありといった条件判断をたくさん覚えて適用することが、事実認定として妥当なのか、疑問に付されなくていいのか。なぜなら、それが本当に行為者の内面を反映したものであるのか、経験的手法で検証されているかどうかよく分からないからです。これまで築かれてきた技能体系自体が批判的に検証されるべきであって、素人が入ることがそういう機会を作るんじゃないかと、そういうことを考えます。

**山口**　今、藤田さんがおっしゃったことと同じなんですけど、最後のところはですね、私がさっき裁判官の自明性を問い直すことに意味があると言った[*4]、まさにその部分で、実際問題として、なかなかそういうことを評議なり法廷の質問の場などでどれだけできるかっていうのは、具体的には難しいのかもしれないですけど、やはりそういう殺

＊4　一〇五頁参照。

意の認定の枠組み自体、殺意が焦点になっているその認定の枠組み自体、それってどうよってことですね。それを裁判員がもっと言っていくことで実質化されるということですね。

それから、さっきの堀田さんの話で検察の求刑に比べて差し引いてとか割り引いてとかという根拠が出てきたのが新しいということだったんですけれども、これまでもほとんどの場合、実際は検察官求刑の八掛け（八割）のだいたい数字を出すのが落ち着きどころだと、特に刑事裁判官、刑事事件が専門でない人が刑事をやるときには、本当にかなりそういう、自動的にと言うと怒られますけども、検察官が五年と求刑しているんだったら四年だしまあ良いだろうと、そういう暗黙の了解のもとに行なわれてたことがあったんですけども、それが言語化されて明示化されつつあるというのは、判定過程が透明化されるという意味では一歩前進なのではないかという気がします。

**前川**　ありがとうございました。そろそろフロアに振りたいと思います。この間のやりとりを聞いて質問があれば、ちょっと刺激してください。

山口　進

## フロアからの質問

**松谷**　神戸大学の人文学研究科大学教育支援プログラムの松谷です。僕は法制度というか裁判員制というのを全然よく分からなくてちょっとしか勉強してないんですが、今日の皆さんの発表のなかで、裁判員制度をきっかけに起こった変化だとか従来の裁判とかの落差とか、そうしたものは、なるほどなと思うのですが、でもやっぱり僕にとって難しいなという感を覚えました。僕は幸運にもまだ犯罪を犯してないんですが、できて一年経つそうした裁判員制度に伴って、犯罪というのは何か変化しているということはあるんでしょうか。

**前川**　統計を見ていると犯罪者は毎年減っていますよね。しかしそもそも裁判員制度関連の報道のなかで犯罪が減っているという報道ってあったんですか、山口さん。

**山口**　前川さんがご紹介の通り、『犯罪白書』によると、年々犯罪は減っていて、その凶悪犯罪もそんなに起きてないんですが、それが裁判員制度施行とどう関係あるのかという研究や記事については、よくわかんないですね。少なくともそういう研究には私は接したことがない。ただ、検察のなかにも、裁判員制度を推進しようという人たちと、従来の伝統的な検事の感覚から、こんなのやってらんねえよっていう人たちとがいるどいうのは未だにあってですね、その伝統的な方の検察官僚が三年ぐらい前に言っていたのは、裁判員制度で絶対に犯罪は減ると、素人に裁かれたらたまらないと皆思うからと、まあ冗談で言っていました。もちろん犯罪を犯す人がそこまで念頭に置いて思い止まるかというのは疑問ですが。あと、付け加えると、いま松谷さんがおっしゃったみたいに、自分がもちろん犯罪を犯していないんだけれども、犯すかもしれない、あるいは犯したと疑われる側に立つかもしれないっていう想像力を持つことは、裁判員時代にすごい大事なことだなと思って、今のお話を聞きました。

**堀田**　犯罪が変化したか。これはすごく記号論的な話と大雑把には結びつくと思うんですけど、強盗致傷と強盗事件の話がありますね。つまり、強盗致傷だと裁判員裁判になるんですけど、強盗事件だと裁判員裁判にならないんですよ。だから裁判員裁判にしたくないがために、従来だったら強盗致傷で立件した事件を、強盗事件として立件して、裁判員裁判を逃れるという傾向があるようなことが囁かれているんですよね。統計的に出ているかどうかは分からないですけど、そういうことが実際行なわれていると。こないだも性犯罪被害者から、裁判員裁判になってほしくないから罪名を変えて立件してもらったということがありました。同じ犯罪を違う名前、違うシンボル・記号をつけて出すというようなことが行なわれるようになってきたわけです。そういう意味では、犯罪が変化した、実質は変化してないのにそこにつけられるシンボルが変わってきているというような状況はある。犯罪が変わったといえるのかどうか、その辺を議論してみたら面白いかなと思うんですけれど。

**前川**　はい。さらにフロアからご質問ある方はどうぞ。

**佐藤守弘**　京都精華大の佐藤と申します。私は芸術学で写真のことをやっていまして、やはりいろいろ考えていたのは、私は傍聴にいったことはないのでもちろん分からないんですが、おそらく法廷の風景というものは、先ほどからおっしゃられている通り相当変わったと思うんですね。だから当然、それまでは完全にテクスチュアルにというか完全に言語で行なわれていたものがヴィジュアル化する。あるいは犯罪自体が一種のスペクタクルとして表象される。それに対して弁護側がどういうふうな手段をもっているか知らないけど、おそらくヴィジュアルなものに法廷自体が変わることっていうのは、どういった意味を持つんだろうと考えました。それともう一つはアナログとデジタルの問題があります。写真のことをやっていると、アナログとデジタルの問題というのがあって、やっぱりアナログ写真の時代には、写真の明証性というか、証拠能力というものが非常に信じられていたのに、デジタル時代になるとそういうものが揺らいでいく。そういった揺らいだ時期に、ちょうど非常にデジタルな機材とデジタルな液晶が出てきたということで、裁判自体が、あるいは犯罪自体がというのかな、犯罪の表象自体が変わっていっているという、この辺りを私はうまくまとめられないんですけど、何か裁判の風景が変わったことによって何か変わっていくということはあるのでしょうか。

**前川**　テクスチュアルなものがスペクタクル化し、ヴィジュアルなものになり、液晶画面でもいいですが、そういうものがどういう意味を持つのかという質問ですが。お答えできる方はいらっしゃいますか。

**佐藤**　おそらく、それまでは専門家の間で言葉によって行なわれていたものが非常に分かりやすくなる。新聞なんかで、裁判におけるやりすぎみたいなことって何回か新聞で報道されていますよね。映像を見せすぎてちょっと煽りすぎたっていうような。要するに、一時のテレビというか、昔のテレビの犯罪報道番組『ウィーク・エンダー』[*5]みたいになってしまっているんじゃないか。実際のところそのあたりが模索中なのか、落ち着いていくのか、どうなんでしょう。

**藤田**　左右からマイクをいただいてしまったので、行きがかり上お話いたします。テキストからヴィジュアルへ変化していくというご指摘はその通りで、もちろんこれまでも裁判の証拠に現場写真とか、再現写真とかそういうヴィジュアルなものはあったんですけど、もちろんそれはテキストに埋まっていたわけですよね。事件の書面にはずらずらずらっとテキストが書いてあって、そのなかに、警察官が捜査の時に撮った写真はこうです、ババババババッて何枚か載っている。それに対して今は、そもそも説明にはパワーポイントをつかい、それも単に、今日の私のスライドのように箇条書きがずらずらと並んでるわけではなくて、もっと上手な映像とか図解とかアニメーションとかを使ったヴィジュアルなものになっているという変化はですね、裁判で見せられることが、目で見て分かるものと化していると言えます。その問題とは何かということをちょっと考えますと、法律というのは、概念の包摂関係を議論しますよね。誰それがやった行為というのはこういうラベルが付けられていて、このラベルというのは、被告人の行為がどの構成要件に含まれるべきものなのかという概念の包摂関係を考えて、最終的には含まれるか含まれないかという形で判定するということになってますけど、目に見えるものというのは実際にはもっと曖昧で、いかようにもとれたり、言葉としてはどのようにもラベルを付けられたりするものなので、その変換を裁判員に期待するのはちょっと大変なのかなという気もいたします。従来であれば検察官が事前に、あらかじめラベル付けして、この行為にはこのラベルを当てはめるんですよという下準備の終わった言葉の塊を見せられていたのに、今はもっと曖昧な情報を見せられて、判断するという難しいことを迫られるのかもしれません。その分、裁判官が裁判員を方向づける余地が大きいだろうとも、ちょっとだけ

＊5　一九七五年から八四年まで日本テレビ系列で放映されたワイドショー番組。B級の犯罪事件をリポーターが視聴者の関心をひくべく面白く紹介していた。

思いますが。

**前川**　よろしいですか。

**佐藤**　ありがとうございます。だからそのテクストとヴィジュアルの関係が逆転するというのは、新聞や雑誌における挿絵と写真による報道の違いをめぐって昔よく言われたことですけど、再び、興味ある問題になってきていると思いました。

**前川**　次は司法写真の研究をされている橋本さん、よろしくお願いします。

**橋本**　愛知工科大学の橋本と申します。大変面白い話を聞かせていただいてありがとうございます。質問は二つありまして、まず一つは堀田先生におうかがいします。僕自身は今、司法写真の専門家ということでご紹介いただいたんですけども、主に法医学の歴史というものを研究しておりまして、とりわけ指紋とかの身元確認の歴史みたいなものを研究しています。その関係で特に一九世紀フランスを中心とする法医学の言説なんかをかなりたくさん読んでいるんですが、そこで語られてることというのは、しょっちゅう出てくる話でも、本当に証言とか証人とかがひたすら信用できないと、あいつらの言ってることは全然信用できないから、科学的な証拠っていうのが必要で、まあ指紋などが科学的に証明してくれるんだ、という議論になっていくわけです。けれども、証人が頼りないという話はそれこそローマ法の時代からあるような議論だと思うんです。とりわけ一九世紀以降そういった議論が強くなったのではないか。まあ一部であると思うんですけれど。ですから堀田先生の議論で、証言というか言葉というのが非常に曖昧なもので客観的なものでないというお話は非常によく分かったんですけれども、その上で堀田先生の議論は最終的にどこに向かおうとしてるのかをお聞きしたい。科学的じゃないからもっと客観的な言葉を使うべきなのだとおっしゃりたいのか、そもそもそうした言葉自体をあんまり使わないほうがいいんだという話になるのか、その点がちょっと分からなかったというのが一つあります。

けれどもそれは主にお聞きしたいことではなく

て、主にお聞きしたいのは、僕自身は裁判員制度というのは、市民が参加する裁判だというふうに言われてますけども、市民というのはあらかじめ存在するわけではなくて、裁判員制度に参加することによって、市民というのが出来上がって、市民の生成のプロセスに裁判員制度がなるんだろうと理解しているんです。その意味で、だから裁判になった時に、ふだんあまり市民じゃない——市民というものがどういうものかというのをとりあえず括弧に入れといて——、市民的じゃない人もそういうものになると、ちょっと市民的な言葉を使うようになったりするんだろうなと思うんですね。裁判官が裁判員になるということはないわけですけれども、仮にそういう極端な例があったとして、裁判官の人も裁判員になったとしたら、ちょっと市民っぽい言葉を使うようになるとか、そういうことがあるような気がするんです。その意味で、家族に関する言葉を裁判員は非常によく使うとご指摘なさったのはとても興味深く思いました。そうなると、お父さんとかお母さんとか奥さんとか、そういった要するに平均的な家庭のお父さんお母さんがいて、平和な家庭に育った市民というものに同一化して議論を進めるようになっていくと思うんですね。そういったものが市民であるというような形になっていく。ただ、そうだとすると、ちょっと偏見かもしれませんけど、犯罪を犯すような人というのはそういう平均的家庭に育ったような人でない人も多いかもしれないわけで、だからその平均的な市民というものが、あまりに平均的でない市民というものを裁くことによる危険性みたいなものが生まれたりしないのかなということを正直思いました。その点をお聞きしたいのですが。

**堀田**　いわゆる平均的な市民が、非平均的な市民を裁くことについて、どういうことをお聞きになりたいんでしたっけ。

**橋本**　というより、〔裁判員制度を通して〕市民になるという面もあるのかどうかということだけ。

**堀田**　それはうかがっていて、そういうこともあるだろうなと、私の方がすごく納得した部分というのもあるんですけど。言葉を発することによって、自分に対するプラシーボ効果というかなんというか、自分をそっち側に当てはめていくというのは当然あると思うんですよね。同化させていく、当然それはあると思います。家族語[*6]の話って、実は事件関係者の家族語の話なんで、必ずしも被告人だけではなくて、被害者も含めて関係をいろいろ見ながら考えていくという話なんです。平均的な市民が非平均的市民を裁いていく過程についてどう考えるかというご質問ですけど、すみません不勉強で、今この場で何かをコメントできることを思いつきません。

**橋本**　最初の質問で、結局、そういう言葉の分析でどこに向かっていこうとしているのかという質問については……。

**堀田**　どこに向かっていくのかという話ですね。私は分析屋なんで、今どうなっているかということを分析していて、政策提言というか、こうすべきだというのはほとんど言わないようにしてるんです。客観的でないものを信用するというのは市民の傾向であるという現状を把握したまでで私の分析は実際終わりなんで、これからどこへ行くかというのは、政策提言というか、そこに繋がっていくと思うので、ちょっと守備範囲じゃないなという部分がありまして、考えていなかったんです。いつもそのスタンスで言ってるんです。すみません、ほとんどお答えになってないです。

**檜垣**　大阪大学の檜垣と申します。簡潔に質問したいんですけど。私は大阪大学のデザイン・コミュニケーションセンターとかいろいろな仕事をやっておりまして、そこでよく問題になることがあり、それについてうかがいたいと思います。科学技術に関するコンセンサス会議[*7]ってありますよね。これは法廷と構造としてすごく似ていますよね。これも結局非専門家と専門家の話合いであって、科学技術は一部医療とか、遺伝子組換えとかの場合だと直接関わっているし、また別の側面の話ですと、なぜこんな大量の高速増殖炉をいろいろ使わなきゃならないんだみたいな話にも関わる

＊6　九〇頁参照。

＊7　社会的論争のある科学技術について、専門家と一般市民が参加して討議を行なう会議のこと。

から、ちょっと多岐にわたると思うんですけど、構造としてすごく似ている側面と、やっぱり違うという側面があると思うんですよね。そのコンセンサス会議みたいな感じのことと、この裁判員制度の問題っていうことの類似点と差異点みたいなところで考えていくとどうなのかをちょっとうかがいたい。また、コンセンサス会議とかということをいうとですね、結構標語的に出てくるのが、明日の生命の話ともちょっと関わるんですけども[*8]、倫理学が一種の法廷的モデル、まあこれはアガンベン[*9]という哲学者が言ってるのですが、法廷的な倫理学モデルであまりに語られすぎてきた、それは間違ってるんじゃないかみたいな話というのは当然出てくるわけですよ。コンセンサスという話はもちろん違う形で出てきますよね。ところが、やっぱり裁判員制度における問題というのは、矛盾があって、法廷でやっている人に対して法廷的モデルは間違っているんじゃないかと言っても、結局最後は法廷的に結論を下さなければならないわけで、それは前川さんが言っているような、なんかアリバイ作りなんじゃないのとか、これは医療の問題も同じだと思うんですけど、なんとなくこういうトリックでガス抜きをやってるんじゃないかという話と多分繋がってくると思うんです。要するに裁判員制度にはなにか根源的な矛盾があるんじゃないかなと思うのですが、その点どうお考えですか。

**前川**　藤田さんどうですか。

**藤田**　ご質問ありがとうございます。最初のご質問の科学技術に関するコンセンサス会議と構造が似ている、という問題ですけれども、それはおそらくおっしゃる通りで、同じような相似形の制度が世の中にはすごくたくさんあると思うんですよね。裁判員制度でもよく言われている協働というのがありますよね。これは昔から別に言われていたわけではなくて、私が聞くところによると、地方自治の組織を運営していくにあたって、政府側というか、地方政府側の人と地方の住民の人が共に加わって、様々な地方の問題に取り組んでいくっていう手法、というか治め方がいちばんうまく

＊8　第I部でのセッションのこと。

＊9　一九頁参照。

いくんじゃないかということで、「協働」が言われてきて、それがいろんなところに拡がっていったというふうに聞いています。それと裁判員制度も構造は同じで、科学技術に関するコンセンサス会議で指摘された状況と同じような状況あるのではないかなと思っています。ここから先はただの私の想像になるんですけど、ここまでずっと専門家が自分の専門のことをやってきて、専門家として知識や情報を蓄えてどんどんやっていく、ということになると市民から離れていく。そうなるともともと、例えば先ほどの地方自治なんていうところだと、本来的に市民が関わらなければいけないところでも市民からどんどん離れていっちゃってるんではないか。そういうことが反省されてきて、それでそういう専門家と素人が一緒に仕事をするっていう場面があちこちで出てきたんじゃないかなと、勝手に想像しています。そういう意味で科学技術に関するコンセンサス会議と裁判員制度は似ているし、地方自治も似ているし、その他専門家と素人が一緒にやっていこうという組織が、あちこち現在同時期に雨後の筍のようにできているという状況が生じているんじゃないかなと想像しています。こういう状況が出てきたのは、専門家は専門家としてこれまでがんばって仕事をしてきた結果なんだろうなというふうにも考えています。

異なる側面としては、科学技術に関するコンセンサス会議と違って、裁判員制度は裁判です、当たり前ですけれども。裁判というのは、裁判所という権力機構が権力を振るう場です。もちろんコンセンサス会議だって最終的に法律なんかになったりすると、それが規範として意味を持つんですけれども、裁判員は裁判所において裁判官と同じ役割を担うので、言ったことを直接被告人に強制することができる。嫌だって言うと、執行官（民事じゃないので執行官じゃないですけど）、廷吏や刑務官が出てきて嫌でも応でも強制力をもって牢屋に閉じ込めるための拘束などもできるという、そういう非常になんというか根源的な強い権力に直接関わっているところが違うんじゃないかと想像いたします。

もう一つ、法廷を安定したものとみなす法廷モデルは誤っているというのはどういうことだろうという話ですけれども、法廷モデルのいう「法廷」は今の法廷とずれているんじゃないかと疑ってみる必要があるだろうと思います。もしかして法廷モデルというもの自体が、裁判員裁判が出てくることによって、日本においては変化するのかもしれないということをちょっと思いました。

**堀田**　あの今のお話の後半について一言だけ、アリバイ作りっていうか、ガス抜きっていうか、もちろんそういう側面はあって、裁判所というのは最初〔市民の〕司法参加に非常に否定的であったわけですけど、一度制度が導入されることが決まると、理屈づけというか、少なくとも最高裁の上層部が現場の裁判官を説得しなきゃいけない。そういう時に何を言ったかというと、今後刑事裁判というのはすごく複雑な力学のなか、被害者の声も強くなるし、いろいろな形態の事件も増えてきて、裁判所の正当性というのが揺らぐ事態が増えると、それに対して裁判所に正当性を付与するのが裁判員制度なんだから皆ちゃんとやりなさい、みたいなことを最高裁長官が全国の裁判官に説得して回っていたと。だから、そういう意味ではガス抜きとか、アリバイ作りというよりもうちょっと積極的に自分たちに都合のいいものとしてこの制度を受容しようとしている。それが、少なくとも今の最高裁長官の竹崎さんという人の考え方であることを、ちょっと補足しておきます。

**前川**　はい、ありがとうございました。では室井さん。

**室井**　横浜国大の室井です。僕とか前川さんがやってる芸術哲学でも判断、趣味判断というかジャッジメントと言葉を使いますし、後もう一つ裁判ということに関していえば、それこそカフカの「審判」じゃないですけれども、裁判員制度の裁判が以前の裁判と比べて良いか悪いかについて僕はよく知りませんし、多分どっちも不合理なものだと思ってるんで、それはまあいろいろあるだろうと思うんですね。僕は今回の記号学会――檜垣さんが出る生命の判断・判定とか、スポーツの判定とかありますけれども――、「判定の記号論」ということで前川さんが今回企画された意図について質問というか、こんなことなのかなということをお話したいと思うんです。まずやっぱり判断とか判定とかということが、やたら過剰に見えてくるというのが、僕は「判定のスペクタクル化」ということかなと思うんですね。裁判員制度も非常に注目を集めていて、直接公開されていない人でも、顔を隠して裁判員の人が喋ったり、非常にスペクタクル化して、それが議論の的になっているというようなことがあると思う。

　で、こういう判定のスペクタクル化というのは、さっき藤田さんは否定されましたけれども、おそらく一九八〇年代のレーガン政権以降の新自由主義政策とかなり深く関わっていると僕は思います。つまり、規制を自由化して、その代わり最低限の市場のルールを守ることと、それから市場で投機をしやすくするためにですね、いわゆる格付けというものを、どんどん表に出していくと。で、われわれ大学も格付けされつつあって――まあ『朝日新聞』もやっていますけど――格付けをして、何をされるかというと、われわれは教育における長期計画を出してその判定を受けたり、評価されたりする非常に生きにくい時代になっているわけです。つまりこれは、投機を拡大して市場をグローバル化していくような新自由主義の流れのなかで、そのようなことがどんどんどんどん目立ってきていると思うんですね。ようするに、最低限のルールを守らない人は、これはテロリストですから、厳罰主義で罰しなきゃいけないという厳罰主義の流れを作っていると思いますし、先ほど橋本さんが言われたことでいったら、おそらく市民の常識というものを持ち込むということは、つまり市民と市民じゃないものを明確に区別する、市民の外にいるのは犯罪者でありテロリストであるから殺してもいいし、厳罰に処すべきだということだと思う。

　もう一つ、被害者目線というのか、われわれは自分たちを被害者だと思いたがっている。ルールを守らないやつはテロリストで、こいつにわれわれは被害を受けているという被害者の立場に立っていて、厳罰主義をというふうな流れになっているのかなと思うんですね。そういうふうに考えていくと、判定や判断の合理性の問題であるというよりも、それがスペクタクル化することによってわれわれが、われわれの外部と内部というものを明確に線引きをしていく。そういう意味では、別に小泉がちょっと人気が悪くなったからといっても、われわれは相変わらず新自由主義の流れのなかに生きていると思うんですね。それはもしかすると文明の免疫不全症候群というか、もう無菌室を作ってですね、外部の黴菌に絶対触れないような社会を作りたがっているのかなと。だとすると、それは非常に窒息するような、息苦しい社会なんじゃないかなと思うんですけど、そんな感じでどうでしょう。

**前川**　ええ、判定をする主体と判定される主体というのはかなり他者化して断絶しているというか、区別化されたまま判定というものがひたすら明滅しつつ浸透しているという大きな流れというものがあり、たしかに裁判員制度ができる過程というのは、あれこれとアクシデンタルなことがあって現在のような制度になっているということは分かるんですけれども、ただ今お話していただいた大きな流れで考える必要がある。もちろんたんなるスペクタクル化といっては、単純かなとは思うんですが。皆さん、ご意見あればよろしくお願いします。

**藤田**　裁判はいずれにしても不合理なものだというご指摘はその通りだと思います。日本史で昔いわれたと思うんですけど、昔は熱湯に手を突っ込んで火傷したら有罪（くがたち）とかですね、そういうひどいことをやっていました。そういう時代を経て、今は科学的証拠に基づいて裁判をしようと言っていて、科学的な証拠は信じられると皆思っているんですけど、それって本当ですかと僕はどこかでいつも思っています。たとえば三〇〇年後から今の時代を振り返ってみると、科学的証拠なんかに基づいて裁判をやっていたのは、不合理な裁判をする野蛮な時代だったと言われるかも知れません。そういうふうに考えると、そもそも裁判というものは合理的でなければならないという考え自体、疑ってみなければならないことであり、むしろ不合理なものを信じられるかどうかっていうのが裁判なんじゃないだろうかと思います。昔は盟神探湯《くかたち》であったりとか、戦国時代にも鉄火起請といいまして、焼け火箸や焼いた鉄を手で握って最後まで握っていたほうが勝ちとか、そういうのがありました。それは実際に織田信長が裁判のときに、豊臣秀吉と徳川家康の家来に、それぞれ火箸を握らせたという記録も残っていると聞いています。焼け火箸なんかを握ると、ひどいと手が火傷を通り越して炭化していくわけです。そんなことをもとに判断するのは不合理だということは今の私たちから見ると容易に分かります。かといって、今私たちの社会がやっている裁判が不合理でないかどうかは、同じ時代に生きている私たちにはにわかにはわかりません。ただ、私たちは今の裁判を、その中身を十分に知ることなく合理的なものであると信じ、そして合理的なものはよいと信じているだけです。裁判員制度の導入の際に、市民の参加した裁判をわれわれは信じられるかどうかという観点から議論していたら、裁判員になるのが嫌だからその回避策は?とか、そもそも市民が参加して感情に流されたらどうするのかとといった議論よりももっと実のある議論ができたのだろうと思います。

市民と非市民を分けて、裁く人と裁かれる人を分けるのが、この裁判員裁判で起こるんじゃないかということなんですけども。それを聞いていて、どうして犯罪者が必要とされるのかというと、それは「アウトサイダー」を創り上げて一般市民と犯罪者を区別し、一般市民からなる社会の結束を維持するためであるというような、社会学でよく聞く議論が思い出されたわけですが、裁判員裁判はむしろ市民と非市民を統合する試みなのだろうと思っています。なぜランダム・サンプリングされた人たちが裁判官と同じ役割を担うのかというと、コミュニティの一員がコミュニティの別の一員を裁くというそういう制度を作って運営していくということでありまして、裁判員裁判を通じて実際に起きていることはそういうことです。何件か裁判員裁判を傍聴したり、裁判員裁判に関わった弁護士の方の話を聞いていただくと、これまで裁判について考えたこともないとか考えることを避けてきた人が裁判に参加し、他人の人生やその人が置かれた境遇を通して社会について考え、あるいは境遇に共感して涙するということが起こっています。そういう例がすべてだとは言いませんがそういう例がいくつも起こっていることからすると、裁判員制度は市民同士を統合する方向に作用するものであると考えられます。

**前川**　はい。繰り返しになるんですけど、室井さんが言われたご意見はもとより、さっきの檜垣さんがお話された科学技術の話でもそうですけど、微妙な判定の雰囲気が醸成されています。この話題は、アガンベンの話でも、この後のスポーツの判定というさらに過激な判定が重なり合ったセッションでも、繰り返し出てくるし、外部／内部の線引きの問題とか、自己と他者の遮断とかのお話も出てくると思います。まだ議論は尽きないとは思いますが、ここらへんで締めくくっておきたいと思います。今日はどうもありがとうございました。

# Ⅲ

# スポーツにおける判定をめぐって

Ⅲ部では、二〇一〇年当時メディアを賑わせていたスポーツをテーマに選択した。スポーツの判定で問題になるのは、例えばジャッジによる誤審という世間の注目をいかにも集める話題ではない。なぜならその場合は、判定するための規則は全く疑問視されていないからである。むしろスポーツの基礎となる判定自体が変容してきているのではないか。否、判定のための精密な技術が過剰に分節され、それに応じて、判定される側の身体もある種の精密な技術製品として過剰に分節され、同時にまた、そうしたスポーツを取り囲むメディアにおける判定の言説も同様に過剰なものになり、結果として現在のスポーツは、近代スポーツという枠組みをすでに踏み越えた地点にまで達しているのではないか。Ⅲ部ではこうした問題を議論の焦点にした。

前川　それでは、三つめのセッションを始めさせていただきたいと思います。お隣が稲垣正浩さん、神戸市外大客員教授をされています。そして対論者が京都大学の吉岡洋さんです。

スポーツの判定というと、いかにもありがちな話題のようにも思えます。例えば最近、メディアを通じて、朝青龍問題について頻繁に報道がされており——ちなみに稲垣さんは雑誌『世界』二〇一〇年四月号で今福龍太さんと対談されてその話題を扱っておられるのですが——、あれも広い意味での「判定」の問題と言うことができます。あるいは、国母選手（スノーボード）のファッション、つまり彼の着崩し方への批判報道に見られる「世間的」な「判定」というものも目新しい判定素材です。さらに深刻なところではドーピングの問題もある。フィギュア・スケートの三回転半の点数の変更の問題などもある。こういうふうにあげつらっていくと、何かしらちかちかと、ルールとそれに基づく判定が変わっていく判定の問題がスポーツには数々あることが分かります。こうした広い意味でのスポーツの判定を論じていただける方を探しておりましたところ、『近代スポーツのミッションは終わったか——身体・メディア・世界』[*1]という対談集を目にする機会があり、そこで稲垣さんがスポーツと判定の関係を非常に深く考察されていることが分かり、早速お声を掛けさせていただきました。対論者として吉岡洋さんにお願いしたのですが、吉岡さんは依頼のときに、「僕はスポーツはまったくやらない」、「集団スポーツはもちろん、個人のスポーツもやらない」とおっしゃるので、それならばこれは逆に面白い対話になるのではないかということでお願いし、対論していただくことになりました。

まず、進め方についてですが、最初に稲垣先生にお話しいただいて、吉岡さんから質問をぶつけていただき、さらにフロアの方からのいろんなご意見質問などにも答えていただく予定です。では稲垣先生、よろしくお願いいたします。

＊1　稲垣正浩・今福龍太・西谷修『近代スポーツのミッションは終わったか——身体・メディア・世界』平凡社、二〇〇九年。

# 近代スポーツの終焉?——判定の変容、裁かれる身体の現在

稲垣正浩

ご紹介いただきました稲垣です。この日本記号学会に参加するのは初めてです。どんな雰囲気の学会なのかよくわからなかったものですから、昨日から参加させていただいて、いろいろ勉強させていただきました。最初の前川先生の問題提起のお話からはじまって、セッション1(本書Ⅱ部のこと)を聴き、これは面白い学会だと思いました。しかし、いまのセッション2(本書Ⅰ部のこと)を聴いていましたら、あまりのテンションの高さに、少々怖じ気づいてしまいました。みなさんも緊張度の高い議論をお聞きになって、頭も興奮状態ではないかと思います。しかし、スポーツの判定はきわめて世俗的な話題ですので、肩の力を抜いて聴いていただければ幸いです。

ご存じのように、スポーツの世界は、とくに近代スポーツ競技にあっては、すべて優劣を判定することによって成立する世界です。ですから、ごく当たり前のようにして判定が行なわれています。その意味では、アスリートたちは判定の犠牲者でもあります。多少の不満があっても、その判定にはしたがわなくてはなりません。つまり、一定のルールのもとで行なわれる判定が最優先されるわけです。

スポーツには、陸上競技のように時間や高さや距離を測って優劣を決める競技、体操競技やフィギュア・スケート競技のように演技を点数化して優劣を競う採点競技、柔道やレスリングのように力や技の優劣をポイントに置き換えて競う競技、サッカーやバスケットボールのようなゴールした

得点を競う競技、というように大きく分けるとこの四つの方法で「判定」が行なわれていることは、みなさんもよくご存じのとおりです。

そこで今日は、スポーツの判定のどこに焦点を当てて考えればわかりやすくて、しかも普遍的問題に到達するのか、と考えてきました。その結果、スピード・スケートの世界で起きている「判定」をめぐる問題をとりあげてみることにしました。ここには、スポーツの判定をめぐる典型的な問題のひとつが浮き彫りになっている、と考えたからです。しかも、このセッション3のサブタイトルにもなっています「判定の変容、裁かれる身体の現在」を考える上でも絶好の素材ではないか、と考えたからです。

すでにご存じのように、スピード・スケートでは一〇〇〇分の一秒の計測をして、その上で優劣の判定をくだすということが現実に起こっています。こんなことが起こっていること自体が、とても尋常一様のことではないとわたしの目には映ります。一〇〇〇分の一秒というのは、距離に換算すると人間の目にはまったく見えない世界です。それを精密機械で、つまり、最先端のテクノロジーの力を借りて差異化してしまう。そして、金メダルと銀メダルを分けてしまう。そこにいったいどういう意味があるのか、というのがわたしの大いなる疑問のひとつです。

で、まずは、そのための具体的なたたき台として、資料を用意させていただきました。

資料（次頁）の上から順番に参ります。1は最初の冬季オリンピック、つまり、第一回シャモニー大会のときの判定の資料です。この大会は一九二四年に開催されますが、このときの記録が四四秒〇で金メダル、四四秒二で銀メダル、四四秒八で銅メダルです。銅メダルは同タイムの選手がい

稲垣正浩

資料　スピード・スケートの判定の変容——男子 500 m の判定

1　冬季オリンピック第一回シャモニー大会（1924 年 1 月 26 日—27 日）

金：チャールズ・ジュートロー（米）　44 秒 0
銀：オスカー・オルセン（ノル）　44 秒 2
銅：ロアルト・ラルセン（ノル）　44 秒 8
　　クラス・ツンベルグ（スウェ）　〃

1-1　5 分の 1 秒まで計時するストップ・ウォッチを使用
1-2　0.2 秒の誤差を同着とみなす（組み合わせの問題）
1-3　まことにのどかな競技会であったことがわかる

2　札幌大会（1972 年 2 月 4 日—2 月 13 日）

金：エアハルト・ケラー（独）　39 秒 44
銀：ハッセ・ベルエス（スウェ）　39 秒 69
銅：ワレリー・ムラトフ（ソ連）　39 秒 80

2-1　初めて 100 分の 1 秒を計測

3　長野大会（1998 年 2 月 9 日～ 20 日

| | | |
|---|---|---|
| 金：清水宏保（日） | 35 秒 76 |
| | 35 秒 59 |
| | 1 分 11 秒 35 |
| 銀：J．・ウォーザースプーン（カナ） | 36 秒 04 |
| | 35 秒 80 |
| | 1 分 11 秒 78 |
| 銅：ケビン・オーバーランド（カナ） | 35 秒 78 |
| | 36 秒 08 |
| | 1 分 11 秒 86 |

3-1　初めて 2 回のトライアルの合計タイムによる判定を採用
3-2　1 回目のトライアルのタイムでは順位が違う
3-3　ベスト・レコード採用方式でも順位が変わる

4　バンクーバー大会（2010 年 2 月 13 日—27 日）

| | |
|---|---|
| 金：イム・テヒョン（韓） | 34 秒 923 |
| | 34 秒 906 |
| | 1 分 09 秒 82 |
| 銀：長島圭一郎（日） | 35 秒 108 |
| | 34 秒 876 |
| | 1 分 09 秒 98 |
| 銅：加藤条治（日） | 34 秒 937 |
| | 35 秒 076 |
| | 1 分 10 秒 01 |

4-1　初めて1000分の1秒を計測
4-2　タイムトライアルごとに順位は変わっている

5　この「判定」の変容がなにを意味しているのか。
5-1　時間（記録）とその時間が意味するもの
5-2　時間（記録）にのみ強い関心を示す……勝利至上主義（結果主義），科学主義，新人間機械論，オートポイエーシス論，など……多くの人びとが記録・結果（勝敗）にのみ惹きつけられていく。このことの意味するものはなにか。
5-3　時間が意味するもの……選手の肉体・精神，技術，用具，施設，などの改良（原因と結果の関係，プロセス），人間の創意工夫。
5-4　肉体の限界，記録の限界……それらをさらに細分化・視覚化する努力
5-5　人間が人間を超えていこうとすることの意味
5-6　身体の「モノ化」……ドーピングの問題系

6　1000分の1秒の「差」は人間の肉眼では「判定」不能の領域である。つまり，人間の「判定」から器械（ハイテク）の「判定」へと，その主導権が移ってしまったのである。「ビデオ判定」の導入も同様である。

7　「自然」に立脚しない「理性」は「狂気」と化すほかはない（西谷）という。だとすれば，わたしたちがいま立ち合っているスポーツ競技の「判定」の多くは，身体という「自然」を無視した領域にはみ出しつつあるように思われる。そしてそれは，人間を「狂気」の世界に馴染ませる，新たな文化装置としての役割を果たしつつあるかにみえる。

8　スポーツ批評宣言……「潜在的なるものが顕在化する瞬間を擁護すること」
8-1　蓮實重彥『スポーツ批評宣言　あるいは運動の擁護』（青土社）

9　サッカー批評とは世界を批評することだ。
今福龍太『ブラジルのホモルーデンス——サッカー批評原論』（月曜社）

10　スポーツはいまや世界史の主役となりつつある（西谷修）
稲垣・今福・西谷『近代スポーツのミッションは終わったか——身体・メディア・世界』（平凡社）

11　スポーツ・コンプレックス（スポーツ複合体）という視座の必要性
11-1　スポーツ・エコノミー
11-2　スポーツ・メディア
11-3　スポーツ・バイオポリティックス

たので二人です。四四秒八というタイムの選手が二人というのは、いまのわたしたちの感覚からすれば少し変です。四四秒七とか、四四秒九という選手がいても不思議ではありません。

そこで、この時代の計測方法を調べてみましたら、五分の一秒まで計測できるストップウォッチを用いていたことがわかりました。つまり、わたしの頭のなかでは一〇分の一秒まで計測できるストップウォッチがあって当たり前だと思っていたわけです。しかし、じつはそうではなかった。当時のフランスのシャモニーでは、五分の一秒まで計測できるストップウォッチしかなかった、というわけです。ですから、秒の下の数字は全部偶数で、〇、二、四、というように切れていくわけです。その結果、〇・八秒の選手が二人いたので、これを区別することができないということが起きました。

これはどういうことかといいますと、たぶん、同じ〇・八秒の記録であっても、しっかりと判定をすれば、その差はあったはずです。つまり、同タイムでも着順は違うという判定は、陸上競技などではよくあることです。ところが、スピード・スケートは二人ずつの組み合わせで滑る競技ですから、組みが違うと同じタイムの場合にその差は確認のしようがありません。ですから、これは同タイムなので二人とも銅メダルにしようということになったのだと思います。

ここで注目しておきたいことは、「いいよ、いいよ、同タイムは一緒で、銅メダルを出そう」というぐらいの、とてものどかな時代だった、ということです。ちなみに、五〇〇メートルを四四秒で滑ったときの一〇分の一秒の距離は、およそ一メートルちょっとになります。これは同時に滑れば、明らかに眼で確認できる、かなり大きな差です。が、そんなことは気にしない。それが一九二四年の冬季オリンピックの大会です。

第一次世界大戦が終わったあとの、同じこの年に、オリンピックの夏季大会がパリで開催されています。このとき、クーベルタンが招待されています。そして、この大会をみたクーベルタンが発したことばは「わたしが考えていたオリンピックはこんなに組織だった、管理されたものではない。もっと、のどかな祝祭の雰囲気のあるものを考えていた。だから、こんな形式ばったオリンピックだったら、もう見に来る必要はない」というものでした。そして、以後、一度もオリンピックには足を運ばなかったといいます。

一九二四年のオリンピック・パリ大会は、クーベルタンの眼からすれば、あまりに組織だった管理されすぎの大会になってしまっていて、祝祭的要素が著しく欠落してしまっている、というものだったようです。いまのわたしたちからすれば、まったく逆のようにみえますが……。

私たちは、一八九六年にギリシアのアテネで開催された近代オリンピックの第一回大会が立派な競技施設（メイン・スタジアム）で行なわれたことを写真でみて、よく知っています。ですから、近代オリンピック競技は、最初からこんにちまで素晴らしい競技施設で開催されてきた、と思い込んでいます。しかし、一九〇〇年にパリで開催された第二回大会は、万国博覧会のアトラクションでした。万博がメインで、オリンピック競技は客集めのための、要するに付録のようなものでした。ですから、毎週、土日に開催していました。約半年間にわたって、万博会場の近くの公園で各種の競技が催し物として繰り広げられたわけです。こういうのどかな催し物が、クーベルタンの考えていたオリンピックのイメージだったようです。

ですから、一九二四年のパリ大会のように、メイン・スタジアムを建造して、「より速く、より高く、より強く」といったモットーのもとで競技が行なわれるようになるとは、クーベルタンは考えていなかった、ということのようです。このように考えますと、一九二四年の第一回冬季オリンピックで、五分の一秒まで計測することのできるストップウォッチを用いたということは、むしろ画期的なことだったというべきでしょう。当時の、最先端のテクノロジーが、すでにスポーツ競技に持ち込まれたことの方を注目すべきではないか、とわたしは考えています。

なぜなら、それぞれの時代の最先端の科学技術が生み出すテクノロジーが、それぞれの時代のスポーツ競技にきわめて大きな影響を及ぼし、スポーツ競技の性格そのものを決定づけている、と考えられるからです。

少しさきを急ぎたいと思います。一〇分の一秒の計測の話はとばしまして、一〇〇分の一秒を計測した一九七二年の札幌大会の話に入りたいと思います。この大会は、日本のスキーのジャンプ陣が大活躍して一位、二位、三位を独占し、金銀銅メダルを獲得した画期的なオリンピックでしたので、記憶していらっしゃる方も多いと思います。当時のメディアは、みんなこのジャンプの金銀銅獲得のニュースに釘付けになっていて、スピード・スケートの一〇〇分の一秒計測という、驚くべき事実の方は無視されてしまいました。しかし、スポーツの判定という点では、こちらの方が画期的なことでした。

一〇〇分の一秒まで計測しますと、さすがに同タイムというのはなくなります。あったとしても、それは例外と考えていいと思います。ですから、上位からタイムの異なる選手がきれいに三人並ぶことになります。この一九七二年の札幌大会まではレースは一発勝負です。予選レースも決勝レースも一回滑って終わりでした。

しかし、一回だけのレースとなりますと、五〇〇メートルのような短距離ですと、まぐれ当たりということが起きる可能性があります。たしかに、決勝レースのときにだけ実力以上の滑りができて優勝をさらう、ということがありました。しかもその後は、まったく上位に入ることもなく平凡な記録に終始するというような例が……。

そういう反省に立って、一九九八年の長野大会からはルールが変わりました。各レースともに二回滑る、五〇〇メートルを二回滑って、それを足して合計したタイムで優劣を競う、その合計タイムで判定していく、ということになりました。それが、ついこの間の一九九八年のことです。

この大会では、日本の期待の清水宏保選手が頑張って金メダルを獲得しました。記録も申し分のないもので、二回のトライアルともにトップの記録でした。文句なしの優勝でした。しかし、上位三人の記録をよくよく眺めてみますと、面白いことがわかってきます。一回目のトライアルの結果だけで比較しますと、順位が入れ代わります。つまり、札幌大会（一九七二年）のルールですと、二位のウォーザースプーン選手と三位のオーバーランド選手は入れ替わってしまいます。しかし、二回目のトライアルでウォーザースプーン選手が好タイムを出して逆転します。

それでも、ウォーザースプーン選手とオーバーランド選手の合計タイムの差は、一〇〇分の八秒しかありません。これは、まさに、数字の上での差でしかありません。一緒に滑って、その差が視覚的にも確認されるというものではありません。となると、この精密機械によってはじき出された秒数による判定とは、いったい、いかなる意味をもつことになるのでしょうか。

ついでに、もう一点、指摘しておけば、一回目のトライアルでの清水選手とオーバーランド選手との差は、たった一〇〇分の二秒しかありません。長野大会のルールでしたら、ひょっとしたら、オーバーランド選手が優勝したかもしれません。が、二回のトライアルの合計タイムというルールになったために、順位が大きく変動して、資料のような結果となりました。

このような微妙な秒数の差による判定が、ほかの大会でも起きています。そうした反省に立って、二〇一〇年のバンクーバー大会では、とうとう一〇〇〇分の一秒まで計測するようになりました。

しかしながら、順位の判定と記録の発表はいささか込み入った手順を踏むことになりました。まず、トライアルごとに一〇〇〇分の一秒まで計測しますが、その上で、二回のトライアルの時間を合計して少数第三位を四捨五入した時間がその選手の記録となり、その記録で順位の判定をし、正式記録として発表されることになりました。

ですから、資料の4のバンクーバー大会の記録をよく眺めていますと、それぞれの数字の裏側に隠されている不思議なことがわかってきます。たとえば、第一回目のトライアルの記録をみますと、第二位の長島選手よりも第三位の加藤選手の方が上です。第二回目のトライアルの記録をみますと、第一位は長島選手で第二位がイム・テヒョン選手です。しかも、長島選手はこの三人のなかでは最高のタイムを出しています。しかし、この大会の採用したルールにしたがうと、この資料のような順位になります。

もう一歩踏み込んでおきますと、一位から三位までのタイム差はほんの僅かでしかない、という問題があります。五〇〇メートルを二回滑って、その合計タイムで比べてみても、ほとんど差はありません。金と銀の差が〇・一六秒、銀と銅の差が〇・〇三秒です。このタイム差を距離に換算してみますと、以下のようになります。

とりあえず、五〇〇メートルを三五秒フラットで滑るとしますと、一秒間に一四・三メートルほどになります。ということは、一〇分の一秒で一メートル四三センチ、一〇〇分の一秒で一四センチ、一〇〇〇分の一秒では一センチ四ミリ、となります。銀と銅の差は一〇〇〇メートル（五〇〇メートル×二）滑ってもたった〇・〇三秒しかありません。これを距離に直すと五二センチほどです。これを五〇〇メートルに置き換えると、たった二六センチ足らずの差でしかありません。

この差は、秒速一四メートルものスピードを考えると、人間の眼では確認できません。つまり、人間の眼で判定するとしたら、これは同着になるはずです。しかし、このわずかな差をテクノロジーの力を借りて区分けしていきます。はたして、この区分けはいったいなにを意味しているのか、ということがわたしの大きな疑問であるわけです。

ここから資料の5の、この「判定」の変容がなにを意味しているのか、というところに入っていきます。で、まず最初に、あとで議論するための問題の所在を私の方から提起しておきたいと思います。

かつて朝日新聞社に中条一雄という有名なスポーツ記者がいて、『たかがスポーツ』（朝日文庫、一九八四年）という本を残しています。その本のなかで中条さんは、世間ではスポーツなんてどうせ遊びではないか、勝った負けたで一喜一憂しているだけの話だ、という一般的な風潮をとらえて「たかがスポーツ」と表現しつつ、返す刀で、勝敗を超越したところで繰り広げられる人間ドラマに注目し、かくも人間を惹きつけてやまないスポーツとはなにかと問いつづけ、「されどスポーツ」と位置づけています。

まだ、スポーツは遊び・道楽のようなものだ、と考えられていた当時にあっては画期的な視点を提示した本として話題になりました。しかし、この時代のスポーツの判定の主役は審判による「人間の眼」でした。つまり、人間に「信」をおくことによってスポーツが成立していた時代です。そこに、最先端科学のテクノロジーが割って入ってきて、人間の眼に代わってスポーツの判定の主役になっていきます。

このことが、いったい、なにを意味しているのか、ということを考えるための手がかりとして資料の7、8、9、10、11、を提示しておきました。あとで、議論していただければありがたいと思います。

話を本題にもどします。このスピード・スケートの五〇〇メートルの事例をとおして、なにが問題として浮かび上がってくるのか、ということを考えてみたいと思います。

まずは、人間の眼で見ても判別できないところをテクノロジーの力を借りて優劣を判定していく、序列をつけていく、そこで喜ぶのは誰か、そこにどういう力学が働いているのかという問題がひとつあります。結論的なことを、ひとことでいってしまえば「経済原則」です。誰かが儲かる。誰かが儲かるから、テクノロジーをスポーツの判定に持ち込んでくる。その仕掛けに、振り回されるのはスポーツ選手たちです。競技団体も同じです。それどころかメディアも振り回される。あるいは、それを利用している。

じつは、このメディアとスポーツの関係はとても微妙な問題をはらんでいます。言ってしまえば、こんにちのスポーツの性格というか、一般的なイメージはメディアによってつくられたものだと言って過言ではありません。とりわけ、テレビの影響は大です。このあたりのことを今福龍太さんは「スポーツ・メディア複合体」[*1]と呼んでいます。

ついこの間も、雑誌『世界』（二〇一〇年四月号）で、朝青龍の引退問題について今福さんと対談をしましたが、このときも結論は「スポーツ・メディア複合体」によって朝青龍は引退に追い込まれた、というところに落ち着きました。しかも、スポーツ・メディア複合体にはかならずある意志が働いているということが重要です。それがどこからくるのか、このことを明らかにしていくことが、これからのスポーツを考えていく上で不可欠になっていると思います。そこにスポーツの「判定」の問題も深くからんでいる、というのがわたしの現段階での考え方です。

昨日のセッション1〔本書Ⅱ部のこと〕でのお話をうかがっていてとても面白いなぁと思ったことがあります。それは「健全なる常識」を裁判員制度のなかに反映させるというロジックです。と

＊1 前掲『近代スポーツのミッションは終わったか』。

いいますのは、この「健全なる常識」こそが朝青龍を引退に追い込んだ、最大のプレッシャーだったわけですから。つまり、朝青龍は裁判所に訴えられてもいない、だから、暴力行為があったかどうかも事実確認ができない、なにもわからない、すべては「藪の中」での話です。それを各種のメディアがさまざまな角度から取り上げ、報道しました。そうしたプレッシャーのなかで出された結論は「引退」ということだけです。なぜ、そうなってしまうのか。とても不思議なことでした。しかし、ここに働いた力学こそ「スポーツ・メディア複合体」だというわけです。

この朝青龍問題のときに同時に話題になったのが「横綱の品格」ということです。固有名詞はやめにしておきますが、まあ、じつに多くの著名人が「横綱の品格」ということをおっしゃった。しかし、では、「横綱の品格」とはなにかと問われたらみんな黙ってしまった。こういうのも、じつは、「健全なる常識」のひとつの表われではないか、と私は思いました。

同じようなことが、こんにちの教育現場にも当てはまるように思います。私は、長い間、教員養成系の大学に勤務していましたので、卒業生の多くが教員になっています。そして、早い時期の卒業生はもう校長先生になっています。そういう卒業生が私のところにやってきてこぼす愚痴があります。異口同音に語る話は、ＰＴＡのＰが教育現場にいちいち口出しすることです。なかには、きわめて悪質なものも含まれている。そのために多くの教員が「うつ」になってしまって、休職している。そのしわ寄せを他の教員がみんなで肩代わりをしている。そのために過労になってしまって、もはや限界にきている、といいます。これなども、Ｐという「健全なる常識」が教育現場を混乱させる大きな要因のひとつになっている、というわけです。

このような「健全なる常識」という力学の働きと、五〇〇メートルのタイムの計測、つまり一〇〇〇分の一秒まで計測しなければならなくなることと、けして無縁ではない、みんなひとつながり

＊2
スポーツのもともとの意味は「神遊び」。古代オリンピアの祭典競技は人間とゼウス神との交信・交遊が中心の祭祀儀礼であった。いまも世界の各地で伝承されている伝統スポーツ（あるいは、民族スポーツ）は祝祭的な時空間で繰り広げられている。近代スポーツ競技が組織化されるまでのイギリスの民俗スポーツは狩猟を中心とした上流階級による「気晴らし」や「暇つぶし」であった。つまり、スポーツは聖なる神事から時代とともに世俗化しながら、こんにちに至っている。

＊3
一九九八年の長野オリンピック以降、ブレードと靴のかかとの部分が離れるスラップスケートが主流となっている。また、ショートトラックでは、靴の位置がスピードスケートの靴よりも高く設計されている。

＊4
二〇〇〇年代初めには、高速水着

になっているのではないか、とわたしは考えています。つまり、こうした「健全なる常識」もまた「スポーツ・メディア複合体」のひとつの重要な要素になっているということです。

こうした「スポーツ・メディア複合体」の力が、近年、ますます強くなってきていて、スポーツそのものの本質[*2]まで変化・変容させる力をもちはじめています。私にいわせれば、もはや、スポーツがスポーツの範疇から大きくはみ出してしまって、異質の文化になりつつある、ということです。そのことに多くの人は気づかない。気がついていても、まあ大したことはなかろう、とタカをくくっている。あるいは、「たかがスポーツ」のことだから、と軽く受け流している。しかし、気づいたときには、もはや、身動きできない状態になってしまいます。

ですから、一〇〇〇分の一秒まで計測するという行為そのものは、ある種の「狂気」の表出でしかありませんが、そのことの異常さに多くの人びとが気づいていない。もし、気づいていたとしても、もはや、どうにもならない、というわけです。

じつは、スピード・スケートの世界で起きている異常さは、たんに計測の問題だけではありません。記録をよくするために、つまり、新記録を頻発させるために、リンクを最上の状態に維持・管理する技術が桁違いに向上しています。かつての屋外での自然のリンクと、室内での人工的に管理されるリンクとでは、天と地ほどの差があります。室内リンクであれば、二四時間態勢で、競技会に備えることができます。

あるいはまた、スケート・シューズにつけるブレード[*3]に関する技術もそうです。ひたすらスピードがでるブレードの開発です。同じように、コスチュームもそうです。空気抵抗をいかに少なくしてスピードを出すか[*4]。そのためには最先端の科学技術を総動員して取り組んでいきます。こういうことと連動しながら、とうとう一〇〇〇分の一秒まで計測することのできる計器を開発することに

が登場して話題となった。人間の皮膚よりも水との抵抗を下回る新素材やハイテク素材が開発され、それが積極的に水着に取り入れられ、世界新記録が続出した。しかし、二〇〇七年の北京オリンピックからは使用禁止となり、二〇一一年にはバーコード・システムを導入して水着の公認管理を行なうようになった。

＊5　ここには、じつは、とてつもなく大きなテーマが隠されている。その骨子だけを述べておくと以下のとおりである。

生身のからだを生きるわたしたちとは、動物的な本能を宿すからだとそれを人間的な理性でコントロールしようとする頭脳とを合わせもつ、二律背反のアポリアを生きるわたしたちのことを意味する。つまり、動物性と人間性の二つの矛盾した「生」を、いかにして折り合いをつけ、全うするかという不可能性を生きるわたしたちが、そこには存在している。バタイユは、原初の人間が、動物性の世界から離脱し人間性の世界へと

なるわけです。

そうして、最後に残されたのが人間の身体です。身体のトレーニングなども、ついこの間までは素朴なものでした。しかし、あっという間に科学的なトレーニング方法が開発され、身体の細かい筋肉まで刺激を与えて、いかなるパフォーマンスにも耐えうる身体を「つくる」ことができるようになりました。しかし、その「つくられる」身体も、もはや臨界点に達しています。

みんな、同じような身体《からだ》に出来上がっているために、もはや打つ手がない、なにもない、やるべきこと、合法的にできることはもう全部やってしまった。最後に残されていた方法が薬。薬物の力を借りる。いわゆる、ドーピング問題です。スポーツのパフォーマンスを高めるためには、ありとあらゆる最先端科学の技術が動員され、支援されてきました。そして、それらがすべて容認されてきたにもかかわらず、ドーピングだけは禁止されています。しかし、ドーピングを完全に取り締まることは技術的にほとんど不可能といわれています。アンチ・ドーピング運動は、いまや、正義の味方であるかのようにして展開されていますが、これは近代スポーツ競技を支えてきたこれまでの近代論理からすれば論理矛盾です。つまり、競技力向上のためには、ありとあらゆる手段が認められ、推奨されてきたにもかかわらず、ドーピングだけは禁止です。このことの論理矛盾に気づいていない人びとが圧倒的多数を占めています。そして、その人びとが「健全なる常識」の持主とされています。ですから、メディアもまたアンチ・ドーピングに肩入れをしています。これもまた、わたしからすれば、まことに奇怪《おか》しなことだと言わねばなりません。

もう、時間がきていますので、そろそろ終わりにします。資料の7、8、9、10、11については、ここで語ることができませんでしたが、このあとのディスカッションをとおして触れることができれば、と思います。

移行するときに、いったいなにを経験したのか、と問う。バタイユはこの経験を〈横滑り〉と表現する。そして、この〈横滑り〉をとおしてみずからの動物性を否定しなければならなくなってしまった人間の負い目に注目する。そこに広義の「宗教」の始原をみる。したがって、祝祭的な時空間は原初の人間にとって必要不可欠のものとして存在した、と。しかも、この祝祭的な時空間こそ、もはや戻ることのできなくなってしまった動物性への回帰願望を充足するための文化装置としてきわめて重要な役割を果たしたのではないか、とバタイユは考える。だからこそ、こんにちに至るまで、姿・形を変えた祝祭的時空間を、わたしたちは大事に保持してきたのではないか、という大きな仮説をバタイユは提示している。その根源的な理論仮説を探ったものが『宗教の理論』であり、『呪われた部分——有用性の限界』である。

ここを手がかりにして、わたしはつぎのように考える。現代社会を生きるわたしたちの多くの人びとが、抑えがたくスポーツに惹きつけられていく衝動や欲望の根源で、最後にひとことだけ。すでに述べてきましたように、スポーツが人間の眼で確認できない領域にまで踏み込んでしまっているにもかかわらず、そして、それが自然を無視した理性の狂気に端を発していることであるにもかかわらず、そのことが平然と黙視されていることの不思議さについて、わたしたちは本気で、「なぜ?」という問いを発しなくてはいけないのではないか、ということです。その問いはとりもなおさず「スポーツとはなにか」という根源的な問いに立ち返ることでもあります。そこから、もう一度、スポーツ文化を立ち上げるという発想がいま求められている、とわたしは考えています。生身のからだを生きる人間にとってスポーツとはなにか。その問いは、ひょっとしたら、神の領域に踏み込んでしまったスポーツを、もう一度、人間の領域に取り戻す営みではないか、はたまた、スポーツが神の領域に踏み込んでいくのはある意味[*5](ジョルジュ・バタイユ『宗教の理論』湯浅博雄訳、ちくま学芸文庫、二〇〇二年)では必然なのか、という問いでもあります。

ということで、ここで一区切りさせていただきます。

にあるものもまた、動物性への回帰願望ではないか、と。だから、スポーツが「神の領域に踏み込んでいく」のは、「ある意味」では必然ではないか、と問わざるをえないのである。あるいはまた、「神の領域」から引き返して「人間の領域」に立ち戻らなくてはならない、と考える理性の葛藤もまた必然ではないか、と問うてみたいのである。じつは、ここにももうひとつの大きなテーマが潜んでいるのである。

ここに至りつくわたしの思考のプロセスについては、「『スポーツ学』(Sportology)構築のための思想・哲学的アプローチ——ジョルジュ・バタイユ著『宗教の理論』(湯浅博雄訳、ちくま学芸文庫、二〇〇二年)読解・私論」として近く刊行予定の「ISC・21」研究紀要『スポートロジイ』(みやび出版)で詳細に論じているので、そちらを参照していただきたい。

蛇足ながら、ドーピング問題に関する議論もまた、ここまで思考の根を降ろしてこないかぎりは、根源的な解決には至らない、とわたしは考えている。

# 対論　スポーツの危機？／判定の危機？

稲垣正浩×吉岡　洋

**前川**　はい、ありがとうございました。では吉岡さん、まず問いを提起していただいて、お話をしていただくというふうにお願いします。

**吉岡**　そうですね。これが最後のセッションで、スポーツにおける判定という話題ですね。わりと皆さんいろんなスポーツをやってきた人が多いみたいなので、スポーツとあまり縁がなかったぼくは、ちょっと自分に語る資格があるのかよく分からないです。ただ、最初に前川さんから、僕はまるでスポーツを完全に拒絶している人間みたいに紹介されましたが、それほどではありません(笑)。意図的にスポーツを遠ざけたというより、スポーツとの出会い方が不幸だったのですね。

実は僕もスポーツをやろうと試みたことはあるのですが、何ひとつ長続きしなかったのです。それはスポーツそのものが自分に合わなかったというよりも、僕が中学生・高校生だった時代にスポーツを取り巻いていた文化、体育会系的な価値感とか、ホモ・ソーシャルな共同体の雰囲気とか、そういうものに耐えられなくて、結局脱落したということです。身体を動かし鍛えること自体が嫌だったのではなく、そのために従わねばならない男子集団の社会規範が嫌だったのです。

確かに、僕は母子家庭で女の人ばかりのなかで育ったので、スポーツに子どものときから関心があった方ではないですね。小学校に上がるまでは、男の子たちの集団で遊んだ経験もない。プロ野球にもまったく関心がなかった。僕は一九五六年生まれで、最初に自分が大規模なスポーツ・イベントを意識したという記憶は、一九六四年の東京オリンピックですね。小学校でみんな一斉に、紙で日の丸の旗を作らされて、それを持って家の前の国道に並んで、聖火ランナーが走って通るのを応援しました。それがスポーツにまつわる最初の記憶です。もちろん東京オリンピックはみんなテレビで観ていました。スポーツというよりも、それを通して「世界」というものをはじめて経験しました。外国人の身体、特に黒人選手の身体の印象とかが強烈でしたね、子どもにとっては。昭和六一年の東京オリンピックというのは、独立したばかりのアフリカ諸国の選手たちが活躍していました。そうした国々の名前も新鮮だった。エチオピアのアベベ選手のことは強烈に記憶に刻印されているのですけれども、「裸足《はだし》の哲人」とか呼ばれていたので、何となく東京オリンピックの時も裸足で走っていたように間違って憶えていました。彼が裸足で走ったのは実はその前のローマ大会のときで、靴の故障で仕方なく裸足で走ったら優勝したというエピソードを後から聞かされたのが、記憶のなかでごっちゃになっていたみたいです。

吉岡 洋

　これは最近ネットで調べて得た知識ですけれども、彼は東京でも裸足で走ることを主張したらしいのですが、東京の道路は裸足で走るのは危ないと言って、一九六一年の毎日マラソンの時以来、オニツカ（現・アシックス）というメーカーの人が、アベベに靴を提供していたらしいです。けれども結局、プーマの靴を履いて出たそうです。これがどういうことを意味しているかというと、その頃はまだいわゆる市場とスポーツ、つまりスポーツ用品のメーカーとオリンピック選手との間にそれほど緊張した関係はなくて、せっかくあげた靴を履いてくれなくても笑って済ませられるようなエピソードだったということなんですね。

　さて、東京オリンピックではなく現代のスポーツをとりまく状況を背景に、判定の記号論という問題について考えてみると、ぼくにはそれはひとつの問いに収斂していくように思えます。先ほどアガンベンの「無為の選択」という話も出たのですが[*1]、スポーツにおける記録の精密化ということ

＊1　本書I部二八頁参照。

を追求していくと、「無為」どころか逆に、より細かく計測できるならば計測したほうがいいという暗黙の前提がある。そこに働いている原理は、客観的で厳密な順位づけであって、その順位づけが経済原理、市場原理と結びついて、今福さんの言っているような「スポーツ・メディア複合体」というものが、われわれの意志とは無関係に動いている。確かに今福さんが僕たちを誘っているように、ブラジルのサッカーを観れば、本物のスポーツがそこにあるんだということは想像できるのですが、ではブラジルに行ってサッカーを観て「これが本物のスポーツだ」と感動したからといっても、市場原理とかチームに結びついて巨大な産業となったスポーツは、別にビクともしないわけですよね。

ぼくもこの本の連続鼎談[*2]を面白く読ましていただいたんですが、このなかで三人で話されているのは、きわめて巨大化したスポーツ、メディア化したスポーツというもののなかにも、唯一理論的に面白い、われわれが見て面白いものがあるとすれば、それは巨大なメディアが提供しようとしている物語が壊れる瞬間、一種のアクシデントのなかにあるということです。つまり、この「スポーツ・メディア複合体」というものが、一瞬機能不全に陥るような瞬間であると。ここにはたとえば、高橋尚子選手が急に走りたくなくなったときのことが、非常に興味深く書かれているんですね。それでいうと、さっき話題になった朝青龍問題もそうだし、それからついこの間の冬季オリンピック（バンクーバー）で、織田信成の靴紐が解けた瞬間というのは、たしかに僕もとても面白かったんですね。またしても、問題は靴かと思った（笑）。靴はスポーツする身体とほとんど一体なのに、それ自体は実は身体ではなく異物です。靴によってメディア化されたスポーツの裂け目のようなものが見える。それはたしかに非常に興味深いことなのですが、そうだとすると、結局われわれができることというのは、そういったメディア化したスポーツの強力な物語がなにか偶然事によって破れる瞬間を賛美する、そういう瞬間を目撃し

＊2
前掲『近代スポーツのミッションは終わったか』。

てこれこそが面白いのだと言い続けることなのですよね。それ以外に何ができるのだろうかと思うんです。

というのは、そうしたことを僕もつねに、たんにスポーツの問題としてではなくて、音楽や、芸術一般の経験にとっての問題として、考えていると思うからです。芸術に関しても同じように、ブラジルに行って観るサッカーのように、どこか巨大な産業に絡めとられていないような場所で、メディアとは無縁な仕方で経験したり、また産業化・メディア化されたスペクタクルのただ中で、何らかの「事故」によってその物語が破綻する瞬間を賛美したり、そうしたことは可能だと思うし、僕たちはひたすらそうした瞬間を待っているとも言える。と同時に、辺境や事故の瞬間においてスポーツの根源的なあり方を経験しているだけで本当にいいのだろうか、それ以外に何ができるのだろうかといった疑問を、常に感じてしまうのです。

**稲垣**　とても素晴らしい直球ストレートのボールがど真ん中にきたという印象です。これを奇麗に打ち返さなければいけないのですが、ど真ん中のストレートほど打ちにくいものはないと言われていますが……。いまうかがっていて、この資料（一四二頁）の8のところに紹介しておきましたが、蓮實重彦さんが『スポーツ批評宣言　あるいは運動の擁護』（青土社、二〇〇四年）という本を書いていて、そのなかで「潜在的なるものが顕在化する瞬間を擁護すること」これがわたしのスポーツ批評の立場である、ということを書いていらっしゃることを思い浮かべていました。

どういうことかといいますと、たとえば、体操競技で新しい技が生まれるときというのは、大抵、失敗がきっかけになっています。鉄棒運動でいえば、失敗して、これまでに経験したことのない運動経過をたどって落下するわけですね。でも、回転しながら落下したにもかかわらず、偶然、ぽっと立っていたりするわけです。その典型的な例が「月面宙返り」という鉄棒の降り技の誕生秘話です。あれは逆手車輪で回っているときにツルッと片方の手が滑ったんですね。で、飛ばされてはいけないと、残った片手で頑張っているうちに身体《からだ》が捩じれながら回転して上の方に上がっていき、そこで耐えきれなくて残りの手も鉄棒から離れてしまう。しかし、頭が重いものですから、どうしても頭が下になって身体《からだ》が横に回転しながら、前にも一回転して、トンと足から落ちたわけなんですね。要するに失敗して落ちてしまったにもかかわらず脚で着地しているわけです。鉄棒で落下するときというのは、わたしも何回も落ちていますが、ほんの一瞬です。

面白いのは、それを見ていた人たちが、いまのはなにをやったんだ、あれは新しい技になるかもしれないというわけで、それから意図的・計画的に何回も繰り返し練習するわけです。こうした失敗技を練習できるだけの安全な施設・設備の開発がその背景にはあったということも無視できません。そうして出来上がった技に「月面宙返り」という名前をつけて国際体操競技連盟に登録して、認可されます。こうして新しい〈ウルトラC〉という、当時にあっては日本発の最高難度の技が誕生しました。

それでなにが言いたいのかといえば、スポーツでも歴史研究でも、なんでも同じだと思いますが、ある決められた枠組み（約束ごと）をどこかで踏み外すこと、そこに新たな可能性が開かれるきっかけが隠されているのではないか、ということです。蓮實さんは、そこのところを「擁護」することが、わたしのスポーツ批評のスタンスだ、とおっしゃっているわけです。

いわゆる境界領域、あるいは、グレイゾーンにじつは非常に面白い世界が広がっている、とわたしは考えています。一般的にいわれているアカデミズムの世界では、危ない境界領域に接近するよりは、アカデミズムの定説に近いところでものを言っている方が無難だ、という人たちが多数を占めているように思います。この記号学会はそうではないと思いますが……。そうではなくて、これまでの理論仮説をいかにして突き破っていくか、境界線を超えでていくかということと、「月面宙返り」という新技の誕生とは繋がっているのではないかと思います。

ですから、これは西谷修さんが言っていることですが、スポーツもすでに臨界点に達している、と。西谷さんは『世界史の臨界』（以文社、二〇〇〇年）という本を書いていて、もうすでに世界史は臨界点に達している、と主張しています。それと同じことがスポーツの世界にも起きている、とわたしに言ってくれるわけです。もう、ここまできたら、一度、崩壊するしかない、と。臨界点というのは、ご存じのように、限界ぎりぎりの最後の一線に触れるところまできていることを意味します。そして、その一線を超えた瞬間にすべてが崩壊していく。おそらく、近代スポーツ競技はその臨界点に達している、と。

なぜなら、なによりも人間の身体、生命というか、生きる身体からいちばん遠いところに近代スポーツ競技をする身体はきてしまっているからだ、と。だから、もう一度、原点に立ち返ってスポーツの問題を考え直さないといけないのではないか、というわけです。それは、すでに人間が生きるという原点の営みからいちばん遠いところにきてしまっている、という認識に立つ考え方でもあります。しかし、そこにまた面白い世界が待っている。人間がみずからの能力の限界を突き抜けていくさきに開かれる世界の魅力もまた捨てがたいものがあるわけです。

左から吉岡洋、稲垣正浩、前川修

記録への挑戦などはまさにそうなのです。しかし、ここまできてしまうと、つまり、スポーツ環境がここまで整備されてしまうと、どういうことが起こるのかという問題があります。たとえば、施設・設備をはじめ、用具や衣服はもとより、トレーニング・マシンやその方法や、栄養学もボディ・ケアも、スポーツ科学をはじめとするあらゆる科学の最先端のテクノロジーを駆使できる時代にあって、最後に残るのは「身体《からだ》」しかない。その最後の自然である身体を、これほどまでに「加工」しなければならないのか、という問題が起きています。ドーピング問題などはその最後に登場した難題である、と言っていいでしょう。

しかし、最近になって、もっと別の問題が浮かび上がってきています。じつは、これは恐ろしい話で、とても話しにくいことなのですが、障害者スポーツ大会が年々、盛んに開催されるようになってきています。そして、いま、記録がどんどん伸びている。とくに、走り幅跳びの世界では画期的なことが起きています。それは、もうすぐ、健常者の走り幅跳びの記録を抜くのではないか、という問題です。義足の性能が著しく向上して、健常者の脚力を凌駕するのは時間の問題か、といわれています。

もうすでに、自分の脚を義足に替えてでもオリンピックに出たいと言っている選手もいる。[*3] そうなると、これはいったいなんなのだろうか、と考えてしまいます。といいますのは、トップ・アスリートのなかにはドーピングをしてでも金メダルが欲しい、明日死んでもいいから金メダルが欲しい、そういう選手はいくらでもいるわけです。こうなりますと、スポーツは一種の「供犠」[*4]ではないか、とさえ考えたくなってきます。あるいは、マルセル・モース的にいえば、スポーツは「贈与」[*5]である、と。

このように考えてきますと、近代スポーツ競技は、これからどうすればいいのか、という大きな壁が待ち受けています。そういう諸々のことがあって、わたしたちの本のタイトルは『近代スポーツのミッションは終わったか――身体・メディア・世界』としました。といいますのは、問題を少しだけ先送りしたわけです。もっといってしまえば、ここでいう「近代スポーツ」の臨界点をどのようにして通過していくか、そのためにはどうしたらいいのか、という大きな課題を残したままであるからです。

**吉岡** たしかに今おっしゃった、たとえば膝から下をなくした人が義足をつけて陸上競技をやったら、健常者の記録を超えてしまうというのは、何か近代的なスポーツというものの根幹を揺るがすような話ですね。例えば、不慮の事故で足を失った人がそれでも走りたくて義足をつけて練習をして、健常者の記録に少しでも近づく、というのな

＊3 日本の現役のトップ・アスリートから直接聞いている。しかも、複数の選手から。

＊4 バタイユの『宗教の理論』（ちくま学芸文庫、二〇〇二年）、『呪われた部分――有用性の限界』（ちくま学芸文庫、二〇〇三年）ほか。

＊5 モース『贈与論』ちくま学芸文庫、二〇〇九年。

ら普通の美談になるのですが、それが健常者の記録を超えてしまう、さらには記録を出すために意図的に足を切断する人が出てきたらどうなるか？

　つまり、サイボーグ化していくということですね。サイボーグがスポーツを解体してゆく。先ほどの水着の話もそうですが、スピード・スケートも、最先端技術を駆使したスポーツウェアを身につけた水泳やスピード・スケートの選手たちの身体は、もちろん本当の身体改造ではなくイメージのレベルですけど、まるで高性能のロボット、サイボーグみたいに見える。ドーピングというテクノロジーの問題にもつながっていますね。こうした傾向がどんどん進んでいけば、自然に近代スポーツの臨界点を超えて崩壊が始まってしまう、ということでしょうか。

**稲垣**　わたしもそう思っています。

**吉岡**　さて、判定ということに問題を戻して考えてみると、今回「判定の記号論」ということで話をしてきたわけですけれども、先ほど話に出た、五分の一秒までしか計測できない昔のストップウォッチというのは、その〇・二秒以下の部分が闇のなか、見えない領域ですよね。計測技術の進歩というのは、その闇の領域がどんどん可視化されていくということを意味している。さっきの岡田さんの話（本書I部）のなかにもアガンベンの、どんなに線引きをしても残余が残るという話がありましたけど[*6]、おそらく記録計測において残余が残ることをいちばん確信しているのは、技術者ではないかと思うんです。つねに残余が残るからこそ、無限に精密化していくというゲームが成立し得るわけなんです。何が言いたいかというと、判定という行為には、そもそも見えない部分、闇のようなものが条件として必要とされているということです。それがあってはじめて成立する行為であるにもかかわらず、テクノロジー化された判定においては、その闇を最終的に消滅させることが意図されているということです。そして、今のようにすべてを可視化するという方向にどんどん進んでいくと、最終的には合理と非合理という対立が消滅して、理性が狂気と同一になる、テクノロ

＊6　三八頁参照。

ジーによって完璧に照らし出された世界が、それ自体巨大な闇になるというようなイメージをもっています。

**稲垣**　ここはスポーツの判定ですから、記録をとことん細分化していくテクノロジーの世界と、人間の能力の限界に挑戦していくという欲望の世界とは、いつも両輪になって動いていると思います。いまのハイテクノロジーを応用すれば、極限まで記録を細分化していくことは可能でしょう。しかし、もっとその先は闇になってしまう。つまり、一〇〇〇分の一秒が、一万分の一秒、一〇万分の一秒という具合に、場合によっては可能となるかもしれません。けれども、そこはもう神の世界ですよ、と今福さんなどと話していてよく話題になります。それはもう、やってもなんの意味もないですよ、と。むしろ、そういう闇の部分を闇として、承知して残すべきだ、と。だから、あるタイム以上、たとえば、一〇〇分の一秒以上の差がつかなかった場合には同着にする。それで、メダルを二つ出せ、と。それでいいではないか、と。

　現にサッカーなどは、いま、若者たちに人気がある。なぜかといいますと、近代的な合理性のなかに「不合理」が生きていて、それを審判も選手もサポーターもみんな共有しているからだと、わたしは考えています。たとえば、レフリーの立つ位置によって、その眼で確認できる反則しか笛を吹かないわけですね。もちろん、オフサイド[*7]は、その担当の係がいて監視していますが、身体接触などの瞬間の笛というのは、レフリーに見えたところでしか鳴らない。

　だから、いわゆるミスジャッジがあのピッチの上ではつねに起きているんですね。すると、良心的なレフリーは「しまった、いまのは間違っていた」と気づくわけです。そうすると、こんどは相手に有利な笛の吹き方で、帳消しにしていく。そのゲームのなかで。それは選手たちもよくわかっている。それがちゃんとバランスがとれるような笛の吹けるレフリーはいいレフリーです。それがバランス感覚の悪いレフリーだと、片方にだけ厳

＊7　審判がオフサイドの判定を下した場合のほとんどが、ビデオ映像で確認すると反則ではなかった、という。その理由は、人間の眼（脳）の構造に由来する、とNHKの特集番組（二〇一一年一〇月二九日）で論じていた。（編集部注）

しくなる。そうなると大変なゲームになってしまう、ということはよくあることです。
　実際に競技場に見に行っても、それはよく見えます。「あ、あそこでミスしたな！　でも、ここで直したな」ということがよくあります。しかも、そのことをみんなで共有しています。だから、とても楽しい。これがひとりの人間がジャッジメントするときの限界であり、救済の方法でもある。そこで、なんとか帳尻合わせをして、ひとつのゲームを成立させている。それを見る側も「うまい笛の吹き方をしている」という風に楽しむ。若者たちはこのことをよく知っています。

**吉岡**　それは非常によくわかります。よくわかるんですが、僕がどうしてもこだわってしまうのは、両輪のうちの非人間的な側なんですね。たしかに一万分の一秒みたいな判定を前にして、そこまでやるべきなのかと誰しも思うし、もう少し人間的なスケールにもどしたほうがいいとは思うんですけども、同時にそういう神の領域みたいなところに入っていくのは、ある種のスペクタクルとしては魅力がある。だから人は惹きつけられるのだと思います。それは必ずしも経済原理と結びついているわけではなく、例えばオリンピックの選手たちがほとんどサイボーグみたいになってしまえば――SFみたいですけど――それはそれで、強烈な美的魅力を感じてしまうんですね。

**稲垣**　あっ、そういうふうにお考えでしたら、わたしにも考えていることがあります。スポーツを近代の論理でいつまでも拘束し、その上で肯定している限りは、ますます臨界点に接近していく、ということです。ですから、逆に、ドーピングなどは、やりたいという人がいればやらせてあげればいいんです。わたしは大賛成です。「こんどドーピング大会があるぞ。ひょっとしたら陸上の一〇〇メートルで九秒五を切るかもしれない」となれば、ぼくも金を払って見に行きます。なぜなら、神が降臨する現場に立ち会うことができるかもしれないから。
　古代ローマの「パンとサーカス」[*8]ではないですが、やはり、なにが起こるんだろうという期待で

＊8
古代ローマの詩人ユヴェナリウスが、当時の世相を風刺した詩篇のなかで用いたことば。パンは食べ物のこと、サーカスは娯楽のこと。食べ物と娯楽を与えておけばローマ市民は満足して、政治的な不満を忘れてしまう、と揶揄したもの。ここでいうサーカスとは馬車競技（四頭立て）のことで、同じコースを七周廻ったことに由来する。アリーナと呼ばれるコーナーの砂場では、残酷な人間と野獣の闘いなどもショウとして見せた。ローマ市民はこぞってその見物に押しかけた。なお、ユヴェナリウスは「健全なる精神は健全なる身体に宿る」（ことを願う）という名言も残している。

ドキドキしながら見に行きますよね。これはものすごい人気がでると思います。じつは、そういうところに一部はもう行っているわけですよね。

体操競技などは、完全にわけのわからない世界です。むかし経験のあるわたしですら、いまの採点方法はわかりません。元国際審判員の方が今日、ここに来ていらっしゃるわけですが、その方に聞いてみたら「もう、なにをやっているのかわかりません」とおっしゃる。もっといわせてもらえば、オリンピックの北京大会のときの体操の全日本の監督をやっていた具志堅監督に直接聞いてみたんですね。そうしたら「わたしにもわかりません」って。全日本の監督がわからない。選手はコーチと一生懸命にルールブック片手に、この技とこの技を組み合わせていくと何点になる、でも、それをやるとリスクが大きすぎて最終的に損をしてしまうかもしれない、じゃあ、もう少し技の難易度を落として、失敗しないようにつなげていく……というようなことばかりやっている。ですから、もうわけがわからないですよね。選手もコーチも監督もとても苦労している。

そんななかに、忽然と現われたのが内村航平君のような選手です。彼のいいところは、「ぼくは失敗してもいいから、やらせてください」と言って、難度の高い技をどんどんやる。それがたまたま成功してしまう。それがオリンピック北京大会でした。つまり、内村君は未来を先取りしたわけですね。その結果として金メダルを獲得しました。失敗を恐れず、みずから信ずるところを実施していく。こういう選手が未来を開いていくわけです。

**吉岡**　つまり、危機的であるのはスポーツそのものではなくて、もう事態はここまで来ているのに、それを未だに近代スポーツの倫理や基準のなかに無理やり押し込めてごまかそうとしていること、内部はもう完全に変質しているのに表面だけ「近代」が続いているかのようなこの現実が危機的なんですね。

**稲垣**　おっしゃるとおりです。スポーツはまさにヨーロッパ近代の論理にもとづいて生み出された

＊9
オリンピック・ムーブメントの根幹はオリンピック憲章に定められている。その憲章の「オリンピズムの根本原則」の2につぎのようにある。「オリンピズムの目標は、スポーツを人類の調和のとれた

典型的な産物です。ですから、その基本にはヨーロッパのキリスト教的な倫理観が色濃く流れています。いま話題になっているグローバリゼーションもまた同じ路線にあります。ですから、オリンピックやワールドカップがその典型ですが、ここにはスポーツによる「世界制覇」という隠された力学がはたらいています。

スポーツにはルールが不可欠です。このルールを守れば、だれでも、いつでも、どこでもスポーツを楽しむことができます。このことを、イギリスは植民地政策をとおして実施していきました。法治国家として統治するためには法律を守らないと成り立ちません。この法律という考え方のない植民地の人びとに、まずは、スポーツを教えて、ルールというものの存在を理解させました。イギリスが七つの海を制覇したといわれる功績を支えたもののひとつは、近代スポーツでした。

オリンピック・ムーブメントは平和運動の一環として展開されるというロジック[*9]も、もはや、限界にきています。その証拠に、オリンピック開催国は、軍隊・警察を総動員して過剰なほどの警備をしなければなりません。そのことは、北京やギリシアの大会をみれば明らかです。ミュンヘン大会（一九七二年）ではテロリストに襲撃され、多くの選手たちが犠牲になりました。[*10]

つまり、スポーツ以外のことは省略しますが、ヨーロッパ近代の論理がひとつの大きな壁に突き当たっているということです。スポーツはまさに、その最先端を走っている、とわたしは考えています。ここをどのようにしてクリアしていくのか、ということが喫緊の課題ではないでしょうか。

## フロアからの質問

**前川**　ありがとうございます。そろそろフロアから質問を受けたいと思います。

**檜垣**　僕は、専門のひとつは競馬なんですが、競馬とスポーツというか、賭博とスポーツというのは相互に関係するいろんな問題があると思うんです。おそらく賭博が問題になってくるときに、記

発達に役立てることにあり、その目的は、人間の尊厳保持に重きを置く、平和な社会を推進することにある」と。さらに、6には「人種、宗教、政治、性別、その他の理由に基づく国や個人に対する差別はいかなる形であれオリンピック・ムーブメントに属することとは相容れない」とある。その他のところにも「平和でよりよい世界の建設に貢献すること」などの文言がみられる。

＊10　オリンピック期間中の九月五日、パレスチナ武装組織「黒い九月」がイスラエルの選手を人質にとって選手村に立て籠もる。話し合いの結果、解放のための空港への移動中に銃撃戦となり、イスラエルのアスリート一一名が犠牲となった。オリンピック史上、最悪の事件となる。以後、過剰とも思える軍隊・警察の警護なしにはオリンピックの開催は困難となった。

録の問題とか、テクノロジーの問題とかがスポーツと全く同じように関わってくるんですね。例えば、一昨年〔二〇〇八年〕の天皇賞でウォッカという馬が勝ったんですが、その差は二センチなんですね。あれは一〇分ぐらい判定に時間がかかって、その結果二センチ差という判定が出たんです。僕は東京競馬場で観てたんですけど、もうわかんないですね。誰にもわからない。写真をこんなに引き伸ばして、二センチですよ。それが何なのかというのと、スポーツにおける判定とは何かというのはまったく同じ問題だと思いますが、そこで稲垣さんが語れる部分というのもあると思います。これもある意味でスポーツ性の問題だと思うんです。

それともうひとつ、賭博ということが絡んでくると、これは本で書いたことがあるんですけど[*11]、大きな問題は八百長なんですよ。おそらく今日お話された例が野球とかサッカーとか、対人競技ではなくてタイムトライアル・レースじゃないですか。ところが、経済と絡んでくる人と人との競技の場合だと、必ず八百長という判定があります。わざとしない、ということがあります。オリンピックだとあんまり関係ないのかもしれないですが、スポーツ一般だとそれは根本的な問題だと思うんです。例えば競輪とかになってくると、それがスポーツ論において論じられることになると、八百長をどうするのか、というのが最大の問題になるのですが、どう思われますか？

**稲垣**　競馬のお話はご本で読ませていただいています。とても面白い競馬論が展開されていて、大いに啓発されました。ありがとうございました。

賭博とか、賭け事という日本語が、とても悪いイメージを負わされていますので、慎重にならざるをえないのですが、わたし自身は基本的にスポーツは「賭け」だと考えています。つまり、勝つか負けるかはやってみないとわからない。そういう賭けが基本にある。だからこそ面白いし、スポーツとして成立する。最初から結果がわかっていたら、だれもスポーツをやろうとはしません。競馬もそうですよね。初期のころのイギリスの

＊11　檜垣立哉『賭博／偶然の哲学』河出書房新社、二〇〇八年。

競馬に、とても優秀な馬が登場して、勝ちつづけます。そうしますと、賭けが成立しなくなってしまいます。そこで、知恵者が現われて、砂袋を背負わせて走らせることにした。すると、ある重さを背負わせると負けるということがわかった。そこで、生まれたのがハンディキャップという制度ですね。要するに、勝負の結果の予測を混沌にすること、そうしないと賭けは成立しなくなってしまいます。その結果、ハンディの精度を高めることによって、競馬はいまもとても人気のあるスポーツとして君臨している。

イタリアではトトカルチョがとても盛んであることはよく知られています。いわゆるサッカーくじです。夕食どきの親子の会話になるほどの、きわめて健全なものと考えられています。子どもが「今週は全部負けてしまったから小遣いがなくなってしまった」と父親に。すると「そうか、今週は厳しいなぁ。来週まで我慢だな」と父親が諭すという話があるそうです。母親はその話をにこにこ笑いながら聞いている。とてもいい情景だとわたしは受け止めています。

それはそれとして、檜垣先生がおっしゃった「八百長」の問題。これはもう、スポーツという世界では必然だと思っています。いけないのは当たり前、みんなわかっている。けれども、やらざるを得ない情況というのは、スポーツをやった経験のある人であれば、わかるはずです。

そのむかし、講道館に三船十段という名人がいて、かなりの高齢者になっても「空気投げ」を得意とする、という話が伝わっていました。この三船十段と稽古するときには、だれも勝ってはいけないという暗黙の了解がありました。そして、最後は、「空気投げ」で投げられなくてはいけない、というのはひとつの約束ごとになっていました。しかし、この約束ごとを無視して、三船十段を投げてしまった男がいて、すぐに別室に連れていかれてこんこんとお説教をされた、という話も伝わっています。

さて、八百長といえば、大相撲ですね。千秋楽で七勝七敗の力士のほとんどは勝ち越す、とむかしから言われています。こんなことは、相撲の世界をほんの少しでもわかっている人にとっては、ごくごく当然のことです。これを「八百長」と呼ぶか、どうかは微妙です。といいますのは、その多くは暗黙の約束ごとになっていて、金銭のやりとりのない「ひとり八百長」が行なわれているからです。

谷風の「人情相撲」は講談にもなっていて、とても有名です。母親が病気になっていても貧乏で医者にみてもらうお金がない力士に、勝ちを譲って「懸賞金」が入るようにした、という話です。これは江戸時代にあっては「美談」です。いま、横綱がやったら、メディアから総攻撃をされてしまいます。はたして、どちらが「豊かな社会」といえるのでしょうか。

面白いのは、貴乃花と若乃花の優勝決定戦という取組みがありました。わたしは、このときはテレビ観戦でしたが、土俵に上がった瞬間に「あっ、若乃花が勝つ」と宣言してしまいました。結果はそのとおりになりました。この相撲は間違いなく「八百長」でした。もちろん、金銭の授受はありません。土俵中央でがっぷり四つに組み合いました。それをみて周囲の人たちは「勝負あった。貴乃花だ」と断言しました。しかし、若乃花がそのまま一直線に寄って出て、貴乃花はそのまま土俵を割ってしまいました。

この取組みのあと、あの有名な花田家の騒動がはじまります。貴乃花が演じた唯一の八百長相撲として有名です。この話を美しくまとめるとすれば、貴乃花はどんなことがあってもお兄ちゃんである若乃花には勝てない、ということです。もちろん、真実は別のところにありましたが……。当時のメディアは、どこも批判めいたことは書きませんでした。唯一人、石原慎太郎だけが「八百長だ」と言って吼えました。が、それも見当はずれもいいところです。

金銭授受をともなう「八百長」と、谷風の「人情相撲」のような「ひとり八百長」とは区別する必要があるとわたしは考えています。そうしないと、大相撲の世界は成り立ちません。競馬は、もともと「賭け」を前提としたスポーツですので、どんなことがあっても「八百長」は避けなければなりません。それこそ「鼻の差」二センチであっても、きちんと計測して、勝敗を分ける必要があります。そうしないと賭けは成立しません。

しかし、スピード・スケートの世界にそのロジックをそのまま持ち込むことには、わたしは反対です。

**前川** ありがとうございます。

**恩地元子** 小さな技術的確認です。あまり本題のところで触れられなかったビデオ判定で、スピード・スケートを取り上げていらっしゃいましたが、その際のカメラの台数とか、位置とかが今どのようになっているのか、というのが私の質問です。たとえば私は主にフィギア・スケートの映像をよく観ていまして、先ほどおっしゃられたように、採点の際にはいかにも自国の選手だから少し高く付けたのかなといった事情は、しばらく前までは見てるほうも分っていなかったのですが、最近は皆、もちろん報道で評論家みたいなのがいて「少し抑え気味ですね」とか言われたりして分かるようになってきました。われわれ見ている側もそういうのをバランス感覚をもって楽しんでいるはずです。それはやっぱり技術的な判定なので、ばらつきが当然出るものだろうというのが暗黙の了解のもとにあって、それでばらつきのある結果を後で均すことになっているのだと思うのです。スピード・スケートの場合は本当にシンプルにスピードで、どちらが先に着いたかというのをたんに記録として判定するわけですが、それでもやっぱりこちらから見ているだけでは分からないような瞬間というのはあって、競馬とかもそうかと思うんですけど、そういう複眼的な判定の結果として何か面白いことが起こったとかご存じでしたら教えていただきたいと思います。

**稲垣** 残念ながら、スピード・スケートの判定に関してカメラがどれだけ回っているか、という現場のことは、わたしは知りません。時計に関しては、日本が開催国になったときに、計測の方法が一〇〇分の一秒になりました。これはどういうことかといいますと、日本の大手メーカーの時計会社が、以前からスポーツの計測に全面的に協力してくれているんですね。陸上競技のときもそうです。ふんだんに機材を提供してくれるわけです。

ですから、これと同じことを他の国の大会でもやれといっても、うちにはそれだけの協力メーカーがないので、と断わられてしまう。そういうことから考えてみますと、日本でやる大会がいちばん、時計もビデオカメラも、ほぼ完璧な状態でやっているのではないか、とわたしは推測しています。他の開催国では、必要最低限の規定の範囲内の機材で、判定をやっているのではないかと思います。

それから、複眼的な判定の結果、なにか面白い話があったら……ということですが、これはありすぎて困るほどです。その対象になるのは、体操競技やフィギュア・スケートのような採点競技と、柔道やレスリングのような優劣をポイント化して判定をくだす場合と、大きく分けて二つあると思います。


もっとも有名な話をひとつだけ紹介しておきますと、柔道の篠原選手のオリンピック決勝での敗戦があります（二〇〇〇年、シドニー大会）。篠原選手の得意技のひとつに「内股すかし」という技があります。オリンピックの決勝でフランスのドゥイエ選手と対戦したときに、ドゥイエ選手が篠原選手に「内股」という技を繰り出します。それに対して篠原選手は得意の「内股すかし」でかわします。この「内股すかし」で一本が決まったと思った篠原選手は、そのあと相手を押さえ込むこともしないで、むしろ、相手をかばうようにして倒れていきます。

主審ともう一人の副審は、篠原選手の「内股すかし」を無視して、相手の「内股」を有効と判定します。が、もう一人の副審は篠原選手の「内股すかし」で一本勝ちを宣告します。しかし、審判団の協議が行なわれることもなく、そして、山下監督が異議を申し立てることもなく、この試合は継続し、そのまま終わってしまいます。そして、相手選手の優勢勝ちという判定がくだされ、金メダルは相手のフランスの選手に渡されます。篠原選手としては「なんでやねん」と思ったと思います。日本での国内の試合であれば、文句なしの「内股すかし」で一本です。しかし、このときの主審ともう一人の副審は「内股すかし」という技を知らなかったという後日談があります。

こんな嘘みたいな話は、柔道の国際試合ではよくあることだそうです。ですから、審判の判定がくだるまでは、これでもか、というほどに相手を攻め込んでおかないといけない、ということのようです。国際大会というのは、日本人は最高の大会と思っていますが、審判の判定能力のレベルはかなり低いと言われています。

最近の体操競技になると、もう、なにを判定しているのか、わたしにはわけがわかりません。採点はそれぞれの部門ごとに分業化されてしまい、その部門ごとの点数を合計して判定をくだすようになっています。ですから、ひとりの選手の演技の全体を判定する審判はいません。こんな奇怪なことが、平然とまかり通っています。もはや、狂気の沙汰としかいいようがありません。

**室井**　稲垣先生がおっしゃった、いわゆるスポーツがグローバリゼーションを体現しているというのは、その通りだと思います。すべてを数値化する、たとえばウエスト八五センチ以上は皆メタボだとか、他にはすべてバーコードで添加物や何かを全部書いてある商品だけが並んでいる巨大スーパーマーケットとかの例を見てみても、正しくそのとおりだと思います。しかし先ほどのお話のなかにあったように、もしかすると近代スポーツの理念自体のなかに、それが最初から含まれていたんじゃないかというようなことも感じるんですね。つまり同じルールを共有して、皆フェアにがんばるという押し付けというものは最初からあったというお話です。そうすると、もしかするとグローバリゼーションとかと言う以前に、近代スポーツの理念のなかに、そもそも数値化のようなことが含まれていたのかなという気がします。恐らく、競馬の話も出ましたし、相撲とか――私は昔プロレスが好きでしたが――プロレスとかも九〇年代以降、本当に強い者を観るんだということで、格闘技へとかわっていくんですが、格闘技へとかわってさらにルールを何でもありにすると皆すぐに骨折してしまうんですね。選手生命が短くなってしまうんで、ちょっとまずいということになってきている。今若い人たちは一種のスペクタクルとしてのサッカーをそのようなしかたで観ており、それゆえにサッカーは正しく産業化されていっている。つまりスポーツのなかにいろんなものが持ち込まれてきている。もちろんそれはナショナリズムもそうですけど、今、子どもたちに何になりたいかと聞いたら、必ずサッカー選手になりたいと言う。サッカー選手になる以上の価値のある人生はないかのように皆思い込んでいる。それも何か仕組まれていることなのかなという気がするんです。ですから、恐らくスペクタクル化したスポーツと、判定をめぐってみんな意見を言い合ったり、みんなで喧嘩をし合ったりするような状況というのがいいのかと、皆思っているのかなという気がします。朝青龍をみんなでいじめて追い出してしまうような社会とは、本当に住みにくい社会になったなと思う。もちろん稲垣さんはスポーツの世界を何とかしようと思っていると思うんですけど、逆にそのスポーツのなかで違う判定に関する考え、吉岡さんが言っているように、判定の不能性を露呈していくような場所をスポーツのなかでどんどん作っていくことによって、むしろ今の息苦しい社会が変わっていくようなことがあるのかな、という気がしました。稲垣さんの今後のご活躍をお祈りいたしております。

# Ⅳ

# 記号論の諸相

# 杜鵑《ほととぎす》の聞き方——「リヒト」バッシングの分析

木戸敏郎

## 1 「リヒト＝ビルダー」の日本初演

二〇〇四年、以前から懇意だったアリオン音楽財団理事長の江戸京子さんから、私が主として海外で展開していた舞楽法会を、翌年の同財団主催第二一回「東京の夏音楽祭」で上演したい旨の提案があった。私は再演にあたって古典作品による海外向けのヴァージョンを脱構築して異国趣味を除去し、現代性を加味して国内向けのヴァージョンに再構造化することを提案、何度も江戸さんと構想を練るプロセスで、彼女のインテンダントとしての力量や常に日本の洋楽壇から一定の距離をおいている見識の高さを改めて認識し、この人なら私が永年あたためている世間の良識ではとんでもない企画を受け容れてくれる度量があると見込んで、舞楽法会とは別に、同音楽祭にシュトックハウゼン[*1]を招聘することを提案した。江戸さんは少しも動じることなく、当たり前のことのように乗り気になったが、以前から相談しているある音楽学者の意見も聞いたうえで、ということで保留。しかし音楽学者は窮屈なものである、新しい再構造化した舞楽法会はボツ、シュトックハウゼンについても「あんなもの、もう古い」と一蹴されたそうであるが、そこのところは江戸さんの判断で、彼を第二一回「東京の夏音楽祭」に招聘する提案だけは採り上げられた。両方の顔を立てた形である。私には舞楽法会はさほど重要ではなかった。それよりシュトックハウゼンを招聘していただくことの方がどれだけ嬉しかったことか。というのも二五年も昔、私が国立劇場の音楽プロデ

＊1　カールハインツ・シュトックハウゼン（一九二八—二〇〇七）ドイツの作曲家。トータルセリエリズムや音楽的時間の連続性を提唱して、二〇世紀後半の音楽運動を主導した。代表作に、「ツァイトマッセ」（一九五六年）、「グルッペン」（一九五七年）など。日本の雅楽の楽器のために作曲した「ヤーレスラウス・アウフ・リヒト（歴年　光より）」（一九七七年）は、洋楽器ヴァージョンでヨーロッパに紹介されて、大反響を呼んだ。最晩年に取り組んでいた「クラング」の連作は彼の死によって未完のままで遺作となった。

ユーナー時代、彼に雅楽の楽器のための作曲を委嘱して国立劇場で初演し、聴衆には好評だったにもかかわらず音楽の専門家たちからは総スカンを喰った痛い経験があったからだ。絶対作品は素晴らしい、彼らがおかしい、もう一度挑戦してみたいと思いながら、国立劇場という体制は世間の良識というものを尊重しなければならず、再演は禁止されていて動きがとれなかった。そういういわく付きのシュトックハウゼンであった。

この計画は第二一回「東京の夏音楽祭」の開幕を飾るメインイベントとして、数年前にも同音楽祭がバロックオペラを上演して話題を集めた縁起のいい天王洲アイルのアートスフィアで六月二三日から二六日までの四日間、その前年に世界初演されたばかりの「リヒト（光）」[*2]連作の棹尾を飾る「リヒト＝ビルダー」[*3]の日本初演他というプログラムで実現した。その初日、私は不安と期待をもって聴衆の様子をうかがっていた。そして演奏が終わったとき、奇蹟が起こった。それはまさに奇蹟と呼ぶにふさわしい現象だった。若者たちであふれた満員の聴衆のカーテンコールが止むことなく繰り返されているではないか。私は特別の注意を払ってその回数を数えた。一〇回、一五回、二〇回を超えてもまだ止む気配がない。私はもうその時点で数えるのを止めた。カーテンコールはまだ続いていたが、とうとうシュトックハウゼンが身振りで制止して、ようやく止んだ。この状況は四日間全く同じだった。「あんなもの、もう古い」と言った音楽学者は、私の近くの席で「どうして、どうして」とくり返しながら、状況が理解できない様子で周囲を見回していた。

隔世の感とはこのことだ。事実、あれから二五年も隔たっていた。

## 2 「リヒト」の世界初演

この「リヒト＝ビルダー」の日本初演より二五年も昔、いや、今はさらに年月が経っているから

＊2 ヨーロッパで大きな反響を呼んだ「ヤーレスラウス・アウフ・リヒト（歴年 光より）」は、その後もシュトックハウゼンによって姉妹編が次々と作曲されて、全曲の上演時間は二九時間に及び、これを七つに分けて一週間で上演するという、現代音楽のモニュメンタルな大作となった。

＊3 「リヒト」連作の掉尾を飾る作品。「リヒト＝ビルダー（光の幻影）」という名称が示すとおり、連作全体を概念的に要約したもの。劈頭の「ヤーレスラウス（歴年）」と対をなすもので、形式も似ており、一九七七年以来二七年に及んだ長旅の終着点である。

三〇年も昔、一九七七年の秋、当時国立劇場の音楽プロデューサーであった私は、カールハインツ・シュトックハウゼンに雅楽の楽器のための作曲を委嘱し、国立劇場で初演した。

カールハインツ・シュトックハウゼン作曲

雅楽の楽器と四人の舞人のための

ヤーレスラウフ・アウス・リヒト（歴年　光より）一九七七年

の世界初演である（以下「リヒト」と略す）。

雅楽は世界最古のオーケストラであり、シュトックハウゼンは二〇世紀後半の音楽界を主導してきた作曲家である。この二つを結びつけたことが意外性であったが、本当のねらいは別のところにあった。宮内庁式部職楽部は有職文化としての雅楽の聖域であり、重要無形文化財として雅楽の伝承を守っている。ところが国立劇場は時代の波に洗われる巷間の劇場であり、聴衆あっての音楽である。ここでは雅楽も宮内庁とは異なる音楽とならざるを得ない。

雅楽が世界に誇るべき文化遺産であることは言を俟たない。しかし、長い伝承のプロセスで形骸化していることもまた事実であり、もっと豊かな情報量が雅楽のなかに埋没していることに注目すると事情は変わってくる。雅楽を有職文化として見れば伝承された現状を尊重すべきであり、芸術音楽として扱うなら有職文化としての現状をいったん脱構築して埋没している情報量を再発見し、それにふさわしい音楽概念で再構造化することも考えることができる。この意図のもとでシュトックハウゼン以前にも黛敏郎と武満徹の両氏に雅楽の楽器のための作品を委嘱してきた。二人は彼ら自らの手法でそれぞれの曲を作ったが、二人とも雅楽の限界を超えようとはしなかった。日本人はどうしても雅楽に対する固定観念があってそれが飛躍の邪魔をする。例えば雅楽の箏では左手を使わない。これは応仁の乱によっていったん廃絶した後に復活した際の退化現象であるが、今ではこれが伝統になっている。委嘱作品の作曲にあたって、左手を使ってよいかどうかということが前衛といわれていた二人にとっても重大な論点になった。こんな状態で委嘱を続けても在来の雅楽の延長で違う曲が増えるだけである。しかし雅楽には充分なレパートリーがあって、その点では間に合っていた。

有職文化としての雅楽の限界を打破するために、私が白羽の矢を立てたのがシュトックハウゼンであった。トータルセリエリズムと呼ばれる彼の手法は、音の情報量を音高と時価[*4]だけでなく、音圧や音量や音色や音質などアカデミックな音楽では噪音とみなされて排除されてきた情報量までもすべてを音の情報と評価し、全体をトータルにセリーの理論でコントロールしながら構造化する手法である。この手法で雅楽の楽器のために作曲されたのが「リヒト」で国立劇場開場十周年記念の委嘱作品であった。わずか十年でも歴史であり、歴史は事象の時間的認識である。成り立ちも構造も全く違うユーラシア起源の楽器の集合体である雅楽の楽器を、時価に特化して編成を改め、初演年の一九七七という数字をパラメータ（媒介変数）に導入して補正しながら構造化したシアターピースの音楽であった[*5]。

この初演に、気の利いたメロディーを思いついてこれに耳ざわりのいいオーケストレーションを付けることが作曲だと思っていた当時の日本の一般的な作曲家は、強く拒絶反応を示した。「毛唐が他所のお座敷へ土足で上がり込んで来た」という表現がいかに嫌悪したかを物語っている。カルチャーショックの標本のような現象が起こった。

## 3　ヒステリー現象の仕組み

「リヒト」に関する音楽ジャーナリズムの批評はまさにロラン・バルトがヒステリーともデマゴ

＊4
タイム・ヴァリュー。音の持続時間のこと。

＊5
詳細は拙稿「1977年　東京で」『アルバン・ベルク協会年報』二〇〇九年、を参照。

ーグとも呼んだ現象にふさわしい様相を呈していた。批評はまず新聞というメディアによって流布した。少し遅れて週刊誌と月刊誌が続くが、圧倒的に影響力のあるのが新聞の批評である。なかでも最大の読者数を誇る『朝日新聞』と『読売新聞』の影響力は絶大である。『朝日新聞』には柴田南雄、『読売新聞』には広瀬量平が書いていた。後日『芸術新潮』に黛敏郎、その他有象無象も書いているが、どれも大同小異である。その一例として『読売新聞』の広瀬量平の批評を引用する。

——（略）これは音楽の不毛、これこそ耳目をおおうばかりの退廃ではないか。少しも楽器の機能を生かしていない無機的な音の貧弱なひびき、幼稚な構想の涸渇した創造力を糊塗するための下品な手段。そしてこのような仕事の背後にひそむ黒々とした思考。

開演中、憤然と席を立って帰る女性、終ったとき「くだらないぞ」「引っ込め」と叫ぶ人達。多くの人が怒りの中に居たが、私はその人達に共感する、少なくともこのような独善と無能の延長に未来はない。（略）

いまではインターネットで昔の新聞を読むことも可能であるから、興味のある方は生の資料にあたって当時の新聞評がどんなものであったかを確認していただくと面白いと思う。

批評以前の問題として、当日国立劇場にいなかった人々に会場の様子を伝えることも時評の重要な役割である。まずその点について、この作品を計画し実行して、あらゆる局面に立ち会ってきた当事者である私が言わなければいけないことは、ここに記述されている会場の様子は事実とは違っている、ということである。私の言うことは当事者の主張として信用されないかもしれないが、客観的な証拠がある。この時の舞台は国立劇場によってビデオで収録記録されていて、私もそのコピーを所有しているが、終わった後の大きな拍手、それに応えてシュトックハウゼンが舞台に現われると「ブラーボ！」の叫び声もかかる。はっきり「ブラーボ」と聞き取れる。拍手はなかなか鳴り止まない。公演の様子をビデオで記録することは今では極く普通のことであるが、当時は国立劇場ならではの研究的態度であった。一般にこのようなことは行なわれておらず、広瀬はこのような形で証拠物件が残ろうとは夢にも思わなかったのではないか。国立劇場大劇場の二回公演。一五〇〇人程度収容の八割程度の入りで二回、この公演に立ち会った人数はたかが知れている。新聞批評を読む圧倒的大多数は事実を知る由もない。事実はその場限りで消滅する。立ち合った者の証言と称して言いたいことを言えば、言った者勝ちである、と判断したらしい。このビデオは手続きさえすれば国立劇場の試聴室で閲覧することができる（貸し出しはしない）。このビデオをパラディグム（並列連関要因）とし、広瀬の批評をシニフィアン（記号）とするシニフィケイション（意味作用）で解読すれば、虚偽というシニフィエ（意味）が現われる。

## 4　ほととぎすの聞き方

いま、私は鎌倉の自宅でこの原稿を書いている。時、あたかも五月から六月にかけて、この時期鎌倉ではほととぎすが、まるで東京における烏のように旺盛に鳴いている。日本中でこれほどほととぎすが鳴いているところは余りないだろう。通常は明け方に鳴くものであるが、鎌倉では昼間も鳴く。ほととぎすとは皮肉な関係にある鶯もしきりに鳴いていて、どちらが優勢ともつかない。この時期を過ぎて夏になっても衰える様子もない。私はほととぎすや鶯の鳴き声を聞きながら、この原稿を書いている。

一般的にほととぎすはテッペンカケタカと鳴く、といわれているが、必ずしもそうではない。地域によってさまざまである。実際は二音と三音ないし四音を一拍の休止を挟んで一フレーズで鳴いているのであって、何と言っているかはほととぎすの知ったことではないだろうが、聞く方の人間が先入観をもって聞くから何かを言っているように聞えるのだ。真言宗の聖地高野山ではほととぎすはホンゾンカッタカと鳴くという。全山仏教寺院の山だからホンゾンは本尊だろうことはわかるがカッタカは勝ったかとも買ったかともとれる。意味はよくわからないが仏様のことを言っているらしい。

鶯の聞き方については全国的に統一見解が成立していて、これは誰でも承知のホーホケキョである。しかし、これはもともと天台宗の聖地比叡山から普及した聞き方で法華経と聞きなしたもの。これも仏教の聖地ならではの先入観が働いていることは言うまでもない。木の葉木菟《このはずく》は深山にしかいない鳥で私は録音でしか聞いたことがないが、三音をそれぞれ休止を挟んで一フレーズで鳴いている。これはブッポーソーと聞きなされていて、この鳥の俗称にすらなっている。高野山の聞きなし方だということで、言うまでもなく仏・法・僧である。

ほととぎすなどの鳴き声をシニフィアン（記号）とし、シニフィエ（意味）で言葉に聞きなしたのは、パラディグム（並列連関要因）として仏教的教養が働いているからだ。

## 5　叫び声の聞き方

広瀬量平が「ブラーボ」を「くだらないぞ」や「引っ込め」と聞きなしたシニフィケイションは一体どんな構造になっているのか。二つのシニフィケイションの連合体から成り立っている。

第一のシニフィケイションはシュトックハウゼンの作品を聞いたときに起こった。シニフィアンとして「リヒト」という作品が存在する。これはトータルセリエリズムの構造的な音楽である。広瀬はこれに反撥した。ということは、彼の意識にはこれと違う別の音楽があって、パラディグムとして働いていたということだ。人間の情念を謳いあげる調性的な音楽である。人類がまだ万物の霊長として君臨していた一九世紀に全盛を極め、人類の思い上がりが野生動物を絶滅させ、地球を傷つけ、大気を汚染したことに気づいた二〇世紀では人類の栄華の夢の跡となったロマン派音楽が、かれの意識のなかではまだ現役だったのだ。これがパラディグムとして働いて、カルチャーショックというシニフィエが生じた。

第二のシニフィケイションは第一のシニフィケイションの結果を受けて起こる。シニフィアンは「ブラーボ」の声である。これは大向こうからの叫び声だ。この時彼の意識のなかには第一のシニフィケイションの結果としての反撥が生産されていた。これがパラディグムとして働いて、叫び声を「くだらないぞ」とか「引っ込め」とかのシニフィエに聞きなした、ということになる。一つの意味作用はさらにもう一つの意味作用を誘発し、デマゴーグが累積していくことを、記号学ではヒステリー現象とも神話化現象とも言う。広瀬の意識のなかでこのヒステリー現象が起こった。それが「ブラーボ」を故意にか無意識にか、「くだらないぞ」などと聞きなしたのだ。

## 6　神話化現象の波紋

『読売新聞』の広瀬量平の批評は一例である。多くの新聞、週刊誌、月刊誌などが「リヒト」の批評を取り上げたが、内容はどれも大同小異であった。実際にこの作品に直接触れることのできた人数は限られた数であり、圧倒的大多数の人は実際を知らないまま批評を読んだだけで作品をイメージした。神話化作用は一層拍車がかかった。

国立劇場は当時は特殊法人（現在は行政法人）であり、公共性が求められ世間の有識者による評議員会の年に二回のチェックを受けることになっていた。評議員に選ばれるのは関係各団体の代表者や有名文化人である。しかし、彼らは言葉を変えていえば関係各業界の利益代表や体制側的な文化人でもある。「リヒト」初演後初の評議員会で「リヒト」のことが話題に上った。当時東洋音楽学会会長であった吉川英史が「伝統を破壊する行為であって断じて許しておくわけにはゆかない」と激しく非難した。他の委員たちは招待されてはいたものの無関心で、実際の演奏を聞いていない。結局新聞などの批評を手がかりに是非について論じられた。評議員会は提案することはできるが決議権はない。評議員会の座長は毎回選出して議事を進行する。この時の座長の永年『朝日新聞』で「天声人語」を担当した荒垣秀雄が「今後この種の公演を行わないことを約束して欲しい」と国立劇場の理事長に要望し、約束させられた形になってしまった。世間の良識とはこの程度のものである。こうして「リヒト」は国立劇場のなかでは封じ込められ再演の望みは絶たれた。

ことは国立劇場内だけではない。私は音楽専門誌に寄稿することがしばしばあったが、「リヒト」を擁護したものを書くとボツにされた。違うテーマの原稿のなかで少しでも「リヒト」に触れたことを書くと、その箇所を削除するよう要求された。「リヒト」はタブーになっていた。いや、それ以上の「リヒト」バッシングであった。

## 7 戦争絵画批判の読み方

構造主義のカテゴリーのなかに含まれるオモロジー（機能合同）という思弁活動は、類似するいくつかの構造を並べながら単独では判然としない仕組みを解明してゆく手法。そのためにはまず、対象とする事象の機能を共通の視点で構造化することから始める。

「リヒト」バッシングに非常によく似た構造の現象がこれより三〇年も前に東京で起こってい

る。藤田嗣治の戦争責任追及である。彼は軍の要請に応えて戦争画を描いた。戦争画を描いた画家は他にも大勢いる。しかし、藤田の場合は彼の画風とテーマとが一致して傑作が多いから戦争画のなかでも一際目立った存在であった。戦後、戦争画を描いた画家たちは戦争責任を追及されることを恐れ、先手を打って反省の意思表示として自らの手で最も責任の重いと思われる者を選びGHQに告発することとし、藤田を選んだ。ところがGHQに芸術家の戦争責任を追及する意思はなく、全く問題にならなかったが、画壇で戦争責任を追及する動きは止まず、さまざまのデマゴーグ現象が起こり、遂に藤田は画壇から締め出されて、よく知られている「日本脱出」となった。

横山大観は戦争画を描いていない。彼の画風が戦争画に向かなかったからだ。しかし、彼は自ら進んで「海山十題」と題した十点の作品を描き、これを売却してその代価で戦闘機二機を購入し、「大観号」と名付けて陸軍省と海軍省に献上した。戦闘機二機が購入できるほどの価格だったとは驚きである。

画家は絵を描いて金を稼ぐ職業である。藤田は戦争画を依頼されて描き、その代価として金を稼いだ。画家として当たり前のことをしたのみである。ドイツのレニ・リーフェンシュタール[*6]がナチスの政策映画を作ったかどで戦争責任を問われたが、冒頭に「総統の命によってこれを作る」という文言が入れてあったことで自らの意思ではなかったとして無罪になっている。藤田も陸軍省の依頼で戦争画を描いたのだから、リーフェンシュタールと同様に自らの意思ではないことになる。

ところが、大観は依頼されてもいないのに自ら進んで「海山十題」を描き、その代価で戦闘機を陸軍省と海軍省に献納した。これは明らかに自らの意思で行なったことで、戦争協力の責任が成立するはずである。しかし、大観について戦争責任の追及はどこからも出ず、全く無傷のままで大家として尊敬を集めていた。

＊6 ドイツの映像作家。はじめはダンサーとして出演していたが、のちに監督に転身し、記録映画に数々の名作を残す。特にナチ政権下のオリンピックを記録した『オリンピア（「民族の祭典」「美の祭典」）』（一九三六年）は、斬新な映像美で世界に衝撃を与えた。戦後は、アフリカ原住民の記録に取り組み、写真集『ヌバ』（一九七二年）で再び世界に衝撃を与えた。

戦争責任をめぐる藤田と大観の違いは何に由来するのか。それぞれの拠って立つ地盤の違いである。大観は日本画壇、藤田は洋画壇、両者の顕著な違いは支持基盤の違いである。戦前・戦中まで、日本には芸術のパトロンがいた。華族・財閥などで茶道や能楽を嗜み、コレクションは茶道具や日本画だった。大観が「海山十題」で金を作ることができたのもパトロンがいたからのこと。それに対し洋画壇は多くは投資目的の愛好家たちである。そのマーケットは決して大きくはない。『美術家年鑑』のランク付けが少しでも上がることを目指して団体展の特選などをめぐって暗闘を繰り広げていた。パリ画壇で鍛え上げられた圧倒的にうまい藤田の存在は、日本の洋画壇にとっては脅威であった。戦争画を口実にして追い出しをかけたというのが実情だったと思う。そうして藤田は「日本脱出」をすることになった。

## 8 「リヒト」批判の読み方

先に引用した『読売新聞』の批評のなかで広瀬は「このような独善と無能の延長に未来はない」と書いている。このような「リヒト」に対して浴びせかけられた罵倒のような批評はもちろん正当なものではなかった。なぜなら同じこの作品に対して全く別の評価があったからだ。

雅楽の楽器のために作曲された「リヒト」には、雅楽の楽器によるオリジナル・ヴァージョンの他に、作曲の時点で楽譜はオリジナル・ヴァージョンと同じで、楽器を洋楽器にトランスクリプトする洋楽器ヴァージョンが用意されていた。これによって「リヒト」はヨーロッパにおいて高い評価を獲得することになった。オリジナル・ヴァージョン初演の翌年にケルンでコンサート形式で、さらにその翌年にはパリでシアターピースの完全な形で上演され大成功を収めている。パリのうわさは全ヨーロッパの音楽界に伝わり、その後ヨーロッパ各都市で再演を重ねるとともに姉妹篇も次々と作られ、やがて全曲の上演に一週間を要する「リヒト」連作となって二〇〇三年「リヒト＝ビルダー」でもって完結した。彼の畢生の大作であるばかりでなく二十世紀後半の現代音楽の傑作としてモニュメンタルな作品となった。その嚆矢となった一九七七年の「ヤーレスラウフ（歴年）」は火曜日のなかに組み込まれている。[*7] ここにいたって、日本側の批評が正体を現わす局面に立ち至る。

東京のオリジナル・ヴァージョン初演をめぐるさまざまの批評は一応は音楽評の形をとっているが、これは建前であって本音はもっと別のところにあると思う。「リヒト」には、シュトックハウゼンが作曲した作品という顔のほかにもう一つ別の顔があった。それは国立劇場委嘱作品という顔である。これが事態を複雑にしていた。作曲家は音楽祭や財団などの協力がなければ大規模な作品を発表することは困難である。会場やオーケストラなどを自前で調達して作品を発表することはほとんど不可能で、たいていの大作は委嘱を受けて発表されている。しかし、音楽祭や財団の委嘱はそれほど多くはない。作曲家は数少ない委嘱を意識して互いに牽制し神経を尖らせている。いわんや雅楽の楽器による委嘱となるとさらにチャンスは少ない。ただでさえ熾烈な争奪戦のなかに違う星から来たようなシュトックハウゼンが登場したのだ。猛烈な「リヒト」バッシングが起こった。

しかしこれは「リヒト」を企画し実行した私に対するバッシングでもあった。柴田南雄・広瀬量平・黛敏郎など批評を書いた人たちのもう一つの顔は作曲家である。批評は書かなかったが明らかに私に対する態度が変わった武満徹や湯浅譲二も作曲家である。一人だけやや公平な視点で批評を書いた秋山邦晴は、武満などに近い立場ではあったが作曲家ではなく批評家であった。表面はある作品についての批評という体裁をとりながら、実は市場争奪戦でもあったのだ。シュトックハウゼンはドイツに帰ったからいいが、私は東京にいるしかない。しかもしばしば彼らに会うことがあ

*7
上演に一週間を要する「リヒト」連作は、七回を曜日ごとに割り当てて、演奏日を実際の曜日に合わせるよう工夫されている。

る。コンサート会場などでは透明人間になったつもりで知らん顔をして彼らの間をすり抜けていた。

音楽運動を推進するとき、音楽のことだけではなくその周辺の業界の仕組みも考慮しなければいけない。彼らは利害によっては抵抗する。委嘱する側は雅楽に埋没している情報量を引き出して構造化することというポリシーがあってそれにふさわしい作曲家を選ぼうとするが、楽壇側から見れば、年功序列を無視した秩序を壊す人選ということになる。妥協すると骨抜きになり、特に公共機関の活動は多角的な公平さが要求されるから毒にも薬にもならないものになっていることが多い。そして国立劇場は公共機関そのものである。

## 9 「リヒト」の再演

京都芸術劇場春秋座は京都造形芸術大学の付属機構であり、同大学は私の現在の職場である。この劇場を使って私は毎年「コンサートジェネシス」と名付けた公演を行なっており、二〇〇八年その第三回目に

カールハインツ・シュトックハウゼン作曲
雅楽の楽器のための三つの断章
――「ヤーレスラウフ・アウス・リヒト」より

を演奏した。このタイトルによる演奏は初演であるが、実質は三〇年前、私が国立劇場プロデューサー時代に企画制作した、前記の「リヒト」のソロまたはデュオの部分を抜粋して組曲に仕立てたもので、タイトルも含めて私の構成である。シアターピース仕立ての全曲再演にはさまざまな困難が伴う。洋楽器ヴァージョンもケルンで行なわれたヨーロッパ初演はコンサート形式であった。

国立劇場では封印されていたいわくつきの「リヒト」の再演である。今度こそケチをつけられるわけにはゆかない。私は弔い合戦のつもりで慎重に再演計画を進めた。まず二〇〇六年の「コンサートジェネシスI」で龍笛の独奏を、奏者は三〇年前の初演でも龍笛を吹いた芝佑靖氏で再演。初演の経験者であることは演奏を信憑性あるものにする。初演から三〇年経っており場所も東京でなく京都、かつてのような柄の悪い非難は全くないことを確認して、翌年の第二回で篳篥《ひちりき》の独奏を同じく初演でも篳篥を吹いた東儀兼彦氏に再演していただく予定であったが、直前に病で倒れ、代役が初演の録音を参考にして完璧に再演。この時も世間の反応は三〇年前とは別曲のように紳士的であった。そこで二〇〇八年に琵琶と箏のデュオを再演し、二〇〇九年には三曲に打物の伴奏を付けてソロやデュオなりに完全な形で組曲としての完成を予定していたが、二〇〇七年一二月五日シュトックハウゼンが急逝する。急遽予定を変更して、二〇〇八年を追悼公演として三曲を揃えて打物で伴奏する組曲仕立ての完全な形で再演したのであった。新聞にも大きく報じられたが、その頃はまだ健在だった京都市立芸大の広瀬量平は今回は何も言わなかった。三〇年経って魑魅魍魎はようやく消滅した。

デュッセルドルフのノルトライン・ヴェストファーレン州立美術館のコレクションは、ナチス時代に頽廃芸術として公立美術館から没収された現代美術が戦費調達のために外国へ売却されたものを、戦後に経済復興した西ドイツが一九六〇年に買い戻した八八点の作品を中核にしている。ナチス時代には芸術家も多く国外へ亡命し、国内に残った者も制作を禁じられるなどして前衛芸術運動は途絶えた。作品は金を出せば買い戻すことができるが芸術運動の空白は埋まらない。戦後のドイツ現代芸術の屈折した様相がそのことを表わしている。

# 自然的記号と対称性——自然科学におけるシンメトリー

坂本秀人

## 1　序論

対称性《シンメトリー》は人間の記号活動と深く関わっている。先史時代の壁画作品から、音楽、幾何学、詩作などにいたるまで、意識的にしろ無意識的にしろ、私たちの美的判断基準や認識様式のなかには様々な形で対称性が浸透している。世界を記述説明する科学理論であってもその例外ではない。科学の法則性自体が対称性を原理としているのみならず、素粒子物理学の基礎研究においても対称性は宇宙の起源を知る手がかりとみなされている。人間の認識活動における対称性は、すでに先史人類の単純な自然認識のなかに潜在的な形式で含まれていた。例えば一定の間隔で反復的に太陽が東から昇るという記憶ないし記録の蓄積は、時間・空間並進対称性によって保証される基礎的な単純法則となっていた。対称性は、様々な様態の記号過程を導く人間的営為の背後に隠されているが、多くの場合私たちはそれを明確に意識することはない。

私たちが自然的記号としてみなしているものは、その記号表現《シニファイン》と記号内容《シニフィエ》が例えば因果性などの「自然な関係」で結びついていると考えられている。多くの記号学の巨人たちはこの自然的記号について言及、もしくは分類しているが、その身分は記号学のなかにおいてごく例外的な範疇に属する些細なものとみなされている傾向がある。本論文の意図は、自然的記号が「自然」にあらかじめ存在するコードによって成立するものではなく、そのコードのシステム自体に対称性を背景にした人間の積極的な関与が介在していることを指摘することにある。そして、自然的記号は、太古の昔から自然界の対称性に惹きつけられ、それらを能動的に記号化し自然科学へとつながるシステムを作り上げてきた人間活動の所産であることが帰結される。

## 2 対称性と群論に関する予備的な考察

はじめに、本論で扱う「対称性《シンメトリー》」という語句の正確な意味を明示するために、対称性に関する歴史的な考察と、数学的な定義を示しておきたいと思う。

私たちが日常的に接する対称性という術語は、主に図像的なコンテキストのなかで用いられる場合が多い。デザインにおける対称性は、線対称であるとか、鏡像対称、あるいは反復といった並進対称である。こうした対称性は、原始的な図像の学を理論化した幾何学のなかに現われ、言うまでもなく、ユークリッド幾何学は、平行移動、回転、線対称といった変換（ユークリッド変換群）による不変量を扱うものとして成立している。一般化された対称性の概念は、こうした素朴な概念を拡張したものである。なお、対称性を正確に理論化したのは、一八世紀の数学者ガロア[*1]であり、変換を元とする集合を群によってその性質を明確化した。群とは次の三つの条件を満たす変換の集合である。

単位元の存在

$G$の元として$e$があり、任意の元$a$に対して$ae=ea=a$である。

逆元の存在

＊1　エヴァリスト・ガロア（一八一一―一八三二）フランスの数学者。代数方程式には対称性があり、一つの代数方程式には一つの置換群が対応することを示した。ガロアが創始した群論によって、対称性は群という代数概念によって定式化され、今日の科学に大きく寄与している。若干二一歳にして決闘により夭逝した。

$G$の任意の元$a$に対して$aa^{-1}=a^{-1}a=e$となるような元$a^{-1}$（逆元）が存在する。

結合法則

任意の元　$a$、$b$、$c$に対し、$(ab)c=a(bc)$。

変換群を構成する元はいくらでも設定することができるが、あまり大きな変換群を持つ幾何学はもはや私たちがイメージする幾何学からは離れ、集合論へ収束することになる。また対称性は、数学的領域にとどまることはない。ある慣性系に対して等速直線運動を行なっている座標系への座標変換（ガリレイ変換）に対して物理法則が不変であるとする、いわゆるガリレイの相対性原理が、四次元空間におけるローレンツ変換*2にまで拡張されることによって、相対性理論が成立している。対称性は私たちが新しい科学理論を作り出す場合でも、その発見の原理として働いてきた。私たちの理論は、何であれ、概念間の同一性をめぐって様々な変換群を選び、それに基づいて構成されている。

### 3　科学理論における対称性（同一性と保存則）

対称性《シンメトリー》の数学的定義が暗示しているように、変換群と対称性と同一性は相互に相補的関係にある。「変換に対して不変」という対称性の条件は、変換前と変換後の対象が同一であるということを規定しているが、同一性がアプリオリに決定されているわけではない。それらの決定は、理論を運用する私たちに託されている。逆の見方をすれば、対称関係を主張することのうちに、何らかの同一性基準選択が含意されているのである。論理的には、同一性基準、ないしは変換群選択の自由

＊2
アインシュタインの特殊相対性理論において主要な役割を果たす変換。ガリレイ変換が運動方程式を不変に保つように、特殊相対性理論において、物理法則はローレンツ変換の下で不変であり対称的である。しかし、この対称性には、四次元時空間の奇妙な性質が含意されている。慣性系によって「時間が遅れる」など、私たちの日常的な直観にはなじまない事象がその一例である。

＊3
カール・フォン・リンネ（一七〇七―一七八）スウェーデンの生物学者、博物学者。著書、『自然の体系』によって、生物のみならず、自然界のあらゆる存在物を分類するための方法論を確立した。今日使われている、界、門、綱、目、科、属、種の概念は彼によって導入された。

＊4
Eliott Sober, *Philosophy of Biology*, Oxford University Press, 1993. 進化論を語る時、しばしば系統樹が引き合いに出されるが、こうした系統は形質に着目するか、遺伝子型に着目するかで異な

度に際限はなく、私たちは多くの場合、議論の対象や視点の精度によって比較的ルーズに選択していることが多い。しかし、例えばハマチとブリの違いに議論の焦点をあわせている時に、「それは同一の魚である」という主張をするのは、明らかにカテゴリー・ミステイクであり、議論は混乱することになる。従って通常自然科学の世界では、問題のタイプによって、どのような同一性基準を採用しているのか暗黙の同意を得ているか、またはその都度調整し合うという作業が必要になる。近代以降、生物学では、いくつかの同一性の基準によって、「種」であるとか「類」であるという形で階層分けするリンネの階層分類[*3]が用いられ、混乱を避けてきた。しかし、生物学において分類の問題は未だに困難を極め、アリストテレスの時代から、現在の生物哲学にいたるまで、いわゆるシステマティックスの問題[*4]としてくすぶり続けている。それに対して、物理数学におけるいわゆる「みにくいアヒルの子の定理」[*5]は、こうした問題に対するある種の悲観論を示している。特徴量[*6]に偏りを与えない限り、類似性基準は厳密な意味において一意に定まることはないというこの定理の帰結は、問題となっている議論の視点の定め方如何によって、分類には無数の仕方があり、どのような分類も論理的には等しく可能なものとなる。

　対称性は、物理の世界にも興味深い帰結をもたらしている。ネーターの定理は、物理的な対称性があれば、それに対応して何らかの保存量が存在していることを証明した。この定理の具体的な帰結はおおよそ次のようなものである。例えば空間並進の対称性が存在すれば、そこから運動量の保存が帰結し、時間対称性が存在すれば、そこにはエネルギーの保存則が含まれているのである。つまり、私たちの物理理論に含まれる対称性は構造上必然的になんらかの保存量を生み出していることを意味している。

ってしまう。見かけ上同じ系統に見える種でも遺伝子型がまったく異なるというケースは少なくない。

＊5　Watanabe Satosi, *Knowing and Guessing: A Quantitative study of Inference and Information*, John Wiley, 1969. 邦訳、丹治信治・村上陽一郎訳『知識と推測』東京図書。日本の理論物理学者・情報学者、渡辺慧による著作。「知る」ということと「推測」について二〇世紀情報学の観点から探求したもので、「みにくいアヒルの子定理」はこのなかで述べられている。

＊6　事物を区別する時に私たちはなんらかの特徴に注目しなければならない。こうした特徴を数量化したものが特徴量である。アヒルであれば、脚の長さ、羽毛の色、くちばしの形など様々な特徴が考えられる。「みにくいアヒルの子の定理」は、論理的な可能性だけから見ればあらゆる分類が可能となってしまい、みにくいアヒルの子を選び出すことはできないということを示している。

## 4 変換群とコードの理論

チャールズ・サンダース・パースのように「推論」や「思考」「認識」そのものが、先行知識に基づく記号活動そのものであるとする立場にとって、「無意味な認識」という言明は成立しないように思われる。コードの理論を一般的な認識論にまで拡張することに関する議論は、一定の批判にさらされてきたものの、心理学や認知科学などを含む他分野にわたる先行研究[*7]が数多く存在しており、本論文の基本的立場はそれらの研究に準じる。ただし、この問題に関しては論旨がはずれるので一部の関連事項を本論最後に補足説明するに留め、ここでは、これまで述べてきた対称性《シンメトリー》、変換群とコードの理論の関連についての考察を進める。

通常、自然現象を発信点とする単純知覚は未だ科学的自然認識と呼べるものではない。知覚という記号過程を（恐らくは）意識下で支えるコードや、その体系は、もちろんはじめから科学的に組織されたものではないからである。従って、自然的記号が科学的な何かになるためには、私たちが能動的にその体系化に関与しなければならない。科学は一般に対称性に基づいた「法則」や「因果性」と呼ばれるコードの体系によって連続的に結ばれた無限の推論を可能にするものである必要がある。例えば古典力学の世界において、「ある時刻 $t_0$ における対象系の位置と運動量」という表象は、任意の時刻 $t_x$ における同一系の状態を代表する記号作用を持つ。[*8] すなわち古典的ハミルトニアン[*9]は、初期条件群に対するコードとして働き、様々な予測事象と関連づけることによって、これらの諸項間に明確な意味作用をもたらす。変換群の三つの条件は、こうした力学的記号過程の特質を正確に表わしている。たとえば、逆元の存在は、ある表象と関連づけられた意味が同時にまた、表象として、元の表象を解釈項とする記号作用を可能にする。運動方程式はある初期条件に、未来の時刻 $t_x$ における当該の系の状態を代表させるコードであるが、このコードは同時に時刻 $t_x$ にお

＊7
この分野での興味深い考察は、Bill Nichols, *Ideology and the Image: Social Representation in the Cinema and Other Media*, Indiana University Press, 1981.

＊8
古典的運動法則そのものに時間という要素が含まれているので、少し分かりにくいかもしれない。もしも時間並進対称性がなければ、それは運動法則が時々刻々と変化するような世界を意味する。その場合、ある時刻における法則は、系の初期条件をもって未来の任意の時点における状態を代表させることはできない。

＊9
ニュートンの運動方程式を数学的に整備したもの。

ける系の状態もまた表象として過去となる時刻 $t_0$ の状態を代表させることができる。科学法則は未来を予測するのみならず、過去にまで遡及する推論を可能にする形式であることがわかる。したがって、物理科学の世界において因果性の少なくとも一部は、パラメーターとしての時間 $t$ によって結び付けられたすべての事象の間に成立するものと考えることができる。この場合、アルキメデスのように時間の向きを想定しないならば[*10]、因果関係の時間的前後関係すら逆転させることが可能になる。

このように、科学法則は「可能的な自然記号」に対して「可能的な記号内容」を付与するという本性を持つ。したがって、(理想的には)あらゆる事象が法則[*11]で結び付けられた自然科学の構築は、人間が世界を記号化し組織化するという営みである。しかし、上に述べたような世界の因果的組織化を正当化するその根拠は何であろうか。例えば、これに対して実在論者は、自然(実在)世界はすでに因果的に組織化されており、私たちの科学はそれを正確に写し取っているにすぎないと言うかもしれない。つまり、ある出来事とある出来事の間には、すでに私たちの慣習(convention)を超えた「自然な結びつき」が存在しているという立場である。この結びつきに依拠して主張されるのが、いわゆる「自然的記号」である。そこで、次にこの自然的記号について考察していく。

## 5 「自然的記号」に関する簡単な注釈

議論を先に進める前に、ここでは、よく知られた「自然的記号」に対する本論の立場をある程度明確にしておきたい。というのも、本論では自然的記号の意味に関する歴史的コンセンサスの一部分を従来とは異なった仕方で(あるいは拡大した形で)解釈しているため、以降の議論で誤解が生じないよう予めその点について簡単に触れておく必要があるからである。

＊10 もともと物理法則に「時間の向き」は存在していない。詳しくは Hue Price, *Time's Arrow and Archimedes' point*, Oxford University Press, 1996 参照

＊11 もちろん科学法則は因果的法則に限定されないが、古典力学やそれに基づく決定論の立場にとって、科学法則は極めて因果的な性格を持つものであった。

古くから意図的な伝達記号と峻別された、自然的記号[12]が想定されてきた。その場合「なにものかを代表する」という記号の働きは徴候や指標という形で理解されてきた。パースのように、すべての推論を記号過程とみなす場合、（伝達機能を持たないにもかかわらず）自然的記号という分類は比較的容易に正当性を得られるだろう。一方エーコは、「文化的に認められ体系的にコード化されている場合[13]」といういくぶん強い条件を自然的記号に課している。また自然的記号そのものを認めない立場もある。このように自然的記号の成立要件には論者によって著しい温度差があり、この問題を扱う際の障害となっている（場合によっては扱うこと自体が無意味とされてしまう）という事実は否めないであろう。

一方で、自然的記号を他の記号と分かつとされてきた一見自明なこれらの個々の条件自体にも相当な意味的なゆらぎがある。自然的記号の意味作用の例として頻繁に登場するのが「因果性」によって記号過程が成立するケースである。その場合の一般的見解は概ね次のようなものであろう。煙という知覚された出来事は、炎という出来事を代表しているが、これは、炎と煙の間にある因果連関に依存している。この場合、記号表現は「意図的」に発せられたものではないが、この記号表現は「直接、物理的、因果的に」記号内容と結び付けられているため、こうした自然的記号が記号たりうる資格を有することになるとされる。

しかし、こうした意図性の有無や、表現と意味のつながりのタイプによって記号を分類する方法は確かにそれなりの生産性はあるが、厳密にそれらが何を意味しているのか確定することは困難である。「意図性」の意味そのものが、認知科学やコンピューター・サイエンス、そして究極的には哲学的心身問題の行方に左右されており、「意図的に発せられた記号」の外延を厳密に確定することは不可能に近く、私たちにできることはせいぜい場当たり的に現状でのコンセンサスに基づいて

＊12
たとえば、Thomas A. Sebeok. "Problems in the Classification of Signs". *Studies for Einar Haugen*. Mouton, 1972.

＊13
Umberto Eco. *A Theory of Semiotics*. Indiana University Press, 1976. 邦訳、『記号論』池上嘉彦訳、岩波書店。

それを決定していくことくらいである。また、自然科学という記号体系のなかには、はじめから上記のような「意図性」の問題はない（なかった）と考える人が多いかもしれないが、人類の科学思想史は、それとまったく逆のことを教えてくれる。人間が自然を把握理解し、利用しようとした時、すなわち数十万年前から自然の所作にはことごとく意図があり、それは例えばロゴスの顕現であると考えてきた。有史以来の科学もまた然りである。アリストテレスの自然観も占星医学もルネサンス期の自然魔術も、自然の姿は何らかの超越的意思の表われとみなしてきたのである。[*14] 自然科学が「意図なき学問」となったのは近代以降のたかだか二〇〇年にすぎないし、数千年規模の歴史的な観点に立てば自然科学がいつまた意図に満たされた体系に回帰するとも限らないのである。

自然的記号が持つといわれる「記号内容と記号表現の直接的（自然な）結びつき」という自然的記号の条件も、「因果関係」などという例示的説明がなされるばかりで、「直接的」とか「自然な」と称される結びつきがいったいどのようなものであるのか、必ずしも明確に定義されてきたわけではない。事実「因果性」なる概念に対して多くの実証主義者たちは懐疑的であり、自然には、ある種類の出来事の後に別の出来事が続くという一様性、恒常性以外のものはないと主張する[*15]（ハッキング）。そうであるならば、因果性という概念自体が、多くの見方に反し、私たちが自然界の出来事を組織化するために得た慣習的なコードの体系なのではないかという疑念が生じてくる。ただしここで明確にしておく必要があるのは、ここでいう「慣習」は、古くから、言語記号において記号表現と記号内容を結びつけるといわれた慣習の意味を（それらを含みながら）はみ出しているという点である。本論でいわれる「慣習」（以降、慣習をこの意味で用いる場合は「自然的慣習」と呼ぶか、または括弧つきで「慣習」とする）とは必ずしも文化的なものではないし、私たちの意志によって任意に決定されるようなものでもない。自然主義的な観点に立てば、それは人間という生物種

＊14
雷電がゼウスの怒りの表現であると考えた人々にとって、落雷は明白に意図的記号である。

＊15
Ian Hacking. *Representing and Intervening*. Cambrigde University Press, 1983.

が得た認識的制約によって成立した認識の性向である。[16] 一般にこれらが「慣習」と呼ばれることはないが、あえてここで「慣習」と呼ぶ理由は、一般的な意味での文化的慣習も本論でいわれる「慣習」も、厳密にはその区分は曖昧であり、その曖昧さこそが、自然的記号と慣習的記号の間によこたわる問題の本質を浮かび上がらせると考えるからである。この点に関しては8節において具体的に述べられる。

## 6　自然科学に含まれる対称性の源泉

「雲行きが怪しくなってきたから、雨が降るだろう」とか、「花が咲き始めたから、まもなく春がくるだろう」といった素朴な推論は、先行する経験知識によって支えられている。因果性という定義どころか概念すら存在しない太古の人類であっても、こうした簡単な「準因果的」推論は日常的に行なってきたであろう。ところで、このような因果性や、徴候など、自然的記号に対して、まさに記号としての権利を与えてくれる、表現と内容の間をつなぐコードはそもそも何によって保証されているのであろうか。こうしたコードは、人間の「慣習」と独立して、すでに自明な関係性として世界に存在したものなのだろうか。対称性《シンメトリー》から保存則を導き出すネーターの定理の帰結は、対称性や保存則が演繹的に導出される定理であると誤解されるかもしれない。しかし、この定理は、あくまでも、対称性から保存則を証明するという限定的な証明であって、そもそもこの条件文である「対称性がある」を保証するものではない。つまりあくまで対称性そのものは、私たちの経験則に基づくものである。

私たちの認識は、それを秩序立てるなんらかのシステムがないかぎり、断片的な認識の像があるのみで、それは知識にはなりえない。人間のみならずある程度の知能を持つ生命は、こうした断片

＊16
例えば、コウモリは人間と違い、超音波によって得られた認識像によって世界を構造化しているだろう。認識主体が世界を構成する様式は、その主体が持っている固有な自然的制約に依存する。同じ生物種内の個体間では、彼らの世界像は概ね一意に定まるが、本論の立場ではこれを含めて「慣習」と呼ぶ。

的な認識の像にある特定の方法で連関や秩序、さらには法則性を与えてやることが可能である。しかし、個々の生命種にはそれぞれに特有な認識の目的があり、例えば、人間のような社会的な生命体であれば、認識の体系化にしばしば客観性という条件が課せられることになる。このようにして、人間は万人が共有可能な仕方で、断片的な認識を未来の予測などの用途に使用可能な知識へと高めてきたのである。時空並進性の対称性が、ここで大きな役割を果たしている。要請された条件が満たされているならば、いつ、どこであっても観測者の視点によらずに生起するような出来事の背後に、私たちは広義における法則という概念を当てはめる。昨日であろうと今日であろうと、また、日本であろうとアメリカであろうと、火に触れれば熱い。こうした帰納的推論に支えられた法則性の付加は同時にこれらの出来事に対して、自動的に記号としての身分を与える。すなわち、私たちが数多くの経験（実験）を重ねてこのような法則性を見出したとき、火という自然的な表現が、熱を代表する記号となる可能性を帯び始める。逆にこうした対称性が破られるとき、私たちは、その背後に何か見落とされた別の法則が隠されているのではないかという推理を働かせるだろう。すなわち、対称性の破れはまた別の対称性によって補完されるべきものなのだ。かくして断片的であった認識の像は、対称性に満たされた一つの統一的な世界像へと成長をとげることになる。

このような様式で認識を秩序立てるという行為は、「表現と内容の間の相関関係をコード化して認定する」という作業に他ならない（おそらくは法則性を見出すという作業）。事実上こうした相関関係のコード化が、ある自然的記号に内容を与えるための、すなわち、記号過程が成立するための要件であり、実際のところ、ある自然的表われにどのようなコードを割り当てるかという選択そのものは「慣習」的なのである。ただし、ここでいう「慣習」とは、繰り返しになるが、私たち個人や社会の意図によって自由に選択したり変更したりできるという意味での慣習ではない。そうではなく、私たちには固有の目的を達成するために、明らかにある特定の対称性に着目するという本性が先天的に組み込まれており、このような生物学的特性が私たち自身の記号活動に指針を与えてくれるという意味である。優雅なアラベスク模様の反復や、蝶の羽の左右対称性はユークリッド変換群に関する対称性を示しており、私たちはそこに、直観的な美しさを見出す。一方で、アフィン変換群[*17]による対称性はもはやいびつな図形の集合にしか見えず、私たちの視覚的美意識が（数学者でないかぎり）刺激されるとは考えにくい。このことは、認識主体には、どのような対称性を好むかという嗜好性が存在することを示している。様々な変換群を目の前にした時、それを評価する私たちの視線には明確な偏りが存在しているのである。

かくして、ある自然的表象を対称性によって他の出来事と連関させるコード化の方法は、実在論的な意味で、世界の側に内在したものであると考える必然性はさしあたり見当たらない。つまり、こうした自然化されたコードを権威づけるものは、広義における私たちの「慣習」によると考えられる。通常、自然科学を組織化するコードの体系には文化・社会的な慣習以上の客観性が求められてきたため、従来こうした記号論的視点は科学哲学のなかでも明らかに敬遠されてきた。しかし、私たちが採用した用語「慣習」による自然界の組織化によって、自然科学の客観性は保証される。なぜならば、私たちの理論内部におけるコードの体系を権威づけるものが、外界や、ましては神などといった超越的な対象ではないにしても、同一種に属するほんどすべての個体が進化プロセスのなかで、同じような認識能力を獲得してきたという、まさにその歴史によって、「客観性」という字義通りの属性は確保されるからである。

次に対称性の対概念である同一性概念からこれらの状況を再検証してみよう。すでに述べたように私たちの原初的認識における基本的コードの一つとして「同一性」に関するものがある。A地点

＊17
アフィン変換群は、図形全体を均等に斜め横に引き延ばしたようなひしゃげた変換である。これらの変換によって不変な図形のみを扱う幾何学をアフィン幾何学と言う。ここでは例えば正方形が菱形と同一ということになる。この幾何学的世界において、もはや図形の角度や長さという特徴は意味をなさない。しかし、直線性や平行性などは保存される。正方形と菱形が横にならんでいてもそこに対称性の美しさを感じる人はいないだろうが、アフィン幾何学的にはこれも立派な対称図形である。

にあるxという個物と、B地点にあるyという個物の同一性を与えるコードは、私たちの自然種をはじめとする属性、もしくはタイプの体系を与えてくれる。また$t_1$においてAとして存在する個物と$t_2$においてBとされる個物が同一であるということを規定するコードは世界の因果的変化という体系的認識を可能にしてくれる。しかし、上述した「みにくいアヒルの子定理」や、変換群選択の任意性は、私たちが「同一」とみなす基準が一意に確定しないことを帰結している。そのため、論理的には私たちには現在広く流通しているものではない他の基準を採用するという選択肢も残されているのである。

しかしながら、同時刻における静岡のイチゴと、日本海のヒラメを同一物として規定するようなコードの体系や、ある時点での一セント硬貨と、その一秒後の一ドル紙幣を同一物として関連づけるようなコードの体系は、何かの目的にとって戦略的な利益をもたらすことはなく、私たちの生理学的、あるいは進化論的機構によって淘汰、または排除される（てきた）のであろう。[*18] こうした事情から、ほとんどの場合、科学理論において、同一性や対称性などの基礎的なコードの体系における客観性は自然な形で保たれている。しかし、この「客観性」は、特定の認識主体集団の枠を超えることはない。それゆえに、これらのコードを認定する「慣習」は社会的ではないにせよ、極めて社会的慣習に近い意味合いを持っている。

*18 もし仮にそのような認識を行なうような生命種がいたとしても、それらが自然界のなかで生存可能であるとは思えない。

## 7 理論が有効であるということの意味

厳密な意味で、あらゆる認識は、記号活動であり、従って、記号表現と記号内容によって成立している。ところで理論などの体系が「有意味」であるということは、これとは別に、当該の体系がある条件を満たしているということを意味している。すなわちコードの体系に対する構造的な要請である。たとえば科学であれば、無矛盾であり完全性がたもたれているようなコードの体系を持たなければいけない。もしそうでなければ、理論内の記号表現に結びつけられた解釈項は個別的には意味があっても、体系的には無意味であるということになる。しかし、これらの要請は、与えられたシステムが「受け入れ可能」なものであるか否かという私たちの恣意的な判断にゆだねられている。矛盾に満ちた理論というのはにわかには受け入れがたいが、その体系が慣習的に受け入れられていたり、ある目的のために有用であるならば有意味である。たとえば宗教聖典は科学理論ほど体系的な整合性を持っていないが、慣習的に受け入れられていれば、つとめて有意味なものとなる。このようにある記号の体系が有意味となるために満たすべき条件として何を採用するかということも慣習や目的によって決定される事項であり、そこに普遍的な基準は存在しない。

ネルソン・グッドマン[*19]は、bleen と grue という二つの色彩語によって現存する色彩語によるシステムと同等な体系を作れることを論理的に証明した。このことは、単純な自然種を示す記号の体系ですら一意に定まらないことを示している。にもかかわらず、私たちが常に green と blue を用いるのは、意識的ではないにしてもそこには、そのような「慣習」が存在するからである。私たちにはもっとも効率よく思考作業を遂行できるような生物学的仕組みがあり、それを無意識的に選択しているのかもしれない。そこには情報処理を行なう生理学的な最小作用の原理が働いていると思われる。いずれにしても、どのようなシステムを選ぶかということに、「慣習」的コード以上の究極的根拠は何もないし、科学法則における空間並進対称性が成立しないような自然記号の体系が無意味であるとする実用性以外の理由は見当たらない。見方を変えれば、私たちは自らの生存と幸福にとって何が有益かということを基準にして、自然的記号を組織化するための変換群を選択してきたのである。

＊19
Nelson Goodman, *Ways of Worldmaking*, Hackett Publishing, 1978. 邦訳、『世界制作の方法』菅野盾樹訳、筑摩書房。

8　人間の生物（生理）学的特性を「慣習」と呼ぶことについて

本論では、科学的世界把握の基礎をなす対称性や同一性が変換群の選択に依存していることを示し、その選択自体に人間が深く関与していることを指摘してきた。これまで述べられてきたように、その選択の一部が人間の生物学的生理学的な特性に由来するのであれば、それは字義通りの慣習によるものではない。従って、こうした認識活動を記号学の枠外におくことは可能であろう。例えば、これらは、パブロフの犬に対する刺激のようなもので、記号活動の外延から排除されるべきだという見方もあり得る。しかし、こうした「自然化された慣習」をコードの理論に組み込むべきであると考える二つの理由がある。

1　対称性や同一性による組織化が文字通り「文化的慣習」に依存している可能性

本論でとりあげた対称性の嗜好や、その選択が人間の先天的特性といった自然的なものに起因しない可能性も十分にある。特に同一性基準の選択のほとんどは後天的、すなわち文化的、社会的産物である。ただし、運動をしている石の連続性を保証するような同一性基準は自然認識に関わる人間の先天的な特性であろう。人間の眼球構造や、映像処理をする大脳の能力特性と大きく関わりがあるからである。対称性、同一性と一口にいってもその階層は様々であり、それを保証する理由も異なっている。

2　慣習的、文化的な要因と、自然的、生理学的な要因を弁別する根拠の脆弱さ

レストランの入口に設置されたイミテーションのオムライスが、オムライスの味を想起させる

のは意味作用であるし、これが慣習的なコードに依存しているという主張は可能である。しかし、それを可能にしているのは、私たちの味覚という先天的に備わった生理学的な能力である。人間の慣習的、文化的なものが生得的な認識能力の上に立っている以上、これらを区別して議論するのは無意味である。文化的な慣習と自然的な慣習を峻別する基準は規約として考えるならば、それなりのコンセンサスが得られるものをいくつも策定することができるだろう。しかし、そうした基準こそが私たちの恣意的な判断にゆだねられており、すぐにその基準では身分が確定できない要因が見つかるに違いない。この事情は自然的記号を正確に定義することの難しさにも関連している。（9節参照）

記号分類の精密さは、問題となっていることがらの記号的特性を見る際のレンズの働きをしている。恐らくこうした分類を細かくすることによって、個々の記号現象の具体的で精緻な姿を分析することができるだろう。しかし、一方で記号の自然的下限を最大限にとり、粗視化することによって、記号論と人間活動の本質的な問題を詳らかにすることができるのである。私たちは様々な興味深い記号分類を手にしているが、それは問題となっていることがらのタイプに合わせて自由に選択するべきものである。記号論の議論が絶対空間のごとく特定の分類に強く関わるようになったとき、記号論はその生命力を失うことになるであろう。

## 9　本論と先行研究との関連について

パースは「習慣」（habit）によって、法則ないしは法則性を定義しているが、彼が考える「習慣」の意味はそれ以上の広がりを持ち、時に、その適用範囲は宇宙論にまで及んでいる。例えば、シネキズムの議論のなかで、物質にもこの「習慣」の概念を拡張し、[20]物体とは習慣が固定化し自由度が失われた状態の心であるといった極端な論を展開している。本論の意図は対称性に基づく科学法則の本質を記号学的な見地から探求することであり、本論で言うところの科学法則や、「慣習」はパースの「習慣」概念と相当な近似性があると思われる（もちろんパースの特異な宇宙論に与することはないが）。しかし、パースの習慣という語に対する意味づけが多方面に広がり、その特殊な意図を汲み取るのは著しく困難であり、またこれについての考察は本論の論旨を大きくはずれることになるので、ここでは上記の点を指摘するにとどめておきたい。

一方で菅野は「恣意性の神話」のなかで、慣習的記号と自然的記号という二分法の問題点を指摘し、これを克服するために、いくつかの認知心理学からの事例を紹介するなどして、従来慣習的とされてきた言語的記号表現と記号内容の間に自然な結びつきを見出そうとしている。[21]この論は人間対自然という二項対立に対する強い疑念に動機づけられていると思われる。自然と人間、自然と人工、自然と慣習等々といった二項対立の源泉そのものは伝統的な心身二元論の問題に遡る大きな哲学問題である。しかし、一見対立しているように見えるこれらの二項関係は、かつてクワインらが、gladualism[22]と呼んだ論法によって読み解けば、ある程度の実態が見えてくるかもしれない。つまり、自然的記号と慣習記号（あるいは、「自然と人工」など）は集合論的な区分を意味しているのではなく、全体の濃淡のような程度の差にすぎないのである。これこそが、本論で「慣習」という用語法を用いた大きな理由にもなっている。つまり、慣習と「慣習」は切れ目のない全体をなしているのである。「記号論にとっては〈自然的記号〉なる観念（ひいては〈慣習的記号〉という観念）を解体することも課題になる」とする菅野の立場は、アプローチの方法こそ異なるものの、本論と立場を共有しているものと考えられる。

＊20 C. S. Peirce, *Collected Papers of Charles Sanders Peirce* Harverd University Press, 1931-1958. シネキズムと習慣の議論は第六巻。

＊21 菅野盾樹『恣意性の神話』勁草書房、一九九六年。

＊22 分析命題と総合命題の区別の可否に関してクワインは、その区別は連続的なグラデーションのようなものであると主張し、この立場をgladualismと呼んだ。太古の昔より哲学の世界では、多様かつ強固な二分法が用いられてきた。自然と慣習というような二項対立構図もその一つであるが、こうした二分法の多くは、クワインのgladualismの観点から分析することによって、その本質が明らかになるものと思われる。

## 10 結論

グッドマンは、次のように言う。「記号システムは人工物である。その構文論的、意味論的な特徴は、記号システムが適用される領野がそれに押しつけるのではなく、その領野をどのように組織すべきかについての、私たちの決断の結果である」[*23]。グッドマンは「決断」という言葉を用いるが、それはむろん個々人や社会の意思による決断を意味しているものではない。多くの場合、記号システムの構築は（特殊な場合を除けば）特定の個人や社会の意思にゆだねられるものではない。その意味において、私たち個人にコードや記号システムの創設や変更作業に関与する権利はほとんど与えられていない。そうであるにもかかわらず、グッドマンがそれを「決断」とするのは、そこに、私たちには選択されなかった可能的な別の記号システムが存在するからである。人間が長い歳月をかけて連綿と築いてきた様々な記号システムは人間を離れたなんらかの必然性によって決定されたものではなく、あくまでも人間存在が関与することによって決定（選択）されてきたという事実が、グッドマンが「決断」という言葉を使う理由であろう。科学理論の特性は、私たち人間をとりまくなんらかの偶発的状況が残した遠い過去の痕跡である。そして本論ではこの偶発的な状況の一部に、人間の身体的特性や、人類の生物学的な歴史を含めて論じてきた。私たちがある特定の対称性や同一性を用いて自然界を理解しようとしてきた歴史の背後には、私たちによって選択されなかった夥しい数の対称性や同一性の基準が隠されている。

私たちが慣れ親しんだ言葉をはじめとする記号システムの多くは、その起源を意識されることなく、何の障害もなく自在に使われている。しかしたとえば、二〇世紀の物理学を襲ったいくつかの混乱は、私たちの遠い過去のコード化がもたらした帰結であり、それ以来私たちは自然科学の根底

＊23 N. Goodman, C. Z. Elgin. *Reconceptions in philosophy & other arts & science* Hackett Publishing Company. 1987. 同邦訳、『記号主義』菅野盾樹訳、みすず書房。引用箇所は菅野訳より、一四頁

に横たわる記号論の亡霊に悩まされてきた。世界はすべてを包み隠さず、その真なる姿を見せてくれると信じる素朴な考え方が立ちゆかなくなったとき、私たちは太古の人々が、謎めいた世界の対称性を注意深く観察し、そこに秘められた意味を解釈することによって、現代に受け継がれた世界像を築き上げたことを再び思い起こす必要がある。そしてこうした私たちの過去の遺産を評価と批判の対象として検証することによって、未来にわたる諸学の可能性と限界を分析することができるものと思われる。

研究論文

# ミラン・クンデラの『冗談』とファウスト・モチーフの関係性

## ——数字と名前のシンボル分析

渡辺　青

ミラン・クンデラの最初の長編小説である『冗談』[*1]（*Žert*, 1967）は出版当初、政治的・歴史的な観点から批評されていた。その典型として、シュールレアリスムの詩人で共産党の支持者であったルイ・アラゴン（Louis Aragon, 1897-1982）による『冗談』のフランス語版の前書きがある。アラゴンはこの前書きにおいて『冗談』と社会主義の関係を強調した。一方で、クンデラは単に政治的・歴史的な状況に基づいた『冗談』への批評を否定してきた。今日出版されている『冗談』ではアラゴンによる序文に代わってクンデラ自身による「あとがき」が添えられているが、そのなかで、彼は「歴史的状況がこの小説本来のテーマではない」[*2]とはっきり述べている。しかしながら、クンデラがこの小説のテーマを具体的に説明することはない。この点は、クンデラ自身が述べている「小説とは定義上、イロニーの芸術であるからだ。つまり、小説の〈真実〉は隠されており、表ざたにされず、また表ざたにされ得ないものなのである」[*3]という小説の定義を忠実に守っているからであろう。このような作者による小説の主題の意図的な隠蔽は、読者の解釈にとって問題になる。エルンスト・ゴンブリッチ（E. H. Gombrich, 1909-2001）は「もし我々が意図された意味という観念を棄て去ってしまったなら、法廷も批評の領域ももはや機能することはできなくなるだろう」[*4]と主張した。ここには、作品のなかに隠されている作者の意図した意味の発見という目的の正

＊1
本稿での分析には *Žert.*（Atlantis, Brno, 1996）と日本語訳『冗談』（関根日出男・中村猛訳、みすず書房）一九九二年版を用いた。

＊2
クンデラ、前掲書、三七七頁。

＊3
クンデラ『小説の精神』金井裕・浅野敏夫訳、法政大学出版局、一九九〇年、一五四頁。

＊4
ゴンブリッジ『シンボリック・イメージ』大原まゆみ・鈴木杜幾子・遠山公一訳、平凡社、一九九一年、二七頁。

当性がうかがえる。本稿ではこの目的に従ってクンデラの『冗談』の解読を試みる。

## 1　方法——名前と数のシンボル分析

本稿ではクンデラの『冗談』を数字と名前のシンボルから分析する。よって本稿において、数字は数量的な数値としてではなく、また、名前は固有名詞としての名前ではなく、それらのもつシンボル的な意味との関連から扱われる。数字と名前のシンボルは各文化のシンボル体系に結び付いており、ヨーロッパにおけるシンボル体系は特に古典古代の神話や学問ないし聖書にその基礎を求めることができる。例えば、ヨーロッパの文化において数字の三が聖なる意味を持つとき、このシンボル的な意味は聖書における三位一体やキリストの死から三日目の復活とつながっている。あるいは、数字の奇数と偶数が男性と女性の対立を意味するとき、この対立はピュタゴラスの学説に基づいている。

文学作品の著者たちはしばしば彼らのテキストを数字や名前のシンボルを用いて意図的に創造してきた。ダンテの『神曲』において三という数字が重要な役割を果たしていることは有名である。また、奇数と男性、偶数と女性のシンボル的一致とこれらの対立は、ゴーゴリの『外套』やバルザックの『サラジーヌ』のなかに見られることが指摘されている。[*5] 名前であれば、例えばラブレーのガルガンチュアは大きな咽喉の意味と語源的に結び付く。あるいはエーコによる『薔薇の名前』のバスカヴィルのウィリアムという名前はシャーロック・ホームズの『バスカヴィルの犬』を想起させる。こうした、シンボルに焦点を当てた文学作品の分析は今日までたびたび用いられてきた。その例として、中世期の作品を扱ったエルンスト・クルツィウス（Ernst Curtius, 1814-1896）の『ヨーロッパ文学とラテン的中世』[*6] や、バロックの作品を扱ったヘルベルト・チサージ（Herbert

＊5　Joseph Rostinsky, *The number symbols in Romantic Texts: A Case study in Cognitive Interpretation*, in Der Mnemosyne Traume, Francke Verlag, 2007.

＊6　クルツィウス『ヨーロッパ文学とラテン的中世』南大路振一・岸本通夫・中村善也訳、みすず書房、一九七一年。

Cysarz, 1896–1985) の *Deutsche Barockdichtung*[*7]、一般的な文学理論におけるレネ・ウェレック(René Wellek, 1903–1995) とオースティン・ウォーレン (Austin Warren, 1899–1986) の『文学の理論』[*8] を挙げることができる。

本稿におけるシンボル分析の過程において、『冗談』がファウスト・モチーフと関連しているということが示される。ファウスト・モチーフという言葉を、ここではファウストに関する物語群において繰り返し現われるシンボリックな要素の関係性として扱うことにする。ファウストに関する文学的作品は非常に多く、中世には民衆本として広く読まれ、ルネッサンス時代の英国ではクリストファー・マーロウによって劇化された。一八世紀にはゲーテによる『ファウスト』があり、大戦間にはトーマス・マンの『ドクトル・ファウスト』がある。クンデラの『冗談』もまた、このように伝統的に繰り返し書かれてきたファウストの文学に属するものである、と本稿では考える。そしてこの小説は、他のファウストに関する作品がそうであったように、ファウストという人物を通して、その作者の時代における人間存在の新たな意味を創造しようとする意図を有していたと考える。

また、同時に『冗談』はカーニバル文学の流れにも属していることが、シンボル分析を進める上で理解される。したがって、『冗談』はファウスト・モチーフとカーニバル文学の組み合わせであるという結論が最終的に示されることになる。

## 2 『冗談』における登場人物の名前と数字からのシンボル分析

クンデラ自身は彼の小説の創作過程においてシンボルを使用していることを述べてはいないけれども、『冗談』は数字と名前のシンボルによって注意深くデザインされている。この小説はポリフ

*7 Herbert Cysarz, *Deutsche Barockdichtung, Renaissance, Barock, Rokoko*, Leipzig: H. Haessel, 1924.

*8 ウェレック&ウォーレン『文学の理論』太田三郎訳、筑摩書房、一九六七年。

ォニー小説の形式をとり、四人の語り手を持ち、七つの章から構成されている。四人の語り手、ルドヴィーク、ヘレナ、ヤロスラフ、コストカはそれぞれが語り手として担当する章番号と関連し、また、語り手としての役割を果たしはしないが作品のなかでの重要な登場人物であるマルケータ、ルッツェ、ゼマーネクの三人とともに、その名前はシンボル的な意味を有している。

『冗談』のなかで第一章、第三章、第五章、第七章の奇数節の語り手であるルドヴィークは、このテキストの主人公として考えてよいであろう。ルドヴィークが奇数の数字に結びついていることは、彼が語り手として奇数の章ないし節を担当していることや、彼が三七歳であることから分かるばかりではない。奇数のなかでも特に三の数字はルドヴィークにとって重要な意味をもっている。『冗談』の物語のなかでルドヴィークは復讐を企てる人物であるが、彼はその復讐のために三日間彼の故郷に滞在する。また、彼の宿泊はホテルの三階の部屋である。彼の名前の綴りはドイツ語あるいはモラビアの古いチェコ語のものであり、現代のチェコ語のものではない。現代チェコ語ではこの名前は Lidvic と綴る。ドイツ語ないしモラビアのチェコ語の綴りからは、彼の名前のシンボル的な意味は「人間の勝利」となる。彼の名前の意味は、ファウストがヨーロッパにおける人間存在一般のモデルとしてとらえられるときに、ルドヴィークとファウストとの関連の最初のきっかけとなる。しかし、ルドヴィークとファウストのシンボル的な一致は、むしろルドヴィークが接触する三人の女性の登場人物、ヘレナ、マルケータ、ルッツェによって、よりはっきりと把握される。三人の女性のうちヘレナとマルケータはゲーテによる『ファウスト』のヘレナとマルガレーテ（グレートフェン）と同名である。その上、この二つの作品における主人公と二人の女性との関係には類似点が見られる。すなわち、ヘレナは主人公との間に姦通の関係を、マルケータ、マルガレーテは主人公を助けようとする関係をそれぞれの作品において結んでいる。『冗談』とゲーテの『ファウスト』の一致というコンテキストから、『冗談』における三人目の女性登場人物、ルッツェの名前はシンボル的に光（Lux）の意味を有すると推測される。この点はルドヴィークにとってルッツェがはじめに形而上学的な女性として登場することで強化される。

『冗談』における第二章と第七章のうち四、一四、一六節の語り手を務めるヘレナは、偶数の数字によって特徴づけられている。そのなかでも、数字の二はヘレナにとって特に重要なシンボルとなっている。彼女は三二歳で、一四歳から一六歳までの二年間をサナトリウムに滞在し、その後一八歳までの二年間を修道院で過ごした。彼女は『冗談』のテキストにおいて、ルドヴィークの復讐の犠牲になる人物であるが、彼女がルドヴィークに会うために彼の故郷を訪問する期間は二日である。彼女の名前はギリシャ神話におけるトロイのヘレナにさかのぼることができる。ヘレナはゲーテの『ファウスト』だけでなく、マーロウの演劇『ファウスト博士の悲劇』のなかにも登場する。マーロウの演劇のなかで「ヘレナのレイプがギリシャ人の復讐戦争を招いた」という説明があるように、彼女は性的欲望と復讐のイメージに結び付けられている。実際に、マーロウおよびゲーテの『ファウスト』では、彼女はファウストの性的欲望の対象としての機能を果たしている。既述したように、『冗談』におけるヘレナはルドヴィークの復讐の犠牲者であり、彼の復讐はヘレナとのセックスを通して行なわれる。ただし、ルドヴィークにとって、彼女とのセックスは感情的なものではなく理性的なものであり、目的ではなく手段である。このため、『冗談』のテキストにおいては他の作品に見られるようなヘレナの性的欲望の機能は後ろに退き、復讐の機能が前景化されていると考えることができる。

ヤロスラフは第四章と第七章の四、一四、一六節を除いた偶数節の語り手である。彼を特徴づけている数字は四である。数字の四は季節と方角を分割することから時間と空間を表わす基本的な数であるが、ヤロスラフという名前が「春を崇拝する」という意味を持つために、彼の場合は数字と名前のシンボルが相互補完的な関係をもっていると考えることが可能である。ヤロスラフの名前と彼のモラビアの民俗音楽への愛情には関係性が認められる。彼は音楽の歴史に対する彼の意見を第四章四節において四つのベールのメタファーを用いて説明している。彼は、四つの音によって構成される古代の異教徒の音楽が、『千夜一夜物語』の踊り子が四つのベールの最後の一枚を脱ぎ捨てるときに現われると述べる。この四音階の音楽はモラビアの民俗音楽の構造と一致する。ヤロスラフは、スロバキア、南モラビア、ハンガリー、そしてクロアチアの民俗音楽がこの古代の音楽ときわめて類似していることをベラ・バルトークが指摘したと述べる。

コストカは第六章の語り手であり、数字の六と結び付けられている。コストカと数字の六との関係は、彼の妻が彼よりも六歳年上であるという事実以上に、ヤロスラフと同じように彼の名前と数字の六との相互補完的な関係から明らかになる。コストカという名前は賽と骨の二つの意味を有している。賽は六面と六つの数字から構成され、古代ギリシャにおいては動物の足首の骨から作られていた。有名なことわざである「賽は投げられた」はものごとの始まりと同時に、永遠の車輪の回転を意味する。車輪の回転は価値の転換と結び付いており、七つの章から構成される『冗談』において第六章の語り手がコストカという名前をもつことで、この六番目の章が最後の第七章のカーニバルに似た日曜日の始まりを予告する役割を果たすと考えることを可能にしている。

ルッツェもまた数字の六によって特徴づけられている。彼女は一六歳のとき六人の少年たちのグループに加わっていて、彼らと酒を飲んだりセックスをしたりしていた。ルッツェの名前については既に光との関係を指摘したが、同時にこの名前はルシファーの意味を持つと考えられる。このことは、光と闇、神と悪魔、ポジティヴとネガティヴといった二面性の特徴を彼女が同時に有していることを示す。ルッツェという登場人物は基本的にルドヴィークとコストカの二人の人物との関係において語られるが、ルドヴィークとの関係においては光の役割を、コストカとの関係においてはルシファーのイメージをまとっている。ファウスト・モチーフにおいて悪魔は実に重要な役割を果たしているため、彼女については次節においてより詳しく説明することにする。

ゼマーネクは特定の数字のシンボルと関係しない。そのため、ゼマーネクの場合、彼を特徴づける数字シンボルはゼロかもしれない。ゼロという数字はそれ自体では何ら価値を有さないが、他の数字と結び付くことで、それらの数字の価値を上下させたり、無効にしたりすることができる。彼の名前は、小さな独立自営農民[*10]の意味をもつが、これについてはシンボル的な意味がまだはっきりしていない。

以上から分かるように、『冗談』は七つの章と七人の主要な登場人物によって構成されている。そして、クンデラによる他の作品もまたほとんどの場合が七つの章によって構成されている。数字の七は聖書において神が地球を創造した日数であり、同時に音楽の七つの音階の数と一致し、かつ音楽は古代より数学と密接な関係を有する。こうしたことから数字の七は創造性、音楽、数の知識とシンボル的に結びついていると考えることができる。クンデラの父親は音楽家であり、またクンデラ自身が音楽を学んでいたことからも、数字の七が彼の創作過程に重要な意味を持つことが推測できる。以上のことは、クンデラが数のシンボルを意識的に用いて『冗談』を書いていると解釈するための裏付けとなるであろう。

*10 ヨーロッパにおける封建社会の解体期において、領主より事実上独立し自立的な農業を営むようになった農民のことで、中世末期から一八世紀ごろまで西ヨーロッパに多くみられた。

## 3 『冗談』における悪魔と冗談のシンボル

悪魔との契約はファウストに関する作品において、ほとんど常に用いられるモチーフである。

『冗談』の登場人物の名前と数字のシンボル分析を通して、ルッツェが悪魔の機能を果たす人物であることは既に述べたが、こうした手続きなしに、このテキストにおいて悪魔が登場することを見出すことは難しいであろう。加えて、ルッツェは悪魔と光の両義性を有する人物であることが、彼女の役割の解釈を複雑にしている。ルッツェの悪魔の機能が前面に出ている時、彼女は六の数字と結び付いている。このことは、数字の六が黙示録における怪物とアンチ・キリストを示す数「六六六」として悪のシンボルになることと関連している。それゆえに、彼女の悪魔的側面は数字の三において デザインされているルドヴィークとの関係ではなく、数字の六で特徴づけられているコストカとの関係において強調されることになる。例えば、ルッツェはルドヴィークに対して花を贈るが、第六章においてこの花が実際には墓場から盗まれたものであることが明らかとなる。この点は花のシンボル的意味の両義性として解釈できる。類似のものに、シェイクスピアの『マクベス』における台詞、「無垢な花のように見せかけておいて、その下に蛇を隠しておくがいい」がある。このように、花のシンボルは純粋で精神的なイメージと聖書においてイブを誘惑する蛇すなわち悪魔の両義的な意味を持ち合わせる。また、花、例えば薔薇やチューリップはセックスと結び付けられるが、同時にセックスはトーマス・マンの『ドクトル・ファウスト』に見られるように、悪魔との契約を表象することがある。シンボル分析の視点から、『冗談』の第六章一六節におけるルッツェとコストカの性的な場面に焦点を当てるとき、この場面が旧約聖書の失楽園を基礎として、花、セックス、悪魔との契約といったシンボルの関連性から構成されることに気づく。コストカは数週間ルッツェを教化しようとしていた。その結果、ある日コストカはルッツェがそれまでとは異なる存在になったことを、彼女の微笑のなかに発見する。したがって、新しいルッツェがコストカより生じたことが分かるのだが、このエピソードは、この場面においてコストカをアダムに、ルッツェをイブに、それぞれ結び付ける機能を果たしている。コストカの名前が骨の意味を持つことは既に述べたが、新しいルッツェがコストカから生じたことは、イブがアダムの肋骨から生じたことを想起させる。彼らのセックスは林檎の木のある丘の斜面で行なわれ、季節は春であり、林檎は花を咲かせている。これはエデンのイメージと符合している。しかし、既婚者のコストカにとってルッツェとセックスをすることは姦淫であり、彼の宗教に反することである。このため、コストカはそれ以降、自身のアイデンティティを喪失していく。この結末は、感情的な欲望と魂の交換という悪魔とファウストの契約と結び付く。したがって、この第六章一六節は、ファウスト・モチーフと失楽園の組合わせであり、そして、コストカもまたルドヴィークと同様にファウストのような人物であるという結論が導かれる。

チェコのことわざには「冗談は悪魔と関係する」というものがある。このことわざは冗談と悪魔のシンボル的な関係を表わしている。冗談と悪魔は、道化を媒介としてシンボル的に結びつくように思われる。[*11] この関連が『冗談』において機能していると推測することは、『冗談』における第七章の舞台がカーニバル的な雰囲気を帯びていることから可能である。古代音楽の収集家であるヤロスラフの役割は『冗談』におけるカーニバル性の強化にある。というのも、中世におけるカーニバルの起源は、古代の異教の神と結び付けられているからである。この点に注目するならば、ヘレナという名前もギリシャのヘレナ、あるいはヘレニズムと結び付いて、同様の役割を果たすことになる。また、運命の車輪と結び付き、価値の転倒を予告するコストカの役割もこの目的のために寄与するであろう。サイコロ遊びはカーニバルにおけるテーマになることができる。[*12]

しかし、冗談という点に注目するとき、ルドヴィークは最も重要な登場人物である。カーニバルのコンテキストからルドヴィークと冗談との関係は悪魔というよりも、むしろ道化の機能を前面に

*11
バフチーン『フランソワ・ラブレーの作品と中世・ルネッサンスの民衆文化』川端香男里訳、せりか書房、一九七三年。また、山口昌男「道化の民俗学（一二）」『文学』昭和四四年、二月号。

*12
バフチーン、前掲書、二二七頁。

押し出している。彼は、『冗談』の主要な登場人物中、唯一冗談を理解することのできる人物である。しかし、ルドヴィークのこうした特徴が、彼を困難な状況へと追いやっていくことは、より特徴的である。すなわち、彼は道化の役割を持ちながら、その役割を果たすことのできない、冗談を笑わない人々[*13]に囲まれた環境にいるのである。したがって、彼は冗談が冗談として通じないという状況に投げ込まれていることになる。しかし、登場人物のシンボルという点に焦点を合わせるとき注目すべき点は、ルドヴィークという人物がファウストと道化という二重の役割をもつことであろう。ファウストと道化の組合わせは、ルドヴィークという人物の前景化された特徴となっている。

## 結論

本稿では数字と名前のシンボル分析を通じて、『冗談』における作者の意図を明確にしようと試みた。分析の結果、このテキストは伝統的なヨーロッパ人のモデルであるところのファウストと結び付いており、ゆえに、クンデラ自身が主張している通り、これが人間存在一般の問題を扱った小説、すなわち、ファウストを扱った他の作品と同じように、ファウストという人物を通して、それらの作品の時代における人間存在の意味を考察しようとする小説、であるということがわかった。特にこの作品では、ルドヴィークがファウストでありながら同時に道化であり、かついずれの役割もうまく果たすことができないという状況が示されているが、それは現代における人間存在の状況の表現、つまりは冗談を笑うことのない人々による支配下における個人状況の表現という点で『冗談』における作者の意図に対する解釈を可能にする。

一方で、作者がそのテキストを媒介として伝えようとする具体的なメッセージや、表現しようとするテーマとは別に、むしろ、作者がそのテキストの創作過程を通し、どのようにして美的な効果

＊13
冗談を冗談として笑わない人は、ラブレーの造語で「笑わぬ者」を意味する「アジェラスト」（agélaste）と一致するように見える。クンデラはアジェラストについて次のように説明した。「いまだかつて神の笑いをきいたことのないアジェラストたちは、真実は明瞭であり、すべての人間は同じことを考えているはずであり、そして自分たちは自分たちがそうであると考えているものであると納得しています。しかし人間が個人となったのは、まさに真実の確信と他者の満場一致の同意とを失うことによってなのです」（クンデラ、前掲書、一九九〇年、一八五－一八六頁）。

を上げようとしたのかという点も無視できない。このことは、文芸作品の創造過程の手法を明らかにし、読み手に新たな作品の創作のための一定のパターンを提示するという点において役に立つ。『冗談』においては、作品創造のための手法として、シンボルの配置と複合的なインターテクスチュアリティの組合わせが見られた。これらの内容と形式の一致は、クンデラの意図に対する本稿での解釈の妥当性を裏付けるものであると思われる。

研究論文

# 折口信夫の言語伝承考

岡安裕介

日本民俗学黎明期の功労者として知られる折口信夫《しのぶ》であるが、民俗学のみならず言語学、国文学、宗教学、果ては創作活動にまで至る彼の横断的な知の在り方は、記号論的観点からも示唆されるところが大きいと評価されている。[*1] しかし、なぜ折口の思想が記号論的示唆に富むのかという問いに対して、彼のテクストに準拠した議論は、なお十分に尽くされていないように思われる。[*2]

そこで本稿では、「言語活動」に注目することによって日本文化の特性を明らかにしようとした折口の方法論が、構造主義のそれと類似していることを指摘するとともに、この観点から折口のテクストを読むと、古代日本の文化の諸側面に通底する原理が言葉の交換（コミュニケーション）形態をモデルに抽出することができることを確認する。[*3] さらに、この原理は古典（テクスト）のなかの古代日本のみならず現代日本の文化にもその影響を及ぼしていることがわかる。なぜなら、この原理は、通世代間の言葉の交換、すなわち、「言語伝承」という現在も行なわれている「言語活動」にそのモデルを求めることができるからである。本稿は、折口が民俗学の対象として取り上げた「言語伝承」に注目することによって、彼が日本文化の特性をどのように理解していたかを明らかにする試みである。

＊1
例えば、磯谷孝は「ここには幸いなことに言語論あり、詩的言語論あり、日本文化論ありで、まことに記号論的豊穣を目の当たりにしている思い」（磯谷 一九八七：六六）と折口を評している。なお磯谷は、折口の数少ないまとまった形での論考である『言語情調論』を取り上げ、ロシア・フォルマリズムとの比較思想的検討を試みている（磯谷 一九八一：七一–二七）。

＊2
この理由の一つとして、記号論の文脈においては、折口の思想が無条件に「まれびと論」として語られる傾向が強いことが挙げられる。本来「まれびと論」とは、折口の思想の中心を成すものを来訪する神人である「まれびと」と見立て、彼の業績を整理・再構成した、池田弥三郎に基づく論考である（池田 一九七八：三一–四）。このことに自覚的でないと、気づかぬうちに折口のテクスト読解に制限をかけてしまい、その「まれびと」概念を用いて折口が何を明らかにしようとしていたのかを見逃すことになる。

## 1　古神道の原理

最初に、本稿の肝となる日本文化に通底する原理について確認しよう。折口はこの原理を古代の神道（古神道）に見出している。ここでいう古神道とはいわゆる現代の神道とは異なる。

古神道ということばを出したが、長い間に合理化されてきたような形でなしに、できるだけ清純な古い神道の形というものを考えてみたい。そうすれば、その神道から、いろんなわれわれの生活の規則が出てくるということが考えられる。そこまで延ばしてみなければ、われわれのやっていることの本がわからない。それで古神道ということをいったのである。漠然と古神道ということばを使っているわけではない。古い神道には、すべてのわれわれのもっているものの芽ばえをみることができる。（折口 一九七二：三四八）

折口は、古代人の生活はこの古神道に規定されていたと述べる。しかし、時代を経るにつれて、宗教的色合いを失った諸側面は別個の文化現象と見なされるようになる。

だから、簡単に言つてしまへば、神道は、日本古代の民俗であるといふことになる。それがいろいろな要素を備へてゐるために、――道徳的であつたり、宗教的であつたり、政治・法律的な表現をとつたり、民俗的な領域において、範囲を広めてきて、まるで各最初から意識してうち立てられた、別々の文化現象のやうに考へられるやうになつたのです。[*4]（折口 一九五六b：一九五）

＊3　ここでいう構造主義とは、「言語活動を文化の条件として論じる」（Lévi-Strauss 1958：78）と述べるC・レヴィ＝ストロースに依拠している。この観点から言葉、女性、財の三交換形態の相同性を探求することを端緒とし、言語活動と文化の諸相に相関関係を見出していくのが構造人類学の方法論である（Ibid.：95-97）。本稿では、レヴィ＝ストロースを導き手として折口のテクスト読解に臨みたいと思う。

＊4　本稿引用における漢字は、通行字体に適宜改めてある。また、引用に付された傍線、傍点は原文によるものである。

上記主張を折口自身の用語で簡潔に表現すれば、日本という共同体は古神道から「発生」した、と言えるであろう。この古神道の原理が「言語伝承」に依拠しているがゆえに、現在に至る日本文化全体に大きな影響を与えているということが本稿の主張であるが、まず先取り的に古代日本共同体の発生を折口に従って素描しよう。

古代村落共同体は、その構成員が、その共同体の生活・信仰様式（文化）を司る「かみ（神）」の「みこと（言葉）」を伝え、その「命（みこと）」の通りに共同体を運営することで成り立っている。そして、その神とは共同体外の「常世《とこよ》」から来訪する「まれびと」であり、第一次的には共同体の「祖霊神」である。*5 このことは言い換えれば、共同体の構成員は信仰の名のもとに父祖の、すなわち上の世代の「文化」を「言語」を媒介にして伝承し、今度は己自身が「かみ（上）」として下の世代に「みこと」を伝達していると言える。この一連の図式が「まつり」であるが、これには二通りの意味がある。すなわち「政（まつりごと）」と「祭（まつり）」である。このうち「まつりごと」とは、「かみ」の「みこと」の伝達者、すなわち「みこともち（詔命伝達者）」として、その「みこと」を下の者へ実施させることであり、その「みこと」に従い「まつりごと」が滞りなく実施されたことの結果報告のための式が「まつり」である。このように「かみ（神、上）」からの「みこと」に従い「まつり（政・祭）ごと」をすることが、祭政一致たる古神道の原理である。

この古神道の原理は、古代における一村落共同体にだけ働くわけではない。共同体間の連結が起き、日本という共同体が形成される過程においてもこの原理を見出すことができる。本来は他の共同体同様、一村落にすぎなかった「やまと」という名の共同体が複数の村落の頂点に立つことにより「大和朝廷」を統治機構とする「日本（やまと）」が成立する。このことを宗教的側面から考えると、信仰の対象が村落共同体の祖霊神から異族の神（宮廷にとっての祖霊神たる天つ神）へと挿

*5 柳田国男と折口が最後まで理解し合えなかった点が、この「まれびと」と祖霊神の概念的差異であるが、折口は一貫して「まれびと」のなかに祖霊神の姿を見ている（折口 一九九九：五五〇－五五六）。折口名彙に代表される諸概念を、狭義の歴史概念から解き放つ必要性はしばしば唱えられてきたことではあるが、共同体に常在せず、他界である「常世」から時を定めて来訪すると信仰されている「祖霊神」は、十分に「まれびと」概念に包含されるものである。

げ替えられることを意味する。それは政治社会的側面においては、その共同体が父祖以来の「言語」を棄て、日本（やまと）の共同体構成員に成ることをも意味する。つまり、折口に従うと、村落共同体における古神道の原理に則った上で、「お上（かみ）」の言葉である「やまとことば」を通して「やまと」の生活・信仰様式を地方に伝播し、その共同体の構成員を「やまと」の言語、文化の担い手にすることこそが日本という共同体の形成原理なのである。ゆえに折口は、日本と呼ばれる共同体とは、その連結された共同体の頂点に座する天皇（天つ神）の「みこと」である「のりと」[*6]の下る範囲内であると述べる（折口 一九五五b：一六八–一七三）。つまり、祭政において天皇の「みこと」が効力を発揮すると、その共同体は日本という図式に組み込まれることになる。

このように古神道の原理は、古代日本の共同体形成に働いた原理となるわけであるが、それは時代を超えて現代日本においても影響を及ぼし続けていることを説明する仮説とも言える。なぜなら、折口が古神道の原理として抽出したものは「言語伝承」の仕組みに他ならないからである。先の引用で折口は「神道は、日本古代の民俗である」と述べていたが、「唯、古代生活は、言語伝承のみに保存せられ、其が後代の規範として、実生活に入り込んだ」（折口 一九五五c：五一一）と述べている点にも注目されたい。常に主体に先立って伝承されるべきものとしてあらわれる言語というこの折口の概念を、われわれは彼の「言語伝承の図式」と呼ぶことができるであろう。この図式が、古代と現代を繋ぎ、日本という共同体を発生させている、と考えることができる。つまり、共同体が存続する前提として、上の世代と下の世代をつなぐ通時的な「言語伝承の図式」が、共同体間において上部共同体と下部共同体をつなぐ共時的な言語コミュニケーションの図式へと転用されるのである。[*7]

この図式に則ると、「かみ（上）」から「みこと（言葉）」を受け取った者（中）はその「みこと

＊6　折口の述べる「のりと」概念は、現代の神道で用いられる祝詞とは厳密に対応しない。それは「よごと（寿詞）」も同様である。折口のテクストからは、神と精霊、天皇と群臣、神人と巫女などが「言語伝承の図式」に則り、この「のりと」と「よごと」の応酬を行なうさまが見て取れるが、ここでは折口に従い、上から下へ言い下す命令の言葉が「のりと」であり、下から上へ申し上げる誓いの言葉が「よごと」であると定義しておく（折口 一九七一c：一一三–一一四）。

＊7　ただし、その逆の論理として、共時的な言語コミュニケーションの図式が、通時的な「言語伝承の図式」に転用されているとも見なせる。この両極性は構造主義的観点の特徴であり、時代の移り変わりにともなって、この両極は相互に入れ替わりながら作動すると思われる。その実際の動態については個別の事象を論点化して述べる必要があり、本稿の範囲を超える。

（命令）」に基づいて「まつりごと（下へ伝達）」をし、そして「まつり（上へ伝達）」をしなければならない。すなわち、その図式には「中」の者を媒介とし、「上」の者と「下」の者という三項が必然的に配置され「みこと（言葉）」が交換されることになる。次章では、この「言語伝承の図式」に基本的な交換の原理を見出した時に、日本文化の特性についてどのようなことが明らかになるのか詳しく見ていこう。

## 3　言語伝承の図式

### 「天」の図式

即、日本の国の生活法といふものは上《カミ》から段々と下《シモ》に及ぶ型をとり、宮廷の御生活が大貴族の生活に及び、それが更に下の貴族、それから更に下の低い者へと、高い生活が低い生活に移行する性質が存するのである。この理論を説明する為には、みこともちといふ言葉に就いて考察しなければならない。（折口 一九五六b：一一一－一一二）

前節で述べたように、折口は日本人の生活に古神道という原理を見いだした。「みこと」はこの古神道の原理に則り、「みこともち」を媒介に上から下へと伝達されることになるが、そんななかで、必然的に折口の関心を集めたのが、その言語伝達の頂点に位置する宮廷、すなわち古代における皇室（尊貴族）の生活・信仰様式である。折口に基づけば、必然的にここに古神道の原理が見て取れるはずである。

現に、宮廷という共同体は「天つ神」の「みこと（命）」を遂行することで成り立つことになる。折口の言う「天つ神」とは、「天照大神」から地上に遣わされた「ににぎのみこと」以来先帝まで続く皇室の祖霊神であり、その「みこと」の内容において核を成すのが「食国《をすくに》のまつりごと」である。天皇は、天つ神の最高位の「みこともち」という意味で、「すめらみこと」と呼ばれる存在であり、天つ神の食《を》す米を作れとの「みこと」をその代理として発することになる。そして、その命に従い稲を刈り上げ神に奉納することが「まつり」である。このように、下の者にこの生活・信仰様式を伝達することこそが国を治《をさ》めることにつながるのである（折口 一九五五c：一七五―一八〇）。

しかし、宮廷においては本来この伝達は、「天つ神」と「天皇」の二項だけでは成り立たず、その二項を媒介する「中つすめらみこと」を必要とすると折口は述べる。

> 即、すめらみことは、「最高最貴の御言執ち」の義であつて、其処に、すめらみことの尊い用語例も生じて来たのだが、同時に、天皇に限つて言ふばかりの語とは限らなかつた。中つすめらみこととは、すめらみことであつて、而も仲に居られるすめらみことと言ふことであつた。その「中」であるが、片一方への繋がりは訣る。即、天皇なるすめらみことと、御資格が連結してゐる。今一方は、宮廷で尊崇し、其意を知つて、政を行はれようとした神であつた。宮廷にあつて、御親ら、随意に御意志をお示しになる神、又は天皇の側から種々の場合に、問ひたまふことある神があつた。その神と天皇との間に立つ仲介者なる聖者、中立ちして神意を伝へる非常に尊い聖語伝達者の意味であつて見れば、天皇と特別の関連に立たれる高巫であることは想像せられる。（折口 一九五六b：一一）

この「中つすめらみこと」は天皇の近親者であり、主として皇后のことを指している。この天皇と神との間の媒介者である「中つすめらみこと」について、折口は次のような図式（図式1）を提示し、解説している。

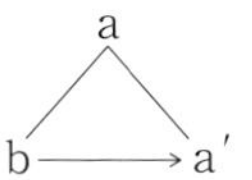

図式1（折口 1955c : 427）

> a天つ神。a′は其御言詔持ちなる地上の神。bは介添への女性。a′に仕へねばならない尊貴族、最高位にいらつしやる方に当るbと言ふものは、信仰的にはaの妻であるが、現実的には、a′の妻の形をとる。祭りの時も、此形式をとるものである。（折口 一九五五c：四二七）

つまり折口は、b「中つすめらみこと」は「身体」としてはa′に当たる「すめらみこと（天皇）」の妻であり、「信仰」の上ではa「天つ神」の妻であると説いたのである。そして「中つすめらみこと」は「天つ神」との関係性において「神の嫁」と呼ばれる。「天皇」とは本来この「中つすめらみこと」と関係を結ぶことにより初めて、「すめらみこと」として「現神（あきつかみ）」とみなされる。[*8] この図式1こそ本稿でいう「言語伝承の図式」に他ならない。折口に基づけば、この図式をもとに日本という共同体は発生するのであるが、さらに彼の述べるところを見ていこう。

**「国」の図式**

上記のような図式が見いだされるのは、宮廷だけに限らない。古代国家を築き上げた大和朝廷も、本来は「やまと」という名の一村落に過ぎず、古代においては周辺の村落も「やまと」同様、天皇と同じような神聖首長を頂点とする共同体を形成していたとして、そのような村落共同体を「国」、神聖首長（宗教的には「神主」とも呼ばれる）を「国造」、その共同体の祖霊神を「国つ神」、そしてその国つ神に仕える巫女（国造の近親者）を「神の嫁」と位置づけることができる（折口 一九五五b：一四七－一五〇）。これを先の図式に当てはめると、a「国つ神」、b「神の嫁」、a′「国造」となり、神の嫁を媒介に、国造が国つ神の「すめらみこと」として、共同体の頂点に君臨している図式を描くことができる。

しかし、このような「国」のあり方に大きな変化が訪れることになる。それが大和による国内平定事業である。ここでの大和の国内平定の主要なやり方とは、服属させたかつての「国」の首長（国造）を朝廷の官吏たる郡領に任じ、間接統治を行なうというものである。しかし、ここでの重要な点は武力的な制圧というよりも、その後の宗教改革にあったと折口はみている。

古代からの社会組織は、既に天智・天武の両帝御宇の剛柔二様の努力で、ほゞ邑落生活の小国の観念が、郡制の下に国家意識に改まりかけて来たし、小国の君主たる国造は、郡領として官吏の列に加へられ、国造が兼ねて持つてゐた教権は政権と取り離され、国家生活の精神の弘

*8 ここで言われる「あきつかみ」は「明」「現」の字が宛てられるように、生神、肉体を持った神という意味があるが、神そのものではなく、「神と認められる人、今や神の位に立つ人」（折口 一九五六b：五一）となった存在である。

通を妨げる邑落時代からの信仰は、宮廷の宗教に統一せられようといふ意図の下に、国造近親の処女は采女として、宮廷に徴されて其信仰儀礼に馴らされた。（折口 一九五五ａ：四三九）

このように折口は、尊貴族の生活・信仰様式である宮廷の神道の地方への伝播が、国内平定の核であったと説いたのである。つまり、ある国が大和に服するのは、その国造が天皇に服するとともに、その国の国つ神が天つ神に服することをも意味する。引用にあるように、上記の平定過程において、重要な機能を果たしたのが采女《うねめ》制度である。采女とは、一般的には天子の召使と見られているが、大和に服属前の「国」においては、「神の嫁」たる巫女に当たる。また、先に「国造」とは宗教的には「神主」と呼ばれると述べたが、この「神主」とは祭りの間一時的に「神」に扮する「神人」の座長であり（折口 一九五六ｂ：五二）、その際に土地の「精霊」に扮する「巫女」の接待をうける役である（折口 一九六六ａ：六八－六九）。

折口が描き出した古代の「まつり」とは、この「神」と「精霊」の問答を中心としている。「まつり」に際して、「常世」から「まれびと」として来訪する「神」は、その「呪言」である「のりと」によって土地の「精霊」を圧伏する（折口 一九五五ａ：一三一－一三二）。その「のりと」の内容とは、「神」が自身との関係性をもとに共同体の歴史を述べることである。それによって、この共同体が神の、そして、その神から発した民の領域であることを明らかにする。また、食物栽培などその国土で生きる術（生活様式）や神に接する方法（信仰様式）がその内容に含まれている（折口 一九五五ａ：一二五）。そして、その圧伏された「精霊」がその「のりと」に従うことを表明する言葉が「よごと」である。これら「呪言」から叙事詩、諺、歌など後の「文学」へとつながるものが発生するという、折口の著名な「文学の信仰起源説」（折口 一九五五ａ：一二四）へと展開するのであるが、[9]ここで重要なことは、この「まつり」とは共同体における伝承の場であり、文学のみならず、その共同体における様々な生活・信仰様式の発生（伝承）がここに求められるということである。

先に述べたように、この「まつり」に際し、「神」と「精霊」に扮する者を折口は、「神人」と「巫女」と呼んでいるが、これらに選ばれる者とは村における特別な存在ではない。本来、これら一連の神事は、村の運営の中心である「成年戒」（通過儀礼）を経た者の伝承行為によっているのであり、また、この「まつり」そのものが成年戒でもある。つまり、村の男は、「神主」や「宿老」などの先達から指導を受け、[10]村に伝わる神の「みこと」を伝承することによって成人と認められるとともに、[11]「まれびと」になる資格を得るのである（折口 一九六六ａ：一―七）。そして、この「神人」が「巫女」たる村の処女に出会うと問答となり、「まつり」となる。

> 神と精霊との問答が、神に扮する者と、人との問答になる。そして、神になつてゐる人と、其を接待する村々の処女たちとの間の問答になる。（折口 一九五五ａ：三四八）

このように、共同体に伝わる神の「みこと」を伝承した「神人」が、それを「のりと」として「巫女」に伝達し（まつりごと）、「よごと」を受ける（まつり）ことにより共同体の生活・信仰様式を伝承させ、共同体そのものを運営、存続させるのである。[12]先に述べた神に接する方法（信仰様式）とは、まさにその「まつり」を行なうための方法であり、その「まつり」で、食物栽培の方法（生活様式）により実った食物（大和の支配の後、米に一元化される）を神物として「まれびと」に差し出し、滞りなく「まつりごと」が行なわれていることを報告するのである。そして、その生

＊9 池田弥三郎の「まれびと論」は、単に「まれびと」の存在を強調するに留まらず、芸能史に注目し、「まれびと」がもたらす言語伝承から文学の発生を説く折口の説を前景化させた点において評価されるべきであろう（池田 一九七八：一二四―一二七）。

＊10 この期間は「物忌み」と呼ばれ、山籠りなど共同体外で修練を積むことになる（折口 一九五五ｂ：三九三）。

＊11 ゆえに、神の「みこと」の伝達者である「神主」との関係性から見ると、「神人」も精霊の位置に配されることになる。

＊12 加えて指摘しておきたいことは、「神人」と「巫女」の出会いは、次世代を生み出すための性交渉をもたらすということである。そもそも、「成年戒」を経るということは性交渉を許されるということ

活・信仰様式の息づく共同体で育った若者が「まつり」によって、次世代の「神人」「巫女」になるという循環をみせるのである。

ここで、本来祭りの間だけ首座の神をつとめる役目、すなわち「神主」が、その神の「みこと」を受け取る「巫女」を専有化することにより、その制限がはずされ、常時教権政権を有する国造となり、「現神」と見なされる存在となる。よって、その国つ神の嫁を国造から取り上げる采女制度とは、「神と現神とをひき離さうとする合理政策」（折口 一九五五a：七八）であったのである。

## 共同体の連結

今見てきたように采女とは本来、異族の神々（国つ神）に仕える巫女であり、「神の嫁」である。この巫女を「国つ神（国造）」から取り上げ、新たな「現神」である天皇に仕えさせることが采女制度の核心部である。これによって、宗教的には異族の神々は服属させられ、高下の区別がつけられることになる。

このことを先ほどの「まつり」に当てはめると、「神」の位置を「天つ神」（天皇）が、「精霊」の位置を「国つ神」がしめることになる。[*13] ここで、国つ神は国における最高神の地位を剝奪されるとともに、そのいちばん最初の「みこと」の伝達者たる国造は祖霊神と重なる形での「現神」ではなく、神たる天皇の言葉を伝達する「みこともち」となるのである。また、これを先ほどの図式1で考えて見ると、宮中における、a「天つ神」、b「神の嫁（中つすめらみこと）」、a′「天皇（すめらみこと）」という図式の下に、先の「国」における、a「国つ神」、b「神の嫁（国造の近親者）」、a′「国造」という図式を描くためには、a「国つ神」をa′「天皇」に置き換えれば良いことになる。こうすれば、「国」における「神の嫁」が「采女」、「国造」が「郡領」に切り替わり宮廷

であり、「まれびと」の「一夜づま」となって初めて、女性は真の成女と見なされる（折口 一九五五a：四五－四六）。

＊13 ゆえに、朝廷から見ればあくまでも「地方神は、精霊の成り上り」（折口 一九五五c：二〇五）である。

に連結されることになる。[*14] しかしここで重要なことは、采女は取り上げられたままではなく、「国」へ帰されることである。この采女とともに、本来、国造の子弟であり、その代理として天皇に仕えていた舎人《とねり》について、折口は次のように述べている。

采女達は、各国に帰れば、国ッ神最高巫女になり、舎人は、郡領又は其一族として、勢力があつた。此人たちが、都の信仰を、習慣的に身体に持つといふ事は、自ら日本宮廷の信仰を、地方に伝播すること丶なつた。古代にあつては、信仰と政治上の権力とは、一つであつた。宗教の力のある所、必政治上の勢力も伴うてゐた。即、この舎人・采女達が、宮廷の信仰を、地方に持ち帰つたと言ふことは、日本宮廷の力が、地方に及ぶ、唯一つの道であつた。（折口 一九五五c：三九八）

国造の子息らが舎人、采女として宮廷に仕えるのは、宗教的な意味合いにおいては国つ神の代理者として天皇から「のりと」をいただくことであり、同時に「よごと」を奉るためである（折口 一九六六a：二三－二四）。それはまた、政治的側面においては、宮廷で天皇の側に仕えることによって、その生活・信仰様式を学び、後に各々の国に帰り、そこで次代の長となった際に己が民を教化するためである。

こうした過程を経て、各々の「みこともち」が天皇を頂点として、その発された「みこと」をいただき、各々の共同体へと伝達するようになるのである。そして、この図式は単に天皇と国造の関係に留まらず「外部に対して、みことを発表伝達する人は、皆みこともち」（折口 一九五五c：一五六）であり、地方行政を預かる帥《そち》、国司さらにその下役の者たちへと順繰りに「みこともち」の

＊14　采女制度を女性の交換という視点から見てみると、そこにはレヴィ＝ストロースが『親族の基本構造』で述べた首長が持つ複婚特権と、それに対応する首長と共同体を結びつける互酬体系を見出すことができる（Lévi-Strauss 1967：50-52）。女性が並列的な共同体間において移譲されることにより、個別の共同体を全体へと連結すること同様に、垂直的なそれも上下方へと共同体を連結することになる。なお折口を参照し、古代日本における女性の交換を論じた先行研究として、上野千鶴子（上野 一九八五a 一九八五b）と大澤真幸（大澤 一九八六 一九八七）の一連の論考が挙げられる。

＊15　村落共同体において、神主が国造として君臨する段階で、すでに連結が起こっていることを確認されたい。すなわち、「国」の図式の下にb「采女（巫女）」、a′「神人」が描ける。

資格が与えられることになる。[*15] 各々の共同体は、この「みこともち」を「まれびと」として迎え、「食国のまつりごと」に従い稲を栽培し、米を奉納する「まつり」を行なうのである。このように、通時的に上の世代から下の世代へと移る「言語伝承の図式」を基に統治機構が成立することによって、共時的な共同体間の権力関係が明確化されるのである。[*16]

## 4 「みこと」の交換

### 言葉と媒介者

ここで一つ疑問が生じてくる。日本という共同体が、完全に「言語伝承の図式」（図式1）に則っているのだとしたら、各々の共同体の生活・信仰様式は均質化するはずである。そもそも、民俗学の目的は、日本人の生活変遷を問うことにあるのではなかったのか。[*17] これに対して、折口のテクストはどのように答えてくれるのだろうか。

先に見たとおり、大和の国内平定策は間接統治を旨とするものである。それは政治的に旧来の組織を利用すると同時に、宗教的には在地の神を否定するのではなく、高下の区別をつけることにより、信仰を上乗せするという形式を取るものである。折口は次のように述べている。

> 歴史家やその系統の人の考え方をする人は、日本の中にいろいろの人種の集まっていることを認めても、習慣は同じであると考えている。だが事実はことごとく違うのであり、それがしだいに一つに歩み寄るのである。被征服者は征服者を恨んで、征服者の習慣や宗教を遵奉せないかと感ずるが、そんなものではない。村々の習慣などはすぐに変化する。神の授受が盛んに

＊16
ここでいう米や舎人については、財・労力の交換として捉えることができる。本節では、レヴィ＝ストロースの三交換形態に加え、古代日本における宗教、儀礼、政治などの文化の諸側面に論理的な連関があることを確認したが、ここで指摘しておきたいことは、この連関は「言語伝承の図式」をモデルとしなければ見出せないということである。この視点に立って初めて、場所や時代によって変化する個々の形態（生活・信仰様式）に通底する交換原理の探求が可能になるのである。なお、「言語活動を文化の条件として論じる」理由として、レヴィ＝ストロースが、個人が集団の文化を身につけるためにはとりわけ言語活動によらざるを得ないことを挙げている点にも注目されたい（Lévi-Strauss 1958 : 78-79）。また、ここで取り上げているレヴィ＝ストロースの理論が、M・モースの『贈与論』の影響を強く受けていることはよく知られている。モースは未開社会の諸側面に原初的交換形態である互酬贈与を見出し、その観点から西洋社会の分析へと

行なわれ、前の神は非常に害のないかぎり認めはするが、同時に新しい村の信仰をそのうえにのせていく。だから村々の神の信仰が二重に重なっていくのである。社の神をえらいものであると考えてはいるが、これは自分たちの考えている神に、日本の神が重なったのである。すなわち、信仰の二元的なものができたわけで、ずぼらなものである。仏を拝んでまた、神まいりをする。これはいまでも平気でやっている。そのために日本のすべての社会を動かす原動力の信仰は、たえず中央の政治権力階級の信仰とどうしても一緒になるとともに、村々の信仰は中央のものとは全然同一になることもなく重なっていったのである。そういうわけで日本人の村々は、国のかたまる前から、小さな違いを含みながら、大きくは同じになっていった。（折口一九七〇：一六八－一六九）

各々の共同体において、信仰する神を統一しないことが、その神々に司られる各々の生活・信仰様式を残存させることとパラレルなわけであるが、本稿の主旨に沿うと、これらの二重性が成立するためにはその基盤にある「言語伝承の図式」にその手がかりを求めなければならない。

ここで「呪詞（呪言）」として、「のりと（祝詞）」「よごと（寿詞）」の他に折口が指摘する「いはひごと（鎮詞）」に注目してみよう。折口は次のような図式（図式2）を提示し、「みこともち」として天皇の「のりと」を伝達する中臣氏と[*18]、その「のりと」を「いはひごと」に翻訳して伝達する齋部《いんべ》氏の違いについて解説している。

歩を進めていったが、その際、贈与を行なわせる力として「マナ」に代表されるような霊的な力に注目し論を展開している。実は安藤礼二が述べるように、折口はこのモースの理論を詳しく知っていたと考えられる（安藤 二〇〇四：二〇五－二〇七）。その上で折口は、日本における遊離する魂である「外来魂」「威霊」を「まなあ」の訳語とし（折口 一九五五ｃ：四〇一）、結局、日本における古代信仰とはこの魂・霊の交換であると主張したのである（折口 一九五六ｂ：二三五－二三六）。折口に言わせれば、先に挙げた天皇と采女、舎人の「みこと」のやり取りも、この魂・霊の交換という信仰を背景に行なわれていることになる（折口 一九六六ｂ：五〇－五一）。この「魂の贈与論」ともいうべき折口思想の一面に関しては別稿で改めて論じたいと考えるが、周知の通り、レヴィ＝ストロースがマナ概念を「浮遊するシニフィアン（signifiant flottant）」（Lévi-Strauss 1968：XLIX）として言語活動へと回収したように、折口も「言語伝承」に注目して同様の作業を試みるのである。

aは天皇、a′は中臣、bは齋部、イロハは中臣・齋部それ〴〵の命令をきくもの

図式２

祝詞は、天皇の資格で、その御言葉のとほりに、中臣が云ふのであるが、鎮詞は、少し趣きが違ふ。氏族の代表者が、ほんとうに服従を誓うた後、其下に属してゐる者に、俺もかうだから、お前達も、かうして貰はなければならぬ、といふやうな命令の為方である。ちようど、掏兒や博徒の親方が、其手下に、警察の意嚮を伝へるといつたやうな具合のものである。それ故、此は御言持ちでは無く、自分の感情に、翻訳して云ふのである。だから鎮詞は、祝詞の言葉の命令的なるに対し、妥協的である。其で鎮詞は、大抵の場合は、土地の精霊が、自由に動かぬやうに、居るべき処に落ちつける言葉になつてゐる。即いはひ込めてしまふ詞である。此は、祝詞の意志を、中間に立つ者が、翻訳して云ふのであつて、多くの場合は、被征服者の中の、代表者が云ふ言葉である。これを司つたのが、山の神で、山の神は、土地の精霊の代表であつた。（折口 一九五五ｃ：二五六）

折口は日本人の常世観は、海から天へと変化すると述べるが（折口 一九五五ｂ：三四－三五）、それは前章において、「国つ神」が「精霊」として「まれびと」である「天つ神」に圧伏されその「みこと」に従う過程と対応する。これをもって、天皇を頂点とする「みこともち」の図式が出来

＊17 「主として日本人が今の様に変る迄の事実、即ち「国民生活変遷誌」を以て、日本民俗学の別名の如く心得」（柳田 一九六四：五一五）ていた柳田同様に、折口も、民俗が「いつ起つたか」を知るためよりも、「どうして起つたか」「どうして形を変へたか」「どういふ点で現在及び将来に交渉するか」を問うことが、民俗学の目的であるとしている（折口 一九五六ａ：五〇五－五〇六）。

＊18 この中臣氏は後に藤原氏となるが、本来その職分は天皇と群臣の間に位置する「みこともち」であり、そのことが彼の氏族が勢力を得た理由であると折口は述べる（折口 一九五五ｃ：二〇四－二〇五）。天皇をめぐる女性の交換に関しては、采女制度は徐々に形骸化するが、それは女性の供給源が藤原氏に一元化されるためである。しかし、形態は変わっても、ここにも交換原理は変わらず、「言語伝承の図式」が見出せる。

上がるのだが、さらに折口は民間においては、常世観は山上世界へも変化すると述べるのである(折口 一九五五c：四)。そして、それは上記のごとく圧伏されていた土地の精霊の復権へと対応することになる。

そして、このことが同時に「言語伝承の図式」としても捉えられるわけである。つまり、上記引用のように「上」と「下」を繋ぐb「中」という媒介者が、各共同体の生活・信仰様式に適合させるように「みこと」を翻訳してしまうのである。「みこともち」となるためには、「かみ」に同一化する過程で、その「みこと」を「もどく」ことになるが、*19 それは同時に従来共同体で伝承してきた生活・信仰様式、そして言語を棄てることにもつながることであるから、多大な困難を伴う作業である。*20 折口は精霊が「いはひごと」を発するようになる以前の姿にも言及しているが、それはたって物言うまいとする「癋《べしみ》」の姿であり、ようやく口を開いたかと思ったら神の「みこと」に逆らう返答をする「あまのじやく」の姿である(折口 一九五五a：一三八 二一五-二一六)。このような「精霊」の姿は、各共同体間の連結の度合いを表わしていると言えるが、「呪言」をもって「精霊」に口を開かせようとする「まれびと」との問答は、「みこと」の伝達の度ごとに「古代」を反復して繰り返され、多様な「民俗」を発生させることになるのである。

### 口頭伝承の特性

「言語伝承の図式」が、形式として単純性を保ちながらそのように多様な産出性を有するのは、「口頭伝承」の特性を強く反映しているからである。折口の方法論は、「祖先の我々に残したものは、きびしく言へば、言語しかない、と言つてもよいのです。考へ方も考へたものも、何もかも言語が留めてゐる」(折口 一九五六a：五二三)との前提のもとで、「言語の展開の順序を、民俗も履

*19 折口は「もどく」について次のように説明している。「もどくと言ふ動詞は、反対する・逆に出る・批難するなど言ふ用語例ばかりを持つもの、様に考へられます。併し古くは、もつと広いもの、様です。少なくとも、演芸史の上では、物まねする・説明する・代つて再説する・説き和らげるなど言ふ義が、加はつて居る事が明らかです」(折口 一九五五b：四〇九)。

*20 ただし、その時点で各共同体に伝承されている言語が父祖以来伝わったものだとは言えない点に注意されたい。以前の世代でも同様のことが起きていることは当然のように想定される。ゆえに折口は、伝承内容の起源を問うてはいないのである。この折口の試みは、レヴィ＝ストロースが可能性としては論じたものの具体的に取り上げなかった、「以前に別の言語を話していた社会が、外部の言語を採用したという事例」(Lévi-Strauss 1958：81)を問うものであると言える。

んで居るかを見る」（折口 一九五五c：五一一）ことにある。[*21] その上で、彼は言語そのものを変化させる原理を、「口頭伝承」という「伝承行為」に見出すのである。「普通には民間伝承は文字をもたぬものだから、いくらでも変化する」（折口 一九七一b：一九）と折口が述べるように、「口頭伝承」に基づいた伝承行為の反復が、異なった様式（伝承内容）の発生を促すことになるのである。そして、この「口頭伝承」は古典のみならず、折口が訪れた村々でも色濃く息づいていたのである。

本稿で取り上げた折口の概念である「のりと」「よごと」「いはひごと」とは、この「口頭伝承」の基礎様式に他ならず、これに基づいて、言葉である「みこと」は交換されるとともに、人々は「言語伝承の図式」の各項に配されることになる。すなわち、人々は各項に対応するある種の演技を、言葉によって強制されながらも自発的に行なうことになる。交換された言葉は、図式1と図式2を相互に入れ替わりながら、すなわち「もどく」という過程をはさみながら「みこともち」を産出するのである。日本文化の特性は、こうした「みこと」の交換という言語活動によって醸成されてきたと言えるであろう。

＊21 よく折口の研究に対して、資料の乏しい古典から古代生活を想像し、現代生活を解釈しているという批判があるが（皮肉なことにこの急先鋒が、彼が師と仰ぐ柳田である）、これは的を射ていない。折口は古典から直接生活様式の変遷を辿ろうとしたのではなく、そこに書かれている言語の変遷（発生・展開）の原理を明らかにしようとしたのである。折口が「時代時代の言語によって、民族の性格、生活が多少わかってくる」（折口 一九七一a：二二八）と述べるのは、この方法論に基づいての主張である。

## 5 おわりに

本稿は、折口の思想を整理することにより、日本文化を規定する原理を「言語伝承の図式」としてモデル化した。この「言語伝承の図式」を基に、言語（伝承内容）の変遷を探求していくのが、折口の方法論と考えることができる。今回は折口のテクストの読解に重点を置いてきたが、折口が没してかれこれ五十年、今後の課題としては、コミュニケーション手段が多様化してきている現代社会へ即応するように、モデルを吟味し、その有効性を再検討する必要があるだろう。それでも、言語活動から文化を分析する折口の視点は、必ずや現在を生きる我々の自省の目となるはずである。


## 付記

本稿は、平成二一年度科学研究費補助金（基盤研究（C））課題番号21520081（「日本における言語実践の通世代的伝達に関する精神分析的研究――文字と語らいの諸相」研究代表者：新宮一成）の援助によって行なわれた成果の一部である。


## 文献リスト


安藤礼二（二〇〇四）『神々の闘争――折口信夫論』講談社。

池田弥三郎（一九七八）『日本民俗文化大系2　折口信夫　まれびと論』講談社。

磯谷孝（一九八一）「折口信夫の〈詩的言語理論〉における存在のヴィジョン」『折口信夫を〈読む〉』現代企画室、七―二七頁。

磯谷孝（一九八七）「方法論的概念としての「越境者」マレビト――折口名彙の用語論」『現代思想』一五（四）、六四―七〇頁。

Lévi-Strauss, Claude (1958), *Anthropologie structurale*, Paris: Librairie Plon.

Lévi-Strauss, Claude (1967), *Les structures élémentaires de la parenté*, Mouton & Co.

Lévi-Strauss, Claude (1968), "Introduction à l'oeuvre de Marcel Mauss," Marcel Mauss, *Sociologie et anthropologie*, Paris: Presses Universitaires de France, IX-LII.

大澤真幸（一九八六）「〈日本〉」『ソシオロゴス』一〇号、六四―八〇頁。

大澤真幸（一九八七）「まれびと考――規範はいかにして可能か」『現代思想』一五（四）、七八―一〇一頁。

折口信夫（一九五五ａ）『折口信夫全集　第一巻』中央公論社。

折口信夫（一九五五ｂ）『折口信夫全集　第二巻』中央公論社。

折口信夫（一九五五ｃ）『折口信夫全集　第三巻』中央公論社。

折口信夫（一九五六ａ）『折口信夫全集　第十六巻』中央公論社。

折口信夫（一九五六ｂ）『折口信夫全集　第二十巻』中央公論社。

折口信夫（一九六六ａ）『折口信夫全集　第七巻』中央公論社。

折口信夫（一九六六ｂ）『折口信夫全集　第九巻』中央公論社。

折口信夫（一九七〇）『折口信夫全集　ノート編第二巻』中央公論社。

折口信夫（一九七一ａ）『折口信夫全集　ノート編第一巻』中央公論社。

折口信夫（一九七一ｂ）『折口信夫全集　ノート編第七巻』中央公論社。

折口信夫（一九七一ｃ）『折口信夫全集　ノート編第九巻』中央公論社。

折口信夫（一九七二）『折口信夫全集　ノート編第六巻』中央公論社。

折口信夫（一九九九）『折口信夫全集　別巻三』中央公論新社。

上野千鶴子（一九八五ａ）『構造主義の冒険』勁草書房。

上野千鶴子（一九八五ｂ）「〈外部〉の分節——記紀の神話論理学」桜井好朗編『大系　仏教と日本人　一　神と仏』春秋社、二六一－三一〇頁。

柳田国男（一九六四）『定本柳田國男集　第二十五巻』筑摩書房。

# 資料　日本記号学会第三〇回大会について

「判定の記号論」

日時　二〇一〇年五月八日（土）、九日（日）

場所　神戸大学瀧川会館

## 一日目：五月八日（土）

13時　開場・受付開始

13時30分　開会の辞・総会（瀧川会館二階大会議室）

14時―14時15分　実行委員長挨拶・問題提起　前川修（神戸大学）

14時30分―17時30分

**セッション1「裁判員制度における〈判定〉をめぐって――メディア、ことば、心理」**

「裁判員制度における判定――集団意思決定の観点から」藤田政博（関西大学）

「「ことば」から見た裁判員制度」堀田秀吾（明治大学）

「裁判員制度に見る判定の論理――メディアの観点から」山口進（朝日新聞「ＧＬＯＢＥ」副編集長）＋神戸大学大学院教育改革プロジェクト（協賛）

司会　前川修

18時　懇親会（瀧川会館一階食堂）

## 二日目：五月九日（日）

10時―11時30分

〔研究報告〕

**分科会1**（瀧川会館二階小会議室Ａ）司会　小池隆太（米沢女子短期大学）

「商標の記号論　試論」鈴木康裕（三枝国際特許事務所）

「同一性の判定――身元確認における指紋と写真」橋本一径（愛知工科大学）

「英国新聞記事における日本人「容疑者像」構築についての考察――マルチ・モダリティー分析の観点から」大山るみこ（明治大学）

**分科会2**（瀧川会館二階小会議室Ｂ）司会　犬伏雅一（大阪芸術大学）

「隠された空間――洞窟壁画におけるイメージの生成と消滅」唄邦弘（神戸大学）

「視覚コミュニケーション技術――マクルーハン、クレーリー、フーコー」柿田秀樹（獨協大学）

「零れ落ちる身振り――一九世紀末から二〇世紀初頭におけ

る映像実践と身体の関係」松谷容作（神戸大学）

13時30分―15時

**セッション2「判定の思想――《最後の審判》から生命の判定まで」**（瀧川会館二階大会議室）

岡田温司（京都大学）×檜垣立哉（大阪大学）

司会　前川修

15時15分―17時

**セッション3「スポーツにおける〈判定〉をめぐって」**（瀧川会館二階大会議室）

稲垣正浩（「ＩＳＣ・21」主幹研究員／神戸市外国語大学客員教授）×吉岡洋（京都大学）

司会　前川修

17時

**【閉会の辞】**

# あとがき

二年以上前、本書のもとになった学会年次大会に「判定の記号論」というタイトルをつけ、その内容を構想していた時分には、メディアがここまで「判定」に溢れるとは予想していなかった。もちろん、裁判員制度や事業仕分け、そしてスポーツの判定など、ある意味で、判定のスペクタクルとしてメディアで消費される事象を本書の射程に入れてはいた。しかし、それとは比較にならない、これほどの規模と速度で「判定の洪水」が起きるとは、当然ながら予測不可能だった。災害後、いわゆる専門家、評論家、批評家たちがメディアに登場して過剰に言説を紡ぎ、それをもとにさらなる言説の波が押し寄せ、それらが悲惨な映像と混ざり合ってある意味での濁流となり、その流れが私たちの判断を揺るがし、私たちの感情を根こそぎ押し流していったという事態。こうした事態、あるいはその余波は現在も終息せずにつづいている。津波という洪水の映像をメディアの「洪水」はトラウマ的に際限なく反復し、私たちをそのショックに対して麻痺させもしたし、さらにその後には、災害後の「何も残っていない」という意味での不在の映像の流れが私たちを取り囲みもしたし、堰を切ったようにやり場のないひとびとの情動がそこに断続的に注ぎこまれたことも、記憶には新しい。そして、そこで何かしら言葉にしがたい抑圧や、逆に何かを抑圧のうえで言葉にしなければいけない雰囲気が醸成されているというのも、否定しがたい事実かもしれない。こうした事態を「判定の洪水」とひとまず呼んでおく。

ここに収められた三つの対論は、たとえ当初は無関係なものであったとしても、このような過程に照らし合わせて読むことができる。たとえば、判定の根源における揺れ、判定における自然とテクノロジーという問題系、判定の根底にある感情や身体、判定者と被判定者の断絶や隔たり、判定の場のそもそもの変容を促す環境という、それぞれ交差しつつ展開されたトピックは、たしかにそれだけでは十分なものではないだろうが、判定の洪水に抗うような根源的考察や想像を促すいくつかの係留点に少なくともなりうるのではないか。編集を終えた今、そのように考えている。

本書は、二〇一〇年五月に神戸大学で開催された日本記号学会第三〇回大会「判定の記号論」でのセッションをもとにして構成したものである。本来ならば、その翌年である二〇一一年に刊行されるはずであった。しかし、冒頭の「刊行によせて」で事情説明があるように、そもそもの出版社探しから作業を開始しなければならず、その結果、かれこれ一年の遅れが生じてしまった。このことはお詫びしなければならない。そして、新たな刊行をスタートさせるにあたって多大なご協力をいただけることになった新曜社の渦岡謙一氏には心からの感謝を申し上げたい。氏の申し出なくしては本書の実現はなかった。なお、これまで「新記号論叢書」と「セミオトポス」という叢書名、シリーズ名の二つが並存しておりいささか冗長であるため、この機に「叢書セミオトポス」と名を付け直したこともここでお断わりしておく――ただし、シリーズの一貫性は保つために、今号は第七号とした。次号には、二松学舎大学で開催された「ゲーム」をテーマにした特集が続く予定である。次号も、刊行の遅れを少しでも埋め合わせるべく引き続き努力をつづけていくつもりである。

最後に大会の運営、および本書編集にあたってご執筆やご協力いただいたすべての方々に感謝の意を示しておきたい。

二〇一二年四月

前川　修（編集担当）

# 執筆者紹介

**稲垣正浩**（いながき まさひろ）
一九三八年生まれ。愛知県出身。「ISC・21」（二一世紀スポーツ文化研究所）主幹研究員。神戸市外国語大学客員教授。前スポーツ史学会会長。専門はスポーツ史・スポーツ文化論。勝利至上主義一辺倒のスポーツ観を批判的に超克し、二一世紀のスポーツ文化を創造するための理論仮説を探る。主な著書に、『近代スポーツのミッションは終わったか——身体・メディア・世界』（西谷修、今福龍太と共著、平凡社）、『スポーツの後近代——スポーツはどこへ行くのか』（三省堂）。

**岡田温司**（おかだ あつし）
一九五四年生まれ。京都大学大学院人間・環境学研究科教授。専攻は西洋美術史。主な著作に『アガンベン読解』（平凡社）、『デスマスク』（岩波新書）、『ジョルジョ・モランディの手紙』（みすず書房）、『ジョルジョ・モランディ』（平凡社新書）、『フロイトのイタリア』（平凡社）、『イタリア現代思想への招待』（講談社）、『肖像のエニグマ』（岩波書店）、『マグダラのマリア』『処女懐胎』『キリストの身体』（中公新書）。訳書に、アガンベンの『スタンツェ』（ちくま学芸文庫）、『開かれ』（平凡社）、『書物のしるし』（筑摩書房）、エスポジト『近代政治の脱構築』（講談社）など。

**岡安裕介**（おかやす ゆうすけ）
一九七六年生まれ。京都大学大学院人間・環境学研究科博士課程。専門は精神分析、民俗学。最近の論文としては、「折口信夫における芸能の位置——雪祭り・花祭りを中心として」（『日本における言語実践の通世代的伝達に関する精神分析的研究——文字と語らいの諸相』平成二一年度科学研究費補助金成果報告書、研究代表者：新宮一成、二〇一二年）。

**坂本秀人**（さかもと ひでと）
一九六九年生まれ。青山学院大学非常勤講師。専門は科学哲学、科学思想史、量子力学の哲学。共著に『記号学大辞典』（柏書房、二〇〇二年）。論文に「量子力学のコペンハーゲン解釈における記号論的側面」（『記号学研究』二一号、二〇〇〇年）、「量子暗号鍵配布と量子ビットコミットメント——情報理論としての量子力学」（『科学哲学』三七（二）号、二〇〇四年）など。

**木戸敏郎**（きど としろう）
一九三〇年生まれ。京都造形芸術大学教授。元国立劇場演出室長で専門は舞台芸術制作・演出、評論、始原楽器の復元制作など。著書に『古代楽器の復元』（音楽之友社、一九九一年）、『若き古代——日本文化再発見私論』（春秋社、二〇〇六年）など。中島健蔵音楽賞（一九八七年）、クラウス・ヴァックスマン賞（アメリカ民族音楽学会、一九九八年）受賞。

**檜垣立哉**（ひがき たつや）
一九六四年生まれ。大阪大学人間科学研究科准教授。専攻は哲学・現代思想。東京大学大学院人文科学研究科博士課程中途退学。著作に『ベルクソンの哲学』（勁草書房）、『ドゥルーズ』（NHK出版）、『西田幾多郎の生命哲学』（講談社）、『生と権力の哲学』（筑摩書房）、『生命と現実——木村敏との対話』（共著、河出書房新社）、『ドゥルーズ／ガタリの現在』（共著、平凡社）、『賭博／偶然の哲学』（河出書房新社）。

**藤田正博**（ふじた まさひろ）
一九七三年生まれ。関西大学社会学部准教授。専門は社会心理学、法心理学。著書に『司法への市民参加の可能性——日本の陪審制度・裁判員制度の実証的研究』（有斐閣、二〇〇八年）。共著に『裁判員制度と法心理学』（ぎょうせい、二〇〇九年）。論文に「説得の心理学」（日本弁護士連合会編『法廷弁護技術——裁判員の心をつかむ』第三章、日本評論社、二〇〇七年）など。

**堀田秀吾**（ほった しゅうご）
一九六八年生まれ。明治大学法学部教授。専門は法言語学、理論言語学。著書に『裁判とことばのチカラ——ことばでめぐる裁判員裁判』（ひつじ書房、二〇〇九年）。論文に「判決のゆくえを左右する言語分析」（『言語』二〇〇七年一〇月号）、「評議についての計量言語学的分析」（岡田悦典ほか編『裁判員制度と法心理学』ぎょうせい、二〇〇九年）。共著に「評議における裁判官による言語行為」（日本語用論学会第一一回発表論文集、二〇〇九年）など。

**前川修**（まえかわ おさむ）
一九六六年生まれ。神戸大学人文学研

究科准教授。専門は写真論、芸術学、視覚文化論。著書に『痕跡の光学』（昭和堂）、論文に「映画に憑く写真、TVに憑く写真——心霊写真の現在形」（『霊はどこにいるのか』青弓社、二〇〇七年）、「アマチュア写真論のためのガイド」（『写真空間』一号、二〇〇八年）など。

**山口進**（やまぐち すすむ）
一九六六年東京生まれ。朝日新聞社会部で司法制度改革、最高裁などを担当。「GLOBE」副編集長などを経て文化くらし報道部次長。共著に『最高裁の暗闘——少数意見が時代を切り開く』（朝日新書）、論文に「ロースクールが失敗したこれだけの理由」（『中央公論』二〇一二年二月号）、「メディアの論理と弁護士の論理」（『判例タイムズ』二〇〇八年七月一五日号）など。

**吉岡洋**（よしおか ひろし）
京都大学文学部教授。専門は美学・情報芸術論。著書に『情報と生命』（新曜社）、『〈思想〉の現在形』（講談社）など。現代思想、メディア文化論に関する著述のかたわら、批評誌『Diatext』（一—八号）編集長、「京都ビエンナーレ２００３」のディレクター、現代美術展の企画などをつとめてきた。二〇〇六年一〇月にはアジアのメディアアートに焦点を合わせた「岐阜おおがきビエンナーレ２００６」を企画運営した。

**渡辺青**（わたなべ せい）
一九七八年生まれ。東海大学大学院文学研究科博士課程後期単位取得退学。専門は修辞学。論文に「認知科学とユートピア」（『文明研究』二三・二四合併号、東海大学文明学会、二〇〇四—〇五年）、「幻想文学と文学の諸相としての幻想、およびウルフ『灯台』による幻想の比喩」（『文明研究』二五号、東海大学文明学会、二〇〇六年）。

## 日本記号学会設立趣意書

最近、人間の諸活動において（そして、おそらく生物一般の営みにおいて）記号の果たす役割の重要性がますます広く認められてきました。記号現象は、認識・思考・表現・伝達および行動と深く関わり、したがって、哲学・論理学・言語学・心理学・人類学・情報科学等の諸科学、また文芸・デザイン・建築・絵画・映画・演劇・舞踊・音楽その他さまざまな分野に記号という観点からの探求が新しい視野を拓くものと期待されます。しかるに記号学ないし記号論は現在まだその本質について、内的組織について不明瞭なところが多分に残存し、かつその研究が多数の専門にわたるため、この新しい学問領域の発展のためには、諸方面の専門家相互の協力による情報交換、共同研究が切に望まれます。右の事態に鑑み、ここにわれわれは日本記号学会（The Japanese Association for Semiotic Studies）を設立することを提案します。志を同じくする諸氏が多数ご参加下さることを希求する次第であります。

一九八〇年四月



日本記号学会についての問い合わせは
日本記号学会事務局
〒九九二－〇〇二五
山形県米沢市通町六－一五－一
山形県立米沢女子短期大学
小池研究室内

［日本記号学会ホームページURL］
http://www.jassweb.jp/

記号学会マーク制作／向井周太郎

叢書セミオトポス 7
ひとはなぜ裁きたがるのか
判定の記号論

初版第 1 刷発行　2012 年 5 月 18 日

編　者　日本記号学会
発行者　塩浦　暲
発行所　株式会社　新曜社
〒 101-0051　東京都千代田区神田神保町 2-10
電話 (03) 3264-4973・FAX (03) 3239-2958
e-mail：info@shin-yo-sha.co.jp
URL：http://www.shin-yo-sha.co.jp/
印　刷　長野印刷商工（株）
製　本　渋谷文泉閣


Printed in Japan　ISBN978-4-7885-1294-8　C1010

関連書より

ポール・リクール 著／川﨑惣一 訳
**イデオロギーとユートピア** 社会的想像力をめぐる講義
「偉大な読み手」リクールが、初めてマルクス、ウェーバー、アルチュセールなどを論じる。
A5判504頁
本体5600円

ポール・リクール 著／久米 博 訳
**時間と物語**
各A5判
Ⅰ巻 物語と時間性の循環／歴史と物語 432頁4800円
Ⅱ巻 フィクション物語における時間の統合形象化 322頁3800円
Ⅲ巻 物語られる時間 550頁5800円
「時間は物語の様式で分節されるのに応じて人間的時間になる。そして物語は時間的存在の条件になるときに、その完全な意味に到達する」。このテーゼの豊かな含蓄を、アウグスチヌスの時間論とアリストテレスのミメーシス論を媒介に汲み尽くした著者畢生の成果。

ポール・リクール 著／久米 博 訳
**記憶・歴史・忘却**〈上〉
〈下〉
各A5判
464頁5300円
364頁4500円
『時間と物語』の思索をさらに深め、現代における歴史叙述の可能性にまで及ぶ記憶の政治学。

P・バーガー、A・ザイデルフェルト 著／森下伸也 訳
**懐疑を讃えて** 節度の政治学のために
ニヒリズムにも狂信にも陥ることなく民主主義を増進させるには？ 懐疑こそ希望への道。
四六判216頁
本体2300円

中山 元
**フーコー 思想の考古学**
思考しえないものを思考する、フーコーの「考古学」の方法は、いかにして生まれたか。
四六判374頁
本体3400円

小宮友根 著
**実践の中のジェンダー** 法システムの社会学的記述
ジェンダーの理解は実践のなかにある。実践に内在する合理性を描き出す意欲的試み。
四六判332頁
本体2800円

（表示価格は税別です）

新 曜 社